Atelier d'anthropologie sociale

Tanebar-Evav
Une société de maisons tournée vers le large

T0381864

Atelier d'anthropologie sociale

Editor: Louis Dumont, Ecole des Hautes Etudes en Sciences Sociales, Paris

This series will include primarily books which have been written by authors involved in the 'Cooperative Research Programme No. 436' of the Centre National de la Recherche Scientifique, although it will also be open to contributions from other authors with a similar perspective. Books in the series will share a common orientation, combining the development of theory with ethnographic precision. They will not be limited either geographically or thematically.

Most of the books in the series will be published in French, although some may be in English.

This book is published as part of the joint publishing agreement established in 1977 between the Fondation de la Maison des Sciences de l'Homme and the Press Syndicate of the University of Cambridge. Titles published under the arrangement may appear in any European language or, in the case of volumes of collected essays, in several languages.

New books will appear either as individual titles or in one of the series which the Maison des Sciences de l'Homme and the Cambridge University Press have jointly agreed to publish. All books published jointly by the Maison des Sciences de l'Homme and the Cambridge University Press will be distributed by the Press throughout the world.

Atelier d'anthropologie sociale

Travaux publiés sous la direction de Louis Dumont

Cette collection a été conçue pour rassembler quelques ouvrages qui témoignent d'une orientation semblable conjuguant la précision ethno-graphique et l'ambition théorique. Ils émanent de chercheurs qui se sont groupés depuis quelques années et qui forment, au moment où cette série voit le jour, la Recherche Coopérative sur programme No. 436 du Centre National de la Recherche Scientifique.

La collection incluera les travaux issus de ce programme sans s'y cantonner géographiquement ni thématiquement. Tout en demeurant limitée en nombre, elle s'ouvrira aux contributions d'autres auteurs animés d'une inspiration voisine. La langue des publications sera le français ou l'anglais.

Cet ouvrage est publié dans le cadre de l'accord de co-édition passé en 1977 entre la Fondation de la Maison des Sciences de l'Homme et le Press Syndicate de l'Université de Cambridge. Toutes les langues européennes sont admises pour les titres couverts par cet accord, et les ouvrages collectifs peuvent paraître en plusieurs langues.

Les ouvrages paraissent soit isolément, soit dans l'une des séries que la Maison des Sciences de l'Homme et Cambridge University Press ont convenu de publier ensemble. La distribution dans le monde entier des titres ainsi publiés conjointement par les deux établissements est assurée par Cambridge University Press.

Tanebar-Evav

Une société de maisons tournée vers le large

CÉCILE BARRAUD

Publié avec le concours du Centre National de la Recherche Scientifique

Cambridge University Press

Cambridge
London   New York   New Rochelle
Melbourne   Sydney

Editions de la Maison des Sciences de l'Homme

Paris

CAMBRIDGE UNIVERSITY PRESS
Cambridge, New York, Melbourne, Madrid, Cape Town, Singapore, São Paulo, Delhi

Cambridge University Press
The Edinburgh Building, Cambridge CB2 8RU, UK

With Editions de la Maison des Sciences de l'Homme
54 Boulevard Raspail, 75270 Paris Cedex 06, France

Published in the United States of America by Cambridge University Press, New York

www.cambridge.org
Information on this title: www.cambridge.org/9780521107266

First published 1979
This digitally printed version 2009

A catalogue record for this publication is available from the British Library

Library of Congress Cataloguing in Publication data
Barraud, Cécile.

Tanebar-Evav: une société de maisons tournée
vers le large.

(Atelier d'anthropologie sociale)

Bibliography: p.

Includes index.

1. Ethnology – Indonesia – Tanebar-Evav Island.
2. Tanebar-Evav Island, Indonesia – Social life and
customs. I. Title. II. Series.
GN635.I65B37   301.29′598′5   78-56176

ISBN 978-0-521-22386-7 hardback
ISBN 978-0-521-10726-6 paperback

A Leb Eler,
  Dyod Fakil'ubun†,
  Feli Yahawadan,
  Yaha Yahawadan,
  Taverkot Mantean'ubun,
  Atvul Sarmav,
  Lodar Sarmav,
  Si'u Sarmav,
  Fel Singer'ubun comme représentante des femmes du village
  qui m'ont aidée pendant mon séjour,
  Welav Singer'ubun,
  Metan Soar'ubun,
  Ovus Tabal'ubun,
  et à tous les autres habitants de Tanebar-Evav.

Avant-propos

Les données qui ont permis de rédiger cet ouvrage ont été recueillies au cours d'une mission de vingt-huit mois dans les Moluques, en Indonésie, de 1971 à 1973, dont environ dix-neuf à Tanebar-Evav (Tanimbar-Kei), île de l'archipel de Kei, dans la région sud-est des Moluques. Le reste du temps a été consacré à de rapides visites dans les îles et archipels avoisinants et à attendre l'arrivée incertaine des bateaux dans les ports moluquois. Une première version de ce texte a été écrite pour une thèse de troisième cycle, soutenue en 1975 à l'université de Paris X et intitulée «Ditoknil-Masbaït, Welav–Farfar. Organisation sociale et culte des ancêtres dans un village des Moluques du sud-est». Une courte mission en 1977 m'a permis, avec l'aide de mon assistant Atvul Sarmav, de vérifier les premiers résultats de l'analyse.

Ce travail s'inscrit dans le projet commun d'une équipe de recherche constituée en 1969 autour de D. de Coppet et J. P. Latouche au Laboratoire d'ethnologie et de sociologie comparative de l'université de Paris X (LA 140, Centre national de la recherche scientifique), puis à l'extérieur de celui-ci. Depuis 1976, cette équipe forme la RCP 436 (Centre national de la recherche scientifique) sous la direction du Professeur Louis Dumont.

Notre but était de concentrer la recherche sur une région aux structures sociales relativement homogènes afin de comparer utilement les résultats obtenus dans des sociétés différentes. Les Moluques, encore peu étudiées, présentaient un terrain de choix pour une entreprise réunissant plusieurs chercheurs. Le projet bénéficiait de la participation et de l'expérience de J. E. Elmberg dont, à notre grand regret, la mort soudaine en 1971 nous priva. Plusieurs recherches ont été menées sur le terrain de 1971 à 1973, parallèlement à la mienne dans l'archipel de Kei, celles de V. et

R. Valeri à Seram (Moluques du Centre) et de D. de Coppet à Aru (Moluques de l'Est). Les thèmes de comparaison ont porté d'abord sur des problèmes d'organisation sociale, notamment les questions de hiérarchie, la parenté, l'alliance et les échanges. Les premiers résultats ont été discutés en commun au cours de séminaires hebdomadaires, d'enseignements et d'une table ronde.

Mon travail sur le terrain a consisté en une étude intensive d'un village choisi en raison de sa fidélité aux traditions de la culture de Kei. Au cours de ce premier séjour, j'ai peu visité les autres villages de l'archipel où les aspects traditionnels de l'organisation sociale sont beaucoup plus diffus et masqués par les nouvelles croyances en honneur dans le monde moderne.

J'ai centré mon analyse autour des «maisons» qui sont les noyaux de toute l'organisation sociale. L'existence des maisons est une caractéristique d'un grand nombre de sociétés de l'Indonésie et aucun travail récent ne semble s'être engagé dans l'étude de ce phénomène particulier; une première approche cependant a été développée par le Professeur Claude Lévi-Strauss dans son cours au Collège de France de 1977–78, sur des exemples pris à Bornéo, Sumatra, Java et Timor. La société de Tanebar-Evav a la particularité d'avoir un nombre fixe de maisons dont aucune ne doit disparaître et autour desquelles s'organise l'ensemble des fonctions rituelles liées à la culture du millet. Un autre caractère des sociétés de l'Est indonésien est la pratique de l'alliance asymétrique de mariage comme l'a démontré dès 1935 le spécialiste hollandais F. A. E. van Wouden. Sa principale hypothèse sur ce point consiste à lier ce type de mariage à un ancien système à classes matrimoniales. Ici, on cherche à comprendre *l'alliance asymétrique comme partie d'un système plus vaste qui rende compte de règles sociales différentes et en particulier de l'existence des maisons.*

Ce livre prend donc la forme d'une monographie de village qui se réfère, quant aux grandes lignes seulement, à l'ensemble culturel homogène de l'archipel de Kei peuplé d'environ 85 000 habitants. Sur certains points, et notamment à propos des ordres hiérarchisés de la société, j'ai volontairement limité l'analyse à un plan local, faute de documentation plus complète concernant les autres villages. Par ailleurs, je présente ce travail comme une première approche qui dégage la morphologie sociale et en partie seulement le système symbolique; je n'ai pas abordé ici ce qui, à mes yeux, est essentiel, l'analyse du rituel. En effet, dans la société de Kei, seule cette petite île a maintenu le rituel associé à la culture du millet qui concerne les villageois plus de la moitié de l'année (alors qu'elle est abandonnée par les autres villages depuis longtemps). La culture du millet et ses conséquences sont la préoccupation majeure de la vie communautaire et nous verrons au fur et à mesure que tous les aspects de l'analyse de l'organisation sociale convergent finalement vers cet acte essentiel. Ce rituel, qui fera à lui seul l'objet d'un ouvrage, est décrit rapidement ici dans ses traits principaux indispensables à la compréhension de cette société. Je justifie cette démarche en insistant sur le fait qu'une étude détaillée de la morphologie sociale est nécessaire avant d'entrer dans le monde du rituel et du symbolisme, quitte à revenir sur certains problèmes par la suite.

De même, la littérature relative aux sociétés de Kei est peu discutée ici. Tanebar-Evav étant le seul village qui soit resté fidèle aux traditions, il m'a paru nécessaire dans un premier temps de restreindre mon analyse à sa présentation détaillée, et j'ai donc peu utilisé la littérature portant sur l'ensemble de l'archipel. On se reportera à la bibliographie pour prendre connaissance des ouvrages concernant les mêmes régions ou les problèmes voisins de ceux que pose la société étudiée.

Les missions ayant permis de collecter les données ont été financées par les crédits de l'université de Paris X et du Centre national de la recherche scientifique (CNRS) attribués au Laboratoire d'ethnologie et de sociologie comparative: une première mission de 1971 à 73, puis en 1974 deux mois consacrés à la recherche des principaux documents en Hollande où j'ai découvert entre autres une photographie du port de Tanebar-Evav datant de 1893, enfin un séjour de deux mois et demi dans les Moluques en 1977 au cours duquel j'ai pu vérifier rapidement les premiers résultats de l'analyse. J'en remercie vivement le Laboratoire et en particulier son Directeur, Monsieur Eric de Dampierre.

En 1977, un complément de financement a été fourni par la RCP 436 (CNRS) que je remercie.

En Indonésie, la mission a bénéficié de l'appui officiel du

Lembaga Ilmu Pengetahuan Indonesia (LIPI). Les membres de l'administration de la Région des Moluques du Sud-Est ont facilité mon installation dans l'archipel de Kei, en particulier Bupati Kepala Daerah Tingkat II Maluku Tenggara Drs D. C. Far-Far, Sekretaris Daerah Drs J. L. E. Rahantoknam, Bapak Ali Thahir BA, Bapak J. Ohoinol SH, Bapak L. J. Karatem; la famille Rahanra, Ibu Sien, Ibu Tien, Bapak Max et Agus m'ont généreusement ouvert leur maison pendant toute la durée de mon séjour; qu'ils soient tous ici remerciés de leur accueil.

Les membres de l'évêché d'Ambon m'ont constamment aidée, particulièrement Monseigneur Grent, Monseigneur Sol qui a été un interlocuteur aussi riche d'enseignements que de générosité. Un grand merci à tous les Pères qui m'ont reçue tant à Ambon que dans mes voyages à travers les archipels des Moluques. J'ai le plaisir de nommer aussi les membres de l'hôpital de Langgur à Kei, particulièrement le Docteur Krisna et Suster Renarda qui ont su prendre soin des habitants de Tanebar-Evav et de moi-même chaque fois qu'il était nécessaire.

Je remercie chaleureusement Madame Cowling et Dinah Barraud qui ont assuré la frappe du manuscrit, Nora Scott qui en a préparé l'édition, Madeleine de Bérard qui a corrigé le français, ma famille qui m'a soutenue pendant tout ce travail et en particulier mon père dont l'appui matériel et moral m'a donné la liberté de choisir mon métier.

A tous ceux qui ont écouté mes premières analyses au cours du séminaire du Professeur Louis Dumont et ailleurs, entre autres, J. P. Latouche, R. Jamous et V. Valeri, vont mes remerciements pour leurs critiques attentives. Je tiens à souligner que cet ouvrage est le fruit d'une réflexion et d'une élaboration communes auxquelles ont contribué tout particulièrement le Professeur Louis Dumont et Daniel de Coppet. Ce dernier a constamment lu et relu le texte depuis le début en 1975, il n'a cessé de suggérer et d'apporter de nombreux enrichissements qui se sont révélés fondamentaux. La réalisation de ce travail est due pour une grande part à sa présence et à ses encouragements. Qu'il en soit ici spécialement remercié.

Le Professeur Louis Dumont m'a largement ouvert son séminaire, où j'ai exposé dans les détails mes matériaux; il a corrigé et critiqué la première version du livre en 1975 puis minutieusement repris la correction du manuscrit définitif; son travail d'analyse, les longues discussions que j'ai pu avoir avec lui, la finesse de ses suggestions et de ses apports ont beaucoup amélioré la rigueur de la démonstration et la portée des hypothèses. Pour l'intérêt que depuis toujours il n'a cessé de porter à mon travail, je tiens à lui témoigner ici ma plus profonde gratitude.

Enfin, la qualité particulière de l'accueil des habitants de Tanebar-Evav, leur confiance et leur générosité ont seules permis un séjour prolongé sur le terrain; la chaleur et l'amitié que j'ai trouvées dans toutes les maisons m'ont été précieuses; qu'ils excusent les erreurs que j'ai pu laisser passer dans ce livre malgré mon souci d'être fidèle à leur discours. Parmi ceux qui ont pris le plus grand intérêt à mes recherches, qui m'ont beaucoup appris et auxquels ce livre est dédié, Turan Feli a été un informateur inépuisable et plein de malice. Quant à Atvul Sarmav, malgré sa jeunesse, la passion qu'il a pour sa propre société, ses qualités de sociologue et son enthousiasme ont largement contribué à m'aider dans le recueil et l'analyse des données et le désignent comme le témoin le mieux placé et le plus compétent pour continuer ces recherches à Kei. Ce livre est mon remerciement.

Paris, Juin 1978

Note sur le texte

Symboles utilisés

$\bar{a}$:   a long.

$\acute{o}$:   entre le o fermé et le ou.

u: se prononce comme le français ou.

':   occlusion glottale; elle est non pertinente à l'initiale.

v: fricative bilabiale sonore.

ng: nasale vélaire.

r: vibrante, réalisée comme le r roulé que l'on entend dans certaines régions du midi de la France.

j: affriquée pré-palatale sonore, d'une seule émission, à peu près analogue au j anglais dans *John* (n'existe pas dans la langue de Kei mais dans les mots issus de l'Indonésien).

c: affriquée pré-palatale sourde, d'une seule émission, à peu près analogue au ch anglais dans *chair* (n'existe pas dans la langue de Kei mais dans les mots issus de l'Indonésien).

La plupart des interprétations que nous faisons dans le cas de mots composés ou de contractions de mots viennent de l'étymologie populaire; lorsqu'il s'agit de notre analyse, nous le mentionnons.

Tout vrai sentiment est en réalité intraduisible. L'exprimer c'est le trahir. Mais le traduire c'est le *dissimuler*. L'expression vraie cache ce qu'elle manifeste. Elle oppose l'esprit au vide réel de la nature, en créant par réaction une sorte de plein dans la pensée. Ou, si l'on préfère, par rapport à la manifestation–illusion de la nature elle crée un vide dans la pensée. Tout sentiment puissant provoque en nous l'idée du vide. Et le langage clair qui empêche ce vide, empêche aussi la poésie d'apparaître dans la pensée. C'est pourquoi une image, une allégorie, une figure qui masque ce qu'elle voudrait révéler ont plus de signification pour l'esprit que les clartés apportées par les analyses de la parole.

C'est ainsi que la vraie beauté ne nous frappe jamais directement. Et qu'un soleil couchant est beau à cause de tout ce qu'il nous fait perdre.

Antonin Artaud, *Le théâtre et son double*

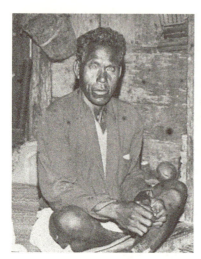

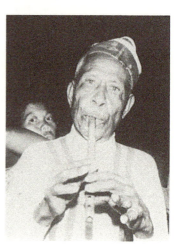

Les principaux initiés et responsables du village

Turan Leb, gardien de l'esprit Adat.
Turan Soa (Metan), Kepala Soa du village.
Bu Yoy (Dyod), aîné de la maison Marud, mort en 1976.
au centre, Is Yaman (Welav), «capitaine de mer», entouré à gauche de Rum Yaman (Ovus), à droite de Ban Yaman (Lodar) tous deux «capitaines de terre» ou Tuan Tan.
Soar Yaman (Yaha), gardien de l'esprit Hukum.
Bun Wama (Taverkot), officiant du dieu, gardien de l'esprit Larmedan.
Turan Feli, officiant du dieu et gardien de l'esprit Wilin.
Si'u Sarmav, Orang Kaya du village, et son fils, Atvul Sarmav, assistant de recherche passionné dans son travail.

Introduction

1. L'archipel de Kei et les Moluques

Vingt-quatre heures de voile séparent l'île de Tanebar-Evav ou Tanimbar-Kei du petit bourg de Tual, capitale de l'archipel de Kei et des Moluques du Sud-Est, l'une des trois régions de la province des Moluques. Celle-ci, bien connue depuis le XVIe siècle pour le commerce de la noix de muscade et du clou de girofle, est encore de nos jours la proie des étrangers, avides maintenant de produits moins parfumés: bois, poisson, perles et pétrole (fig. 1 et 2).

En raison de sa pauvreté, l'archipel de Kei est relativement à l'écart de cette ruée: la culture du manioc n'intéresse que les insulaires et la vente du copra se déroule sur place sans attirer les capitaux étrangers. Plus de 85 000 habitants, 5000 km², deux îles principales s'allongeant du nord au sud, la grande Kei et la petite Kei, de petites îles essaimées à l'ouest, en tout une soixantaine de villages constituent l'archipel de Kei ou Evav. Evav est le nom local, parfois orthographié Ewab ou Ewaw; Kei est le nom donné par les étrangers, quelquefois écrit Kai ou Key: pour désigner l'archipel en général, nous emploierons le nom de Kei, utilisé par l'administration indonésienne et le plus fréquemment rencontré de nos jours. Installés en bordure du rivage, les villages se partagent les maigres ressources de ces terres ingrates: Kei Besar, la «grande» Kei, occupée dans toute sa longueur par une chaîne montagneuse, ne laisse qu'une bande de sol cultivable le long de la côte; l'intérieur est recouvert de grandes forêts. Kei Kecil, la «petite» Kei, peu élevée, présente un sol de corail sec et pauvre; là, depuis que l'homme cultive, la forêt dense a disparu, remplacée de nos jours par un couvert de taillis. On y pratique l'agriculture itinérante sur brûlis; le manioc, d'implantation récente, occupe la

1

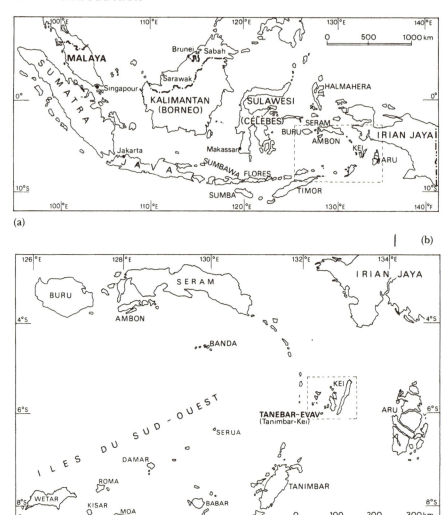

Fig. 1.
(a) Carte générale de l'Indonésie
(b) Moluques du Centre et du Sud

plus grande partie des jardins; accessoirement, on cultive plusieurs variétés de taro et de patate douce, du maïs, des légumineuses, des cucurbitacées, du café; on plante des sagoutiers dans les régions les plus humides, mais ceux-ci n'atteignent jamais un grand développement. L'alternance entre saison sèche et saison humide

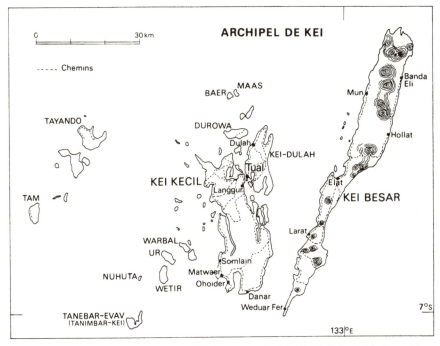

Fig. 2. Carte de Kei (d'après *Kaokonao, Indonesia*, stock n° 1301XSB53****04, Army Map Service, Washington D.C., scale 1. 1 000 000)

ne partage pas l'année en deux parties égales; la saison sèche est généralement la plus longue, et, parfois désastreuse, elle provoque la disette. La pêche est une ressource d'appoint; la mer est poissonneuse, mais les hauts-fonds du littoral sont largement étendus et obligent à s'éloigner à grande distance du rivage pour obtenir du poisson en abondance.

La vente du copra procure l'essentiel des revenus en argent, bien que les prix soient soumis aux fluctuations du marché international, à de nombreux intermédiaires, aux irrégularités du climat; l'argent obtenu de manière intermittente permet l'achat d'objets d'usage courant offerts à des prix très élevés sur le marché de Tual.

Aujourd'hui, une partie de ces marchandises est apportée par les bateaux gouvernementaux qui, venant d'Ambon, la capitale des Moluques, font de temps à autre le tour des archipels du sud-est, Kei, Aru, Tanimbar, Babar, Leti, Kisar, Damar. Depuis plus de quatre siècles ces îles sont régulièrement visitées par les commerçants malais et bugis (de Célèbes) qui y ont introduit l'Islam et la pratique de la langue malaise. De nos jours encore, parcourant toutes les mers d'Indonésie dans leurs immenses voiliers, appelés *perahu* en indonésien, ils font un commerce complémentaire de grande importance.

L'Islam fut la première des grandes religions à s'implanter, suivie par l'Eglise protestante et plus récemment par l'Eglise catholique. Ces trois confessions sont à peu près également réparties aujourd'hui dans l'archipel de Kei. Cependant ces pratiques religieuses cachent souvent la vigueur des croyances traditionnelles, et certains groupes leur sont restés jusqu'ici entièrement fidèles.

A côté de l'indonésien, langue officielle, une seule langue est parlée dans tout l'archipel, avec des variations d'accent et de vocabulaire d'île en île. Elle fait partie de la famille austronésienne, comme presque toutes les langues des Moluques, et s'apparente à la langue du nord de Tanimbar, archipel situé plus au sud. Tandis que les îles des Moluques sont le plus souvent compartimentées en régions de langue différente, l'archipel de Kei connaît une unité linguistique remarquable qui fait la fierté de ses habitants. Ceux-ci sont aujourd'hui si nombreux à se partager de maigres ressources qu'ils sont la seule population des Moluques obligée d'émigrer vers d'autres îles.

2. L'île de Tanebar-Evav

A quelques encablures au sud-ouest de Kei Kecil se dresse l'île nommée Tanebar-Evav. Dans le seul village, du même nom, vivent quelque six cents habitants dont l'accueil et la générosité ont permis la réalisation de cet ouvrage.

L'île offre sur son pourtour toute la variété des paysages côtiers que l'on rencontre sur un socle corallien. On aperçoit le village au fond d'une baie immense, protégée par une barrière de corail d'environ trois kilomètres de long. Trois promontoires rocheux, au nord, à l'est et au sud-ouest, s'avancent loin dans la mer qui s'engouffre dans leurs échancrures acérées et s'y brise en gerbes verticales. La côte est formée d'une suite de pointes rocheuses, de plages et de criques aux coraux plus émoussés. A marée basse, une frange de corail large de cinq cents mètres s'offre à découvert à

Sur la falaise, le village du haut, vu de la baie.

La baie de Tanebar-Evav, vue du port situé devant le village.

l'est et au sud, dégageant des trous d'eau où se réfugie le poisson, vite attrapé par des mains habiles. Les terres sableuses et fertiles sont aménagées en cocoteraies, les terres caillouteuses, légèrement surélevées, sont abandonnées à la forêt dans laquelle on découpe les jardins.

Il existe deux sortes de jardins: les premiers, *fermés* par une enceinte permanente (mur de pierres ou palissade de rondins), sont le lieu d'un travail individuel consacré à des cultures produisant toute l'année; les seconds, *ouverts*, temporaires, à peine protégés contre les animaux sauvages, sont le lieu d'un travail collectif, organisé, ritualisé; regroupés en une surface d'un seul tenant qui change chaque année d'emplacement, ils forment une étendue cultivée, tout entière réservée au millet.

Les jardins fermés font partie du patrimoine de la «maison» et sont travaillés l'un après l'autre, jusqu'à épuisement du sol, par un petit noyau familial. La période de jachère est de six à huit ans, et si le jardin est assez grand, la rotation peut s'effectuer à l'intérieur d'une même enceinte. Le gros travail, abattage des arbres, réparation des murs ou installation de palissades nouvelles, est laissé aux hommes, comme aussi la pose des différents pièges contre les porcs sauvages qui, s'ils arrivent à s'introduire dans les jardins, détruisent les récoltes. De tout le reste du jardinage, les femmes sont responsables: elles plantent, désherbent, entretiennent et récoltent. On cultive principalement deux variétés de manioc et de patate douce, trois variétés de taro, des graminées (une ou deux récoltes l'an), des légumineuses, des cucurbitacées. Pour ces trois dernières, on entreprend généralement chaque année un nouveau brûlis. Les tubercules sont replantés aussitôt arrachés, mais on change d'emplacement tous les deux ans environ. Le manioc est actuellement la nourriture de base, remplacée en période de trop grande sécheresse par du sagou importé des îles voisines en échange de poisson séché. Le reste de l'alimentation est fourni par la cueillette en forêt (amandes – *Canarium indicum* – plusieurs sortes de noix de palmiers, gousses de palétuviers) ou dans les vergers de bananiers, papayers, arbres à pain, manguiers, dont les propriétaires guettent les fruits avec patience. Le travail de jardinage est une occupation quotidienne, surtout pour les femmes.

Dans tout l'archipel, les jardins ouverts étaient destinés tradi-

Un jardin «fermé»
par un mur où pousse
du maïs.

tionnellement au millet, dont la culture rythmait d'année en année
la vie communautaire de ses nombreux rituels, semblant chaque
fois redonner un sens à la totalité de la coutume. De nos jours,
le millet n'est plus cultivé que sur la petite île de Tanebar-Evav.
Sa disparition ailleurs est étroitement liée à la déstructuration
progressive de la société.

Le millet exige chaque année, pour une seule récolte, la
préparation d'un nouveau terrain, soit une rotation très rapide,
possible seulement si les surfaces cultivables disponibles sont très
étendues. Ce n'est plus le cas dans les deux grandes îles où la
population a plus que doublé depuis le siècle dernier. D'autre part,
une volonté collective est nécessaire (accepter de se prêter des
terrains à tour de rôle, travailler à des périodes fixes déterminées

Les jardins «ouverts»
où pousse le millet.

par la communauté), qui fait défaut depuis que les familles se croient des unités économiques indépendantes (intrusion rapide de l'économie de marché, recherche d'activités monétairement rentables, émigration vers les villes à la poursuite de salaires fixes, etc.). A Tanebar-Evav, la population est restée stable et la coutume demeure vivace; la majorité de la population continue de pratiquer les cultes traditionnels, quelques familles seulement sont converties, et elles se joignent à l'ensemble du village pour toutes les cérémonies communautaires.

Les jardins de millet ne sont pas des jardins comme les autres: ils doivent être soumis à une surveillance constante aussi bien rituelle que pratique contre les porcs sauvages, contre les oiseaux qui viennent se nourrir dès l'apparition des premiers épis, contre les insectes parasites et les rongeurs; ceci implique leur concentration en un lieu unique où les battues collectives fréquentes sont le seul moyen efficace pour éloigner les gros animaux. Pour protéger cette céréale dont la croissance ne dure que trois ou quatre mois, on se contente de clore, non pas avec des murs solides, mais avec des branchages et des arbres couchés qui enferment en un cercle immense la totalité de l'espace des jardins. Chaque famille cultive une partie, qui ne se différencie de celle des autres que par des repères, un arbre laissé debout, quelques pierres et, plus tard, du millet de couleur différente (rouge ou noir) semé en bordure. Le millet demande beaucoup de travail et de présence effective; les gens du village vivent sur place dans de petites huttes de branchages. Le succès d'une belle récolte dépend, dans l'esprit de tous, d'une entraide générale et minutieusement organisée.

Celle-ci se fonde sur la tradition ancienne et fait appel à un ensemble de rituels qui supposent, pour être accomplis, la participation active du village tout entier et de ses principaux responsables. Le cycle du millet est dirigé par le «maître de la terre», Tuan Tan (de l'indonésien Tuan Tanah), dont la fonction est l'une des plus prestigieuses. Par la divination, il détermine l'emplacement de la culture et ses différentes étapes; toutes les opérations – choix du terrain, abattage des arbres, brûlage, semailles, récolte – se font sous son contrôle; elles ne sont commencées qu'après qu'il a accompli les rituels et qu'il a lui-même entrepris le travail sur son propre jardin. Toute la période qui

Le don du millet
au grenier
communautaire.

s'étend de l'abattage des arbres jusqu'au début de la moisson est considérée comme un temps rituel et sacré où tout le monde est soumis à de nombreux interdits plus ou moins sévères suivant les moments. Son point culminant, juste avant la moisson, est marqué par trois jours de chasse collective aux porcs sauvages, dont le sacrifice, offert aux esprits, met fin aux interdits.

La récolte doit être aussi riche que possible; le millet n'est pas un simple aliment; c'est d'une part une nourriture rituelle, employée dans les offrandes; d'autre part, c'est une richesse, un symbole de prospérité: son abondance est la fierté du village et le signe de l'approbation des ancêtres; chacun donne une part de sa récolte, qui est conservée dans le grenier communautaire et réservée aux besoins exceptionnels de la collectivité lors de rituels

Autour du grand tas de millet, les mères des trois «capitaines»; au centre Nen Fel, mère de Is Yaman; à gauche Nen El, mère de Ban Yaman; à droite Nen Suwel, morte en 1977, mère de Rum Yaman.

ou de famines. Malgré la tension due aux interdits, cette période représente une détente en rupture avec la routine individuelle quotidienne, une longue animation collective, condition première d'un renouveau créateur; le millet est ce vieillard qui chaque année redevient l'enfant dont on surveille avec tendresse les premiers pas afin qu'il parvienne sans encombre à l'âge mûr; ainsi dit le mythe. Ainsi est conçue la culture du millet, d'abord comme un rituel de renaissance, ensuite seulement comme acquisition de nourriture. C'est une fête libératrice et créatrice dont le village sort rajeuni, et neuf mois après chaque récolte, on assiste à un petit «baby boom», heureux résultat des nuits passées dans l'intimité des huttes isolées loin du village.

Partie essentielle du cycle annuel qui divise l'année en deux moitiés, rythmant les événements du village, les mariages et les fêtes, la culture du millet est une aventure collective: elle entraîne la participation de tous, chacun a un rôle à jouer, les hommes comme les femmes. Si l'un des acteurs principaux du rituel refuse de participer et s'il n'est pas remplacé, les fonctions rituelles n'étant plus assumées, l'action s'arrête et tous sont contraints

d'abandonner; il ne subsiste bientôt plus que des actes individuels.
C'est ainsi que dans la plupart des villages de l'archipel, l'abandon
progressif des croyances traditionnelles et par suite des rituels a
favorisé le dérèglement du cycle agricole et l'orientation vers des
cultures plus «faciles» comme celle du manioc. A Tanebar-Evav
même, certains rituels majeurs ont été provisoirement délaissés en
l'absence des titulaires des fonctions principales. Les procédures
de remplacement pour parer aux changements démographiques
ou sociologiques sont parfois longues à mettre en oeuvre et se
heurtent à des réticences; les rituels sont alors abandonnés.

Nous ne voulons pas étudier ici le changement dans cette
société, mais seulement dépeindre la situation traditionnelle
encore existante dans un petit village de six cents habitants. Loin
d'être un simple événement de la vie agricole, la culture du millet
semble au contraire une activité qui met en lumière les
préoccupations politiques, religieuses et économiques.

Outre le travail des jardins, l'entretien des plantations de
cocotiers occupe une grande place dans l'activité quotidienne.
Situées pour la plupart dans la partie nord-est de l'île, sur des terres
basses et fertiles, comme le long des côtes, les cocoteraies
nécessitent des soins constants; de toutes les propriétés foncières,
ce sont les plus jalousement gardées; elles font souvent l'objet de
longues querelles.

La noix de coco ne fournit pas seulement une denrée commer-
ciale, le copra. Le cocotier et son fruit sont des matériaux de base
de la vie de tous les jours, à la fois pour la nourriture des hommes
ou des animaux et pour la fabrication d'objets variés. Il n'est
aucune partie de l'arbre ou du fruit, jeune ou vieux, vert ou
desséché, que l'on n'utilise: pour la construction des maisons, pour
l'éclairage, pour le vêtement (sandales), pour les soins du corps
(shampooing), pour la nourriture (pulpe, eau, huile), pour les
fumeurs (papier à cigarettes), pour le feu de cuisine (combustible),
pour les rituels (libation de vin de palme); les usages sont
multiples, parfois inattendus, et nombreux les termes qui expriment la croissance, l'anatomie et les différentes transformations de
ce palmier. Dans un monde sans cocotiers, l'homme se sentirait
comme paralysé, incapable de survivre.

De même, du point de vue rituel et symbolique, le cocotier est

Signe tabou pour pro-
téger une plantation de
bambous contre le sans-
gêne des passants.

partout présent sous une forme ou sous une autre; un mythe
raconte que la noix de coco provient de la tête d'un enfant sacrifié.
Les arbres sont protégés par des interdits particuliers à chaque
propriétaire, et très rarement transgressés. Même dans les régions
de Kei les plus christianisées, ces signes tabou, transmis depuis des
générations, continuent d'être fichés au pied des arbres comme
garants de la protection des ancêtres contre les voleurs et les
calamités.

Les activités de pêche, de chasse et d'élevage, dont les produits
sont linguistiquement distingués de ceux du sol ou de la forêt par
un terme ayant le sens général de «nourriture carnée», *wad*,
apportent un complément substantiel au régime alimentaire et
tiennent une grande place dans la vie des Keyois. Mais la pêche

La tortue-lyre, animal
sacré considéré
comme un ancêtre.

Vache de mer avant sa découpe.

est de loin la plus prisée, comme en témoigne le temps qu'on lui consacre.

A l'exception des porcs, on s'occupe fort peu des animaux domestiques, chèvres et poules, qui, pendant la journée, cherchent librement leur nourriture dans le village ou la forêt et ne rentrent qu'à la tombée de la nuit se reposer à l'abri des maisons, sur les toits pour les poules, sous les pilotis pour les chèvres. Les porcs, noirs ou gris, que rien ne distingue des porcs sauvages, sont chaque jour engraissés, surtout à la noix de coco. On y met un grand soin, car ils seront sacrifiés tôt ou tard à l'esprit auquel ils «appartiennent». Ils circulent librement, sortent du village et se nourrissent de tout ce qu'ils trouvent; les truies mettent bas en forêt puis reviennent. Les porcs ne sont tués que dans les grandes occasions comme les mariages, les fêtes et certains rituels. A l'inverse du poisson, le porc n'est jamais présent dans la nourriture quotidienne.

Occasionnelle ou rituelle, la chasse est le plus souvent organisée sous forme de battues contre les porcs sauvages, destructeurs des jardins. Elle est rendue plus aisée par l'existence de murs de pierres hauts de plus d'un mètre qui s'étirent d'une côte à l'autre à travers toute l'île et contre lesquels le gibier est rabattu. Il est rare qu'un chasseur solitaire puisse venir à bout d'un animal; et pourtant, pas un homme ne part travailler en forêt sans emporter un arc ou une lance et sans se faire suivre de sa petite meute; mais c'est plutôt un comportement typiquement masculin, symbole de l'ancienne pratique guerrière, qu'un goût réel pour la chasse. Les enfants, eux, s'amusent à piéger des oiseaux pour les manger.

La pêche peut être individuelle ou collective. On pêche à la lance, au harpon, au coupe-coupe, au filet, au poison; on attrape le poisson dans toutes sortes de pièges et, la nuit, à la torche; on combine parfois plusieurs de ces méthodes en une seule partie de pêche. La construction des grands pièges est souvent l'occasion d'un rassemblement des gens du village et d'une partie de campagne. Les hommes participent à toutes les activités de pêche, tandis que les femmes sont parfois exclues de quelques séquences (préparation du poison par exemple) ou de pêches spéciales (celle de la tortue-lyre – *Dermochelys coriacea*). Si certains grands animaux marins sont l'objet de procédures rituelles spécifiques (tortue, tortue-lyre, dauphin, baleine, vache de mer), les prises de mer ont une importance rituelle et symbolique comparable à celle du porc sauvage ou domestique sur terre. Les armes de chasse ou de pêche, ou les moyens utilisés pour prendre le poisson sont rituellement consacrés lors de leur première mise en service par l'offrande à l'un des esprits du village d'un poisson ou gibier appelé «première prise».

Symboliquement, les poissons et les animaux marins ont une place particulière, non seulement comme animaux sacrificiels, mais parce qu'ils ont une relation spécifique avec les ancêtres, les interdits, l'organisation spatiale du village (qui est lui-même considéré comme un poisson) et les échanges matrimoniaux. Certains sont directement liés au culte des ancêtres: la tortue-lyre est à la fois ancêtre et esprit. L'initiation des chefs fait intervenir un système d'interdits exprimé partiellement en termes d'opposition entre poissons aux caractères spécifiques et plantes cultivées – c'est-à-dire une opposition terre-mer; celle-ci se retrouvera fréquemment par la suite. Enfin, les produits de la chasse et de la pêche sont classés dans une même catégorie *wad*, terme qui peut être traduit d'abord par «nourriture carnée», mais qui qualifie aussi les prisonniers de guerre et les femmes victimes de l'amour. De même que la culture du millet, la chasse et la pêche sont davantage qu'une simple quête de nourriture.

Par rapport aux autres villages de Kei, la pêche est plus abondante à Tanebar-Evav; en effet, un seul village exploite tout le pourtour des côtes et la situation de l'île est particulièrement favorable: possibilité de pêche en toutes saisons, dans la grande baie, à l'est pendant la mousson d'ouest, à l'ouest pendant la mousson d'est. Outre les voiliers, on utilise des pirogues monoxyles de toutes tailles qui permettent de s'éloigner au large et de laisser filer les lignes pour ramener de plus grosses prises que près du rivage. Aucun territoire de pêche n'est réservé, et la seule contrainte est celle qu'imposent les saisons de reproduction de certains coquillages ramassés à des fins commerciales. La pêche du poisson en quantité, au fond des grands pièges, donne lieu à un curieux système de distribution et de redistribution: le propriétaire du piège donne une partie de sa pêche à ses parents ou à ses amis; il vend aussi parfois du poisson à très bas prix à d'autres gens du village; comme les quantités sont énormes, ceux qui en ont reçu s'empressent d'en faire cadeau à des parents et amis, si bien qu'il

Le voilier pendant sa
construction et après
son lancement.

n'est personne dans le village qui ne puisse agrémenter son menu, grâce à ces réseaux d'échange. Lorsqu'il y a trop de poisson, on le conserve en le salant, puis en le faisant sécher au soleil. Il est souvent échangé ou vendu dans les villages voisins, peu riches en poisson, et apporte ainsi un petit revenu.

L'île de Tanebar-Evav ne vit pas en autarcie; depuis toujours, elle a été en relation d'échange ou en relations commerciales, soit avec les villages de Kei, soit avec les archipels voisins (Tanimbar au sud, Aru à l'est, Seram au nord), soit avec les marchands malais, ou les Bugis, qui passaient à bord de leurs voiliers; ces marchands ont répandu la langue malaise, devenue par la suite la langue indonésienne, aujourd'hui parlée ou comprise jusque dans les archipels les plus reculés.

Les échanges avec Seram et Aru s'articulaient surtout autour de la vente des voiliers, dont les habitants de Kei sont d'habiles constructeurs. Depuis, la population d'Aru a appris à les construire, et elle conserve le modèle traditionnel autrefois en vigueur à Kei. De nos jours, la fabrication des voiliers continue à Kei, mais de façon réduite; les plus petits sont parfois vendus, les autres sont loués ou engagés dans le commerce régional des Moluques, ou plus loin vers l'ouest.

La construction et la vente des voiliers sont liées à un rituel compliqué, parallèle et comparable à celui de la guerre; le premier voyage entraîne de longues festivités auxquelles tout le village participe (Geurtjens 1910). Il existe plusieurs rituels, chacun rattaché à une maison spécifique du village, mais tous sont en rapport avec le système des sanctions. Les voiliers pouvaient être construits et vendus en paiement de certaines fautes; dans ces cas-là, l'argent produit par la vente n'était jamais introduit dans le circuit économique ordinaire. Aujourd'hui, on vend souvent de petits voiliers, pour la construction desquels le rituel est plus simple et dont on peut tirer un important profit. Bien que le savoir nécessaire à sa construction commence à se perdre – il est conservé encore par quelques vieux spécialistes – le voilier continue de tenir une place privilégiée dans la culture de Kei: il est bien sûr l'indispensable moyen de communication, mais il est surtout le symbole même de la société, de son organisation, de son fonctionnement, comme un peu partout en Indonésie. Il est en quelque façon aussi le symbole de la relation par excellence, en rapport avec l'échange de femmes et la guerre.

Parmi les produits commercialisables, le copra vient en premier lieu. Le travail s'effectue à deux niveaux: individuel lors de la collecte des noix de coco, collectif lors de la préparation, du transport à la ville et de la vente. Il implique deux sortes d'échanges, à l'intérieur et à l'extérieur du village.

Pour le travail collectif, une invitation est lancée à un groupe de parents ou à des partenaires d'échange, parfois à tout le village, suivant l'importance du travail à réaliser; un jour est fixé au cours duquel toutes les opérations doivent être accomplies[1]. Ce travail n'est pas rémunéré par un salaire mais donne lieu à des compensations, le plus souvent sous forme de nourriture offerte par celui qui lance l'invitation. Cette forme de travail est courante, non seulement pour le copra, mais pour tout ce qui excède la capacité d'un individu – la fabrication de la chaux, la construction des maisons, des voiliers, des pièges à poisson, etc. Cet échange n'est pas monétaire, et il active les différents réseaux de relations entre les gens du village.

La noix de coco entière est souvent troquée contre des nourritures complémentaires (riz, sagou) en dépôt chez le commerçant d'origine chinoise qui réside au village. Au bout d'un certain temps, le stock de noix devient tellement énorme que cet homme fait appel au village (dans les conditions indiquées ci-dessus) pour l'aider à transformer ces noix en copra. En compensation de ce travail, il est obligé d'offrir au moins deux repas dans la journée à tous ceux qui viennent travailler, et ils sont nombreux. La dépense est importante, et il est à se demander si la double opération (d'une part, troc contre des produits achetés par lui, d'autre part, compensation sous forme de repas en échange du travail) est finalement lucrative. Comme pour répondre à cette question, ce commerçant fit faillite au cours de l'année 1973, année où la récolte de noix de coco avait été spécialement mauvaise.

Sous forme de copra, la noix de coco est alors vendue,

1. Il faut enlever l'enveloppe de fibre, casser la coque en deux, faire sécher la chair en la fumant au-dessus du feu, enlever la chair de la coque, la couper en morceaux, mettre ceux-ci dans des sacs de jute, fermer les sacs, les peser, et les charger sur le voilier.

directement ou indirectement, aux commerçants chinois qui résident à Tual, le bourg principal de l'archipel. Ceux-ci offrent en échange soit de l'argent, soit de la nourriture, soit des tissus ou des biens d'usage courant (savon, quincaillerie, mercerie). Les commerçants achètent aussi les écailles de tortue, les ailerons de requin, les concombres de mer (holothuries), l'agar-agar (algue marine) et les coquillages (pour la nacre). Ces deux derniers produits sont soumis au rythme des saisons évoqué plus haut. Les dates d'ouverture et de fermeture de la pêche sont décidées dans le village même, en fonction du temps et de l'état des fonds marins. Hors de là, nulle limitation: il n'y a pas à Tanebar-Evav de propriété privée du littoral. La pêche aux coquillages est assez pénible, car il faut plonger à environ cinq ou six mètres de profondeur pour trouver les plus beaux d'entre eux. Ces activités occupent hommes et femmes partiellement pendant environ deux à trois mois par an.

Ces produits, vendus sur un marché et destinés à être revendus le plus souvent à l'étranger, sont évidemment soumis aux fluctuations des cours internationaux et subissent le contrecoup des crises mondiales. Le prix du copra n'est jamais très régulier, et la multitude des intermédiaires le diminue à la production. D'un bout à l'autre de l'Indonésie, il peut varier du simple au quadruple. Pour cette raison – mais aussi pour bien d'autres qui ne relèvent pas du simple calcul économique –, il arrive que les gens du village chargent de leur production un grand voilier et soient prêts à parcourir, en quatre ou cinq mois, les 3000 kms qui les séparent de Surabaya, sur la côte est de Java, afin d'aller vendre leur copra à meilleur prix et acheter en contrepartie des denrées et des produits fabriqués près de leur lieu d'origine. Ils peuvent ainsi se procurer à des prix avantageux le riz nécessaire pour compléter leur régime alimentaire en période de disette; dans les archipels de l'est de l'Indonésie, le riz est parfois presque impossible à acheter (comme par exemple au cours des années 1972 et 1973 où son prix avait triplé). Ces grands voyages sont cependant coûteux et périlleux, aussi se contente-t-on généralement de vendre la production sur le marché le plus proche, même à très bas prix.

Parallèlement à ce petit commerce, des échanges ont lieu de village à village ou d'île en île avec des partenaires privilégiés, c'est-à-dire sans l'intermédiaire des commerçants; ils impliquent le plus souvent l'existence de relations politiques et sociales traditionnelles. Il s'agit d'un troc (quelquefois d'achat et de vente), généralement entre villages rapprochés, qui permet essentiellement de se procurer une denrée dont on se trouve manquer alors que les villages d'en face ont des surplus. C'est ainsi qu'on offre du poisson séché contre du manioc ou du sagou, parfois même contre des tissus ou des assiettes; inversement, on reçoit des patates douces, des taros, des mangues, des régimes de bananes, contre de l'huile de noix de coco, de la chaux (celle-ci est utilisée dans la construction des maisons modernes, et les villages de la côte de Kei Kecil n'ont pas en quantité suffisante le beau corail nécessaire à sa fabrication). Les villageois de Tanebar-Evav préparent des monceaux de paniers de chaux qu'ils vont échanger avec leurs partenaires traditionnels de la côte ouest de Kei Kecil contre du manioc ou du sagou dont ils manquent. Ces voyages rapides – quelques heures de voile – permettent la circulation d'une grande quantité de biens, mais aussi le renforcement des liens de simple amitié, des relations matrimoniales ou d'entraide déjà anciennes et conformes à la configuration politique de ces villages. (Nous pensons ici à l'unité politique formée par l'union de plusieurs villages en un district avec à sa tête un *raja* héréditaire, dont les fonctions sont réduites de nos jours à un rôle surtout rituel. La vigueur des contacts et des échanges entre ces villages permet de conserver le sentiment d'appartenance à une certaine communauté traditionnelle).

Ces échanges entre villages n'ont pas un but commercial, mais répondent à une demande spontanée créée par un besoin immédiat; s'agissant de biens de première nécessité (manioc, sagou, poisson), il n'est pas question de faire monter les prix au maximum pour obtenir des bénéfices; on échange ce qu'on a contre ce dont on a besoin.

Entre les villages et le bourg, la situation n'est pas la même; la concurrence est plus forte, l'argent circule plus facilement du fait de la présence des fonctionnaires et des commerçants, le prix des denrées peut varier très rapidement. Les relations entre acheteurs et vendeurs ne sont pas les mêmes que dans les villages, et le villageois préfère alors vendre plutôt qu'échanger: avec l'argent liquide il achètera au juste prix, plutôt que de troquer à un taux désavantageux avec un commerçant.

Si l'on se livre aussi à des échanges avec des archipels ou îles plus éloignés comme Tanimbar au sud et Seram au nord, c'est la plupart du temps parce qu'on y retrouve des parents ou des alliés. C'est l'occasion de renouer des liens anciens ou d'en créer de nouveaux, d'autant que les Keyois émigrent de plus en plus de façon définitive vers ces régions, ne pouvant plus subvenir à leurs besoins chez eux. Ces voyages sont rares (une ou deux fois l'an) mais leur durée est imprévisible (de deux semaines à six mois).

Il faut noter que les habitants de Kei sont d'une incroyable mobilité, qu'ils adorent partir chez l'un ou chez l'autre sans se préoccuper des moyens de retour, et qu'ils saisissent n'importe quel prétexte pour faire une sortie censée se limiter à quelques jours – cela fait contraste avec le comportement de l'occidental, toujours pressé d'arriver, las d'attendre, limité par son «emploi» du temps et par la perte d'argent. Les Keyois n'ont jamais aucun programme, ils partent quand ils en ont envie et reviennent de même, et décident le départ une heure à l'avance. La plus grande distraction des habitants de Tanebar-Evav est de se poster sur la falaise d'où l'on voit fort loin et de scruter la mer pour essayer d'apercevoir, se rapprochant ou s'éloignant à l'horizon, les voiles de ceux qui reviennent ou de ceux qui partent; chaque voile de retour est fêtée par des cris et exclamations joyeuses, sans fin, comme pour marquer un événement extraordinaire. Et c'est bien certainement un événement extraordinaire que cet inconnu qui se profile sous forme de voile et dont on ne sait ce qu'il cache: du bon ou du mauvais, une convocation administrative, de l'argent, des impôts, des maladies, l'annonce d'une fête, un ethnologue ou un évêque. Sans doute à cause de l'éloignement de l'île, les habitants sont toujours à l'affût de nouvelles du dehors, mais malgré cet isolement, les rumeurs se propagent à une allure peu croyable si l'on considère les distances et les conditions de transport.

Ainsi, il existe à la fois, d'une part, une fermeture au monde extérieur, une affirmation de l'individualité du village à travers l'isolement géographique et la spécificité sociale et rituelle, qui se transforme presque en mépris pour les voisins, même proches, que l'on juge très différents; et, d'autre part, un besoin d'ouverture, une curiosité vis-à-vis du dehors, une avidité de communiquer et de sortir, de créer ou de renouveler des liens avec les autres villages, de se sentir membres d'un monde plus vaste. Ce trait n'est pas un détail pittoresque de la psychologie des îles; il se retrouve à Tanebar-Evav dans les fondements mêmes de la structure sociale, dans la logique des mythes, des croyances et de l'histoire. C'est une manière d'affirmer son identité afin de pouvoir traiter avec l'extérieur ou peut-être, plutôt, de se confronter à lui en marquant ainsi sa propre identité.

La population de Tanebar-Evav forme en effet à elle seule une société parlant un dialecte particulier et pratiquant la religion traditionnelle. L'Islam et les fois protestante et catholique ne sont embrassées que par moins d'un sixième des habitants qui toutefois participent pleinement à tous les échanges et tous les rituels.

1 | Tanebar-Evav: un espace social, symbolique et rituel

Pour mieux suivre la logique de l'observation, et aussi par goût, nous avons choisi d'aborder cette société par l'espace, physique d'abord, conceptuel ensuite, dans lequel elle se meut, de commencer par la regarder et l'écouter en quelque sorte, plutôt que de lui imposer d'emblée des concepts «analytiques» qui risquent alors d'introduire une vue parcellaire de la réalité. Cette méthode d'exposition demande davantage d'efforts au lecteur, qui devra garder en mémoire un certain nombre de mots étranges; nous en utiliserons le moins possible pour ne pas augmenter les difficultés. Mais après tout, n'est-il pas naturel que le lecteur doive, pendant quelques heures, surmonter une proportion minime des obstacles rencontrés pendant des mois par l'observateur?

S'agissant de parler d'un certain nombre d'hommes et de femmes qui tous ensemble forment un société, il semble logique de les placer tout d'abord dans le milieu même où ils vivent et s'expriment. Le mystère de la composition d'un espace est quelque chose de fascinant à explorer et ce fut là un des premiers chocs ressentis lors de mon arrivée dans le village: je suis restée assise, songeuse, regardant le village qui s'étendait à mes pieds, et me demandant avec une certaine angoisse combien de secrets humains ces pierres, ces murs, ces arbres, cette terre pourraient me confier.

Nous suivrons donc le chemin primitivement parcouru à travers le village, autour des maisons, dans l'île, pour en venir ensuite à la description de ses habitants, tels qu'ils se sont présentés d'abord, tels qu'ils se sont expliqués ensuite. Dans cet esprit, nous nous appliquerons à donner les différents sens des mots de la langue et leur interprétation telle qu'on nous l'a proposée.

Notre objectif n'est pas de découper la réalité pour la faire entrer dans les compartiments du savoir anthropologique. Nous préférons offrir une vue d'ensemble complète à partir de laquelle nous proposons un début d'interprétation au plan théorique.

1. L'organisation de l'espace de l'île et du village

Le nom Tanebar-Evav ou Tanimbar-Kei couvre à la fois l'île et l'unique village qui s'y trouve. Evav est, dans la langue locale, le nom donné à l'archipel de Kei, dont les deux îles principales Kei Kecil, la petite Kei, et Kei Besar, la grande Kei, sont aussi respectivement nommées Nuhu Roa, «île» ou «village de la mer» (ou Nuhuten, «île ancienne») et Nuhu Yut, «île tabou» ou «interdite». Tanebar-Evav s'oppose à Tanebar-Mav, nom qui désigne, dans la langue locale, l'archipel de Tanimbar situé au sud-ouest de l'archipel de Kei; *mav* signifie «étranger». La petite île que nous décrivons se situe à l'extrême sud-ouest de l'archipel de Kei et se trouve ainsi à quelque cent milles de l'archipel de Tanimbar, en quelque sorte entre les deux, d'où peut-être son nom.

Outre l'île proprement dite, deux îles inhabitées situées à quelques kilomètres au nord, Wetir et Nuhuta, sont la propriété des habitants de Tanebar-Evav; ils y cultivent des cocotiers et en exploitent le bois. Enfin, d'autres cocoteraies se trouvent dans la partie ouest de l'île de Ur, un peu au nord, dont les habitants sont liés par des relations d'étroite dépendance aux villageois de Tanebar-Evav.

Les enceintes

Le village traditionnel domine une vaste baie du haut d'une petite falaise d'une quinzaine de mètres qui surplombe presque le rivage. On y accède en escaladant une monumentale échelle de bois, large de deux mètres, et quelques rochers au milieu desquels s'encastre la porte du village, lui-même entouré d'un mur. Une partie des habitants ont commencé, pour diverses raisons, à s'établir depuis une vingtaine d'années environ sur les quelques trente mètres de sol ferme qui séparent la falaise du rivage. Mais lorsque l'on parle de *oho*, le «village», on indique toujours celui du haut de la falaise,

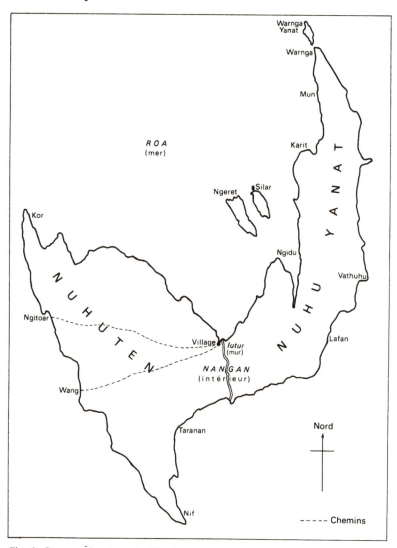

Fig. 3. Carte schématique de l'île de Tanebar-Evav (d'après une carte réalisée par Atvul Sarmav de la maison Kadom)

le plus ancien et le seul traditionnel; celui du bas s'appelle *tahat*, «l'eau de mer» (et aussi les lieux d'aisance, toujours situés au niveau des plages).

Comme on peut le voir sur la carte (fig. 3), la baie forme une sorte de U au fond duquel se trouve le village, protégé par ce port naturel. Lorsque l'on arrive à pied sec à marée basse, on aperçoit

Le village en haut de la falaise et le village du bas vus depuis la grève.

La baie et le mur, vus du haut de la falaise.

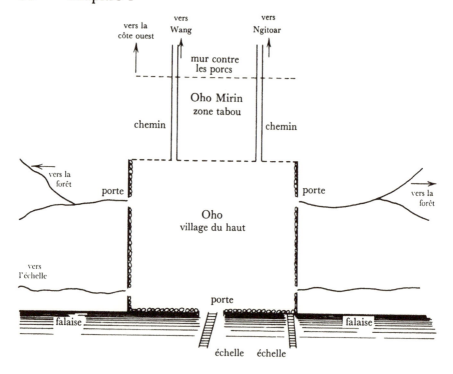

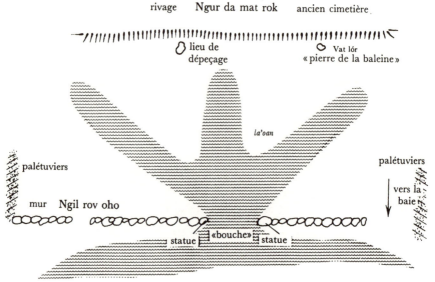

Fig. 4. Situation du village et de la grève

tout d'abord le sommet de la falaise avec ses grands arbres et puis ses maisons. On distingue plus tard seulement les premières maisons du village du bas, qui semblent écrasées à son pied. En s'approchant encore à environ cent mètres de celles-ci, on traverse un amoncellement de pierres; c'est un ancien mur qui coupe le fond de la baie, s'allongeant de chaque côté jusqu'à la bordure de palétuviers (fig. 4). Avec un peu de chance, on distingue sur le côté gauche quelques pierres dressées, comme une forme humaine. Autrefois, ce mur, haut de plus d'un mètre, fermait l'entrée du port, ne laissant ouverte qu'une étroite passe gardée de chaque côté par une statue de pierre représentant un homme assis: sur une photographie prise en 1893 (Pleyte 1893c), la statue de gauche a les jambes croisées, les mains appuyées contre le ventre; celle de droite a les jambes repliées, les coudes sur les genoux et les mains soutenant le menton. On ignore presque tout de ces deux statues, sinon qu'elles gardent l'entrée du port; situées à la limite de la partie sacrée de l'île, elles sont en rapport avec le cycle rituel de renaissance du village qui s'accomplit en une période de neuf ans. Il n'a pas été possible jusqu'à présent d'obtenir à ce sujet davantage d'informations.

Dans l'état actuel des choses, le mur est écroulé sur toute sa longueur, mais l'entassement des pierres en montre parfaitement la disposition. Des deux statues, il ne reste que celle de gauche, fragmentée en trois morceaux reconnaissables: la tête, le torse et le bas du corps, aisément superposables. Mais comme le mur est démoli, la statue ainsi reconstruite se trouve à même la sable, et non plus surélevée; chaque marée un peu forte la renverse.

A marée haute, il est impressionnant de voir seule la tête dépasser au-dessus de l'eau; parfois elle disparaît, noyée ou retombée. Les enfants s'amusent à la reconstruire, les adultes en parlent peu et semblent s'en désintéresser; pourtant, ces statues qui ouvrent sur l'espace du village marquent le lieu près duquel les accouchées viennent se laver rituellement, comme si elles ne pouvaient faire leurs ablutions qu'en franchissant cette porte, de même que leur enfant fut lavé à la sortie de la matrice. Ce mur fut construit, dit-on, par des réfugiés de l'île de Banda (la fameuse île aux épices des Moluques du Centre) qui fuyaient les massacres portugais, en remerciement de l'aide apportée par les habitants de Tanebar-Evav. La plupart d'entre eux s'installèrent ensuite au nord-est de Kei Besar, où ils résident encore au village de Wadan-El

L'entrée du port en 1893 photographiée par Pleyte (1893c), détail de la statue de droite et la statue de gauche quatre-vingts ans plus tard.

ou Banda-Eli. Le mur porte un nom et s'appelle *lutur ngil rov oho* «le tintement qui fait le tour du village». On dit qu'autrefois, à l'approche des ennemis, le mur émettait un son très clair qui donnait l'alerte aux habitants. Par ce bruit de cloche, le mur protégeait le village. Cette première explication montre que le mur et les statues gardiennes ont un rapport étroit à la guerre, encore fréquente au siècle dernier. Elle s'accorde avec la situation générale des villages d'autrefois, le plus souvent fortifiés et situés sur le haut d'une falaise ou d'un surplomb rocheux. Tanebar-Evav est le dernier exemple attesté dans la littérature de la fin du siècle de ces places-fortes remarquées non seulement à Kei, mais dans les archipels d'Aru et de Tanimbar (Riedel 1886; Planten 1893).

A Tanebar-Evav, on trouve ailleurs d'autres murs à travers l'île, destinés à empêcher le passage des porcs sauvages. L'un d'entre eux, qui se trouve dans le prolongement du mur du port, partage l'île en deux parties: à l'ouest, Nuhuten, «l'île mère ou l'île femme» ou l'île ancestrale, à l'est, Nuhu Yanat, «l'île enfant»; la première

est considérée comme sacrée, c'est la terre des ancêtres originaires où règne la coutume; la seconde, non sacrée, peut être conçue comme la terre des immigrants, de ceux à qui l'on a donné des épouses, et de leurs enfants; c'est là qu'aujourd'hui il est permis de construire des églises et des mosquées. Une opposition entre le dehors et le dedans permet de compléter l'interprétation de ces deux espaces: l'un, non sacré, est réservé aux visiteurs venus de l'extérieur (en effet, les côtes est et nord-est sont proches de Kei Kecil, lui font face et sont d'un accès plus facile que le fond de la baie); sur ces côtes également furent rejetés autrefois les dissidents par rapport à la coutume, en quelque sorte déjà boutés *hors de* l'île, avant de trouver refuge dans une île voisine. L'autre espace, à l'ouest et au sud-ouest, est le lieu d'apparition ou d'arrivée des ancêtres ou des esprits; c'est un espace protégé, au-delà duquel commence le monde extérieur, c'est le centre vital et comme la matrice de l'île et de la société. Cet espace lui-même s'organise et s'oriente également dans le détail, tandis que l'espace non sacré ne connaît aucune subdivision significative.

En deçà de la passe entre les deux statues, passe appelée *ngor* «bouche», une large étendue de sable et de vase blanche sépare encore du village le visiteur. Devant les premières maisons dressées sur le rivage, on remarque un espace signalé par quelques pierres sacrées qu'on ne saurait déplacer. C'est le lieu traditionnel de dépeçage de certains animaux marins: la tortue-lyre, la vache de mer et le dauphin. Une fois débités, les différents morceaux sont partagés entre tous les gens du village selon un certain ordre. (Les tortues ordinaires peuvent être découpées n'importe où, tandis que la baleine, si d'aventure elle s'échoue, est dépecée près d'une pierre différente, appelée *vat lór* «la pierre de la baleine», située plus à droite.) C'est là aussi, près des premières pierres, qu'à leur descente de voilier sont salués les visiteurs, de même que ceux qui reviennent d'un voyage cérémoniel, qui partent ou qui reviennent de la guerre. En dehors de ces occasions, l'endroit n'est pas sujet aux interdits et les enfants y jouent sans cesse, à marée basse comme à marée haute. Cet emplacement se trouve exactement dans l'axe du village, qui mène directement à l'échelle puis au village du haut.

Le rivage lui-même, recouvert par la mer deux fois l'an aux équinoxes, est l'ancien cimetière traditionnel. Celui-ci a été

L'échelle qui conduit au village du haut et la porte d'entrée.

transféré plus loin lorsque les habitants ont commencé à s'installer en bas de la falaise. Cette partie du rivage s'appelle *ngur da mat rok* « le sable où viennent les morts ». Ce n'est pas le séjour des ancêtres, mais celui des cadavres et des morts qu'on appelle d'un même mot, *nit*; c'est là qu'on leur apporte des offrandes, posées à même le sol. Les morts ont un certain rapport avec la terre-mère et sont enterrés dans le sable, les pieds toujours tournés vers la mer, si possible vers le nord, direction de leur séjour privilégié. Cette « plage » n'est plus un cimetière mais encore actuellement le lieu de cérémonies offertes au dieu soleil-lune, pour préserver le village des maladies. Ce n'est pas un endroit tabou et les maisons y sont construites sans rituels particuliers.

Pour accéder au village du haut, il faut franchir une véritable enceinte sacrée dont la longue histoire est liée à l'arrivée de groupes immigrants. Escaladant d'abord l'énorme échelle d'une dizaine de mètres de haut, puis quelques rochers, on fait face à la porte; celle-ci, encastrée dans la roche, était constituée autrefois d'un chambranle et de deux battants; seul le chambranle

Sur les deux montants de la porte, le serpent; à gauche une poule et à droite un coq.

Détails de la rampe de l'échelle et du battant de la porte.

est encore en place, les battants, décrochés, sont posés par terre à côté. La porte et l'échelle sont sculptées. On trouve des dessins de feuilles sur la porte, des figures de poules, d'oeufs, un chien et même une silhouette humaine sur le chambranle et la rampe; les sculptures principales sont celles du serpent et de la baleine, que l'on trouvait sur le haut du chambranle; les rampes de l'échelle ont toutes la forme du serpent. Les têtes du serpent et de la baleine – celle-ci est très stylisée et on la distingue à peine sous la forme d'une grosse poutre au-dessus de la porte – regardent vers le nord-ouest soit, de l'intérieur du village, vers la gauche. Le serpent est le gardien de cette porte et de l'échelle, ainsi que de l'enceinte du village; il est identifié à un petit serpent rouge, à la morsure mortelle, qu'il est interdit de tuer; sous une autre forme, il est aussi symboliquement lié à la montagne sacrée qui se trouve au centre du village. La baleine est attachée sémantiquement et symboliquement à une conception de la «société» (voir chap. 2); à ce titre, elle reçoit des offrandes rituelles; un lieu de culte lui est réservé sur la grève, la pierre *vat lór* déjà mentionnée. Le serpent et la baleine sont deux figures essentielles pour l'interprétation sociologique. Ils s'opposent comme l'expression de deux aspects différents et complémentaires de la Loi dans son rapport à la société.

L'échelle et la porte ont chacune un nom propre comme en portent aussi différents points tout autour de l'entrée. Celle-ci est située légèrement en contrebas par rapport au niveau du village, qu'on atteint en escaladant encore quelques rochers; autrefois, une petite échelle aux montants sculptés permettait le passage. De nombreux rituels sont attachés à cette entrée; en particulier, l'entretien de la porte et de l'échelle, ou leur réparation, ne se font pas au hasard des circonstances; ils sont au coeur du cycle rituel de renaissance du village qui s'opère en neuf ans. Le mur et l'ensemble formé par l'échelle et la porte sont des supports matériels et symboliques, auxquels le rituel donne toute leur importance dans la rénovation du village.

Le passage par cette échelle constitue l'entrée principale et aussi la porte d'honneur du village; celle-ci pouvait être fermée en cas de guerre. Il existe deux autres entrées, l'une à droite à l'extérieur du village proprement dit, l'autre à gauche dans le village, auxquelles on accède aussi par des échelles et des portes. La première est symboliquement gardée par le serpent; c'est là que passent les femmes en période d'interdits. La seconde était autrefois réservée aux esclaves mais n'est plus utilisée ni utilisable de nos jours; on y effectue cependant toujours des rituels.

Le village lui-même est entouré sur trois côtés par un mur de pierres qui atteint par endroits un mètre cinquante de hauteur; on l'appelle «la muraille aux quatre côtés», et il circonscrit l'espace carré du village ou le village fortifié; dans les récits de guerre on l'appelle le *kot* (de l'indonésien *kota*, «ville», «ville fortifiée», mot originaire du sanskrit), c'est-à-dire la place forte; c'est la défense à briser lorsque l'on veut pénétrer chez l'ennemi, et tous les villages étaient ainsi protégés autrefois. Le côté du mur qui suit la falaise face à la mer n'est qu'un amoncellement de pierres n'atteignant jamais plus de trente centimètres de haut; c'est la demeure du serpent et il est interdit d'en déplacer les pierres; mais les pilotis des maisons peuvent l'enjamber et quatre habitations sont ainsi construites en bordure de la falaise. Chacun des deux murs latéraux, perpendiculaires à la falaise, s'abaisse en deux endroits pour laisser un passage vers la forêt; deux de ces passages seulement ont nom de «porte», *fid*, et, comme l'entrée principale, sont placés sous la garde rituelle de certains habitants du village; ces passages marquent le point de départ de chemins vers la forêt. Le village est ainsi fermé par trois «portes» principales.

A l'arrière, sur le quatrième côté, parallèlement à la falaise, il n'y a pas de mur et le village s'adosse directement à la forêt. Ce côté est cependant en quelque sorte protégé par le prolongement des deux murs latéraux à l'intérieur de la forêt; de plus, derrière les dernières maisons prennent naissance deux chemins parallèles à ces murs, qui encadrent en continuité avec la partie arrière du village une lanière de forêt, et s'enfoncent à travers les taillis jusqu'à la côte ouest de l'île. Ces deux chemins délimitent ainsi un espace central, appelé «le dos» ou «l'extérieur» du village, *oho mirin*, espace très sacré où demeure l'esprit le plus respecté. A l'intérieur de cet espace, une partie est plus spécialement sujette aux interdits; elle est limitée d'un côté par le village et de l'autre, à environ un kilomètre vers l'intérieur de la forêt, par une petite muraille destinée à barrer le passage aux porcs sauvages. En dehors d'occasions cérémonielles, cet espace reste pratiquement interdit: il est défendu d'y prendre du bois, d'y cracher, d'y uriner ou d'y déféquer, d'y avoir des relations sexuelles. La transgression de ces tabous est sanctionnée par les plus fortes peines, au même titre que l'inceste ou l'adultère. Le caractère sacré de cet espace est marqué par les mythes et les rituels qui lui sont liés, par les esprits qui y demeurent, par les tabous qui le protègent. Les chemins qui le bordent sont aussi une zone taboue, mais de part et d'autre il n'y a plus d'interdits. Ces passages ont eux aussi un nom propre et une histoire dont la séquence la plus significative rappelle l'itinéraire suivi par des esprits pour atteindre le village: après avoir fait le tour de l'île, ils empruntèrent l'un de ces sentiers pour arriver dans le village par l'ouest, par l'arrière – ici conçu comme une entrée. On appelle ces deux passages des «portes».

Le village a ainsi pour accès trois échelles face à la mer, cinq portes, dont deux sont tournées vers la forêt, deux chemins principaux qui, en quelque sorte, prolongent le village jusqu'à la côte ouest, dessinant un espace à la fois physiquement ouvert et rituellement fermé. Le village et la falaise font face au nord-est, mais, en fait, de même que le mur du rivage, ils sont considérés par les gens du village comme faisant face à l'est; on retrouve ici l'opposition est-ouest qui marquait déjà les deux parties de l'île (Nuhuten et Nuhu Yanat) séparées par le mur.

Les maisons et les trois places

Vingt-trois maisons traditionnelles sont disposées dans l'espace carré du village. Le terrain est incliné, il monte vers la forêt, et il a été aplani par endroits en niveaux, chacun soutenu par une rangée de pierres avec de petites échelles pour le passage. Les maisons situées à l'arrière dominent ainsi les autres, mais il ne semble pas que cet étagement soit sociologiquement significatif.

Les maisons sont réparties par petits groupes de quatre ou cinq de telle sorte qu'elles se font face les unes les autres[1]. Ce sont des

1. Il ne sera nulle part question de l'agglomération d'habitations dite «village du bas» au pied de la falaise; la «maison» qui porte un nom propre est unité sociologique et groupe de parenté. Les habitations du bas abritent des familles conjugales appartenant à une «maison» d'en haut; elles ne sont pas nommées, et on désigne leurs occupants par le nom de leur maison d'origine dans le village du haut. Seuls sont donc significatives, du point de vue qui nous occupe, les maisons du haut, leur nombre et leur disposition sur un emplacement qui délimite leur territoire et traduit leur position sociologique dans la structure du village.

40

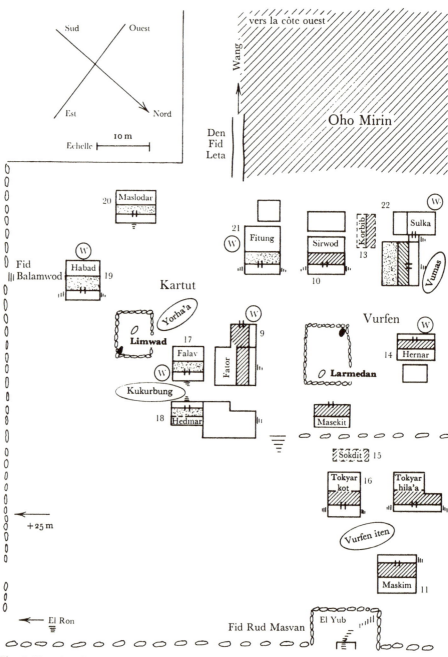

Fig. 5. Plan du village

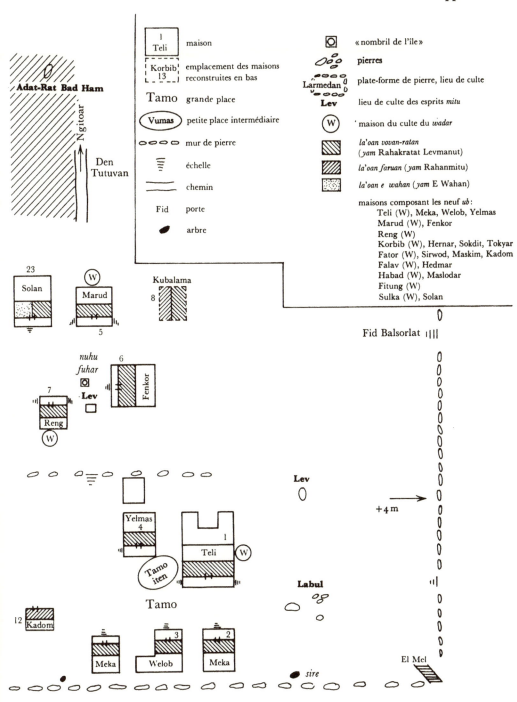

maison

emplacement des maisons reconstruites en bas

Tamo   grande place

Vumas   petite place intermédiaire

mur de pierre

échelle

chemin

Fid   porte

arbre

«nombril de l'île»

pierres

plate-forme de pierre, lieu de culte

Lev   lieu de culte des esprits *mitu*

W   maison du culte du *wadar*

la'oan vovan-ratan (*yam* Rahakratat Levmanut)

la'oan faruan (*yam* Rahanmitu)

la'oan e wahan (*yam* E Wahan)

maisons composant les neuf *ub*:
Teli (W), Meka, Welob, Yelmas
Marud (W), Fenkor
Reng (W)
Korbib (W), Hernar, Sokdit, Tokyar
Fator (W), Sirwod, Maskim, Kadom
Falav (W), Hedmar
Habad (W), Maslodar
Fitung (W)
Sulka (W), Solan

Adat-Rat Bad Ham

Ngitoar

Den Tutuvan

23 Solan

Marud   5

Kubalama   8

Fid Balsorlat

nuhu fuhar   6 Fenkor

Lev

7 Reng

Yelmas 4

Tamo iten

1 Teli

Lev

+4 m

Labul

Tamo

12 Kadom

Meka   3 Welob   2 Meka

sire

El Mel

Les places Vurfen et Tamo, avec à droite de celle-ci la maison Teli consacrée au rituel du millet.

La maison Fitung sur la place Kartut et la construction, pour l'auteur, de sa maison appelée Toknil, nom de femme servant d'emblème au village.

maisons rectangulaires, en bois, sur pilotis; l'entrée est toujours constituée par une galerie où l'on accède par une petite échelle; dans chaque groupe, les galeries se font face ainsi deux à deux. Il y a huit maisons dans la partie basse du terrain, et les autres s'éparpillent sur le terre-plein plus élevé, mais sans rupture marquée avec les premières. Ainsi disposées, elles délimitent trois places; chaque maison est associée physiquement et sociologiquement à l'une de ces places; il existe aussi des places secondaires dans l'intervalle entre deux, ou parfois trois maisons.

Ces trois places sont marquées par la présence d'un lieu sacré associé à des mythes d'origine et périodiquement honoré par des sacrifices. Elles partagent l'étendue du village en trois, non pas en opposant sa partie élevée à sa partie basse, mais selon des divisions parallèles aux murs latéraux; celles-ci délimitent ainsi un centre et deux côtés, portant chacun un nom propre différent de celui de la place correspondante. Le village en son entier est par ailleurs considéré comme un poisson dont la tête est tournée vers le nord (côté droit sur le plan fig. 5), dont le ventre est la partie centrale du village, et dont la queue pointe vers le sud (côté gauche sur le plan).

La division tripartite n'affecte pas seulement la falaise mais se prolonge jusqu'au mur du rivage, de sorte qu'elle s'applique au village du bas. Les trois parties sont encore distinguées sur la grève elle-même; curieusement, lorsque le lent courant de la marée montante commence à s'amorcer, l'eau passe d'abord par la «bouche» entre les statues, puis se divise en des sortes de chenaux qui se dirigent respectivement vers le centre, la droite et la gauche du rivage, confirmant en quelque sorte la tripartition. Ces avancées de la mer en forme de pointe, formées à la marée montante, sont au dire de certains appelées *la'oan*; ce terme désigne aussi les trois divisions du village, qui ne sont pas seulement spatiales mais aussi sociologiques (fig. 4).

Les trois *la'oan*, divisions spatiales et territoriales, s'appellent respectivement: *la'oan vovan ratan*, ou «dessous-dessus» (à droite de la figure 5), *la'oan faruan*, «au milieu», *la'oan e wahan*, «de bordure» (à gauche).

La partie *vovan-ratan* est définie surtout par deux endroits importants: du côté haut, se trouve un trou, aujourd'hui comblé

Motifs décoratifs d'une rampe d'échelle
et d'une balustrade, cette
dernière de la maison Kadom.

et bordé de pierres, appelé *nuhu fuhar*, «le nombril de l'île», évoqué dans l'un des deux principaux mythes d'origine du village. Selon la première version du mythe, un homme ou un esprit, Lev, est apparu en ce point en même temps que la lumière du premier jour, après le chant d'un coq; la deuxième version parle de trois hommes apparus dans les mêmes conditions. Un culte est rendu là, en mémoire de Lev, conçu comme un ancêtre et appelé «esprit», *mitu*[2]; on lui offre des sacrifices de porcs comme aux autres esprits du village. Il est l'ancêtre du groupe formé par les habitants de trois maisons (5, 6 et 7, en haut à droite de la figure 5), et son culte est marqué par des interdits spéciaux.

Près de la falaise, se trouve la grande place Wama Tamo, bordée par quatre maisons face à face (fig. 5, n°s 1 à 4). C'est la demeure d'un autre esprit, particulièrement concerné par la culture du millet. Le mythe dit que cet esprit, Labul, est arrivé de Kei Kecil; à l'origine, il venait du ciel, d'en haut. La place est le lieu de fêtes cérémonielles nombreuses, toutes relatives au millet; l'une des maisons, Teli (n°1) joue le rôle de grenier communautaire sacré où cette céréale est conservée depuis des générations. Elle est aussi le lieu de culte des esprits Labul et Aturan, qui semblent se confondre. A cette place, mais à une autre maison, est aussi associé l'un des esprits qui incarne certains aspects de la loi, l'esprit Hukum, symboliquement attaché à la baleine. Les deux esprits Labul et Hukum sont en fait complémentaires: l'un veille aux règles positives de la culture du millet, l'autre aux sanctions en général.

La seconde division, *faruan*, celle du milieu, s'organise autour de la grande place Wama Vurfen – littéralement «découper la tortue» – qui correspond au lieu de dépeçage sur la grève; sur son côté, une large plate-forme de pierres, carrée, élevée d'un mètre; c'est le lieu de culte de l'esprit Larmedan. Cette petite éminence représente la montagne sacrée, appelée Vu'ar Masbaït, demeure du serpent mythique *naga*; elle garde symboliquement en son sein les règles traditionnelles et les trésors du village. Selon le second grand mythe d'origine, là sont descendus du ciel les sept frères, sept sultans – qui par la suite iront s'installer dans diverses parties

2. *Mitu* est le nom général donné aux esprits gardiens du village et des maisons; la plupart portent un nom propre. Ils sont les intermédiaires entre le dieu soleil-lune et les hommes, et se différencient des morts, *nit*.

des Moluques –, et une femme; l'un des sept est un ancêtre du village. Avec eux est apparu un grand arbre sacré, qui symbolise les monnaies de l'île. La place Vurfen est un lieu de culte pour le dieu, mais aussi de réunion lors du rituel pour la culture du millet. Tandis que sur la place Tamo, la société du village se réunit pour honorer la loi et l'une des instances punitives, sur la place Vurfen, elle représente une communauté d'habitants liés par des règles positives d'organisation qui donnent à la fois les grandes classifications et la logique du monde. L'opposition entre ces deux places du village recouvre une opposition fondamentale entre deux façons qu'a la société de se concevoir.

Autour de cette place Vurfen sont disposées huit maisons (n°s 9 à 16), dont quatre forment une plus petite place du nom de Vurfen *iten*, c'est-à-dire Vurfen «mère» ou «femme». L'ensemble est situé exactement dans l'axe de la porte et de l'échelle, dans la partie centrale du village, encore appelée «le dessus de l'échelle». Sur le terre-plein immédiatement au-dessus de l'échelle, les morts, *nit*, sont honorés d'offrandes et de sacrifices; nulle part ailleurs, dans le village du haut, ils ne sont l'objet d'un culte; ce lieu correspond en bas de la falaise à l'emplacement du cimetière au bord du rivage.

D'autre part, la place Vurfen est bordée par deux maisons (n°s 22 et 23) qui se font face et délimitent une petite place, Vumas. Cet endroit est consacré à l'esprit le plus prestigieux du village: Adat, encore appelé Rat Bad Ham[3]. Résidant ainsi à l'arrière du village, cet esprit est gardien du territoire sacré qui s'étend vers l'ouest entre les deux chemins, *oho mirin*. Il est, de par son nom, «le roi qui arbitre et qui partage», il représente la loi, c'est-à-dire l'ensemble des coutumes et la sanction. C'est lui qui est l'ordonnateur de toutes choses; il exige l'accomplissement des rituels propitiatoires et expiatoires. Sur le plan spatial, cet esprit est rattaché à la place Vurfen au centre du village, mais les deux maisons (n°s 22 et 23) participent sociologiquement des deux divisions latérales du village; en ce sens, l'esprit Adat semble figurer symboliquement le faîte de l'architecture du village en même temps que son centre rituel et religieux. Il se manifeste, comme on le verra, à plusieurs niveaux.

3. Les noms des esprits Adat, Hukum et Aturan, d'origine arabe, sont empruntés à la langue indonésienne. Ils signifient respectivement en indonésien: la coutume, la loi ou la sanction, les règlements. Intégrés à la culture locale, ces noms ont été personnifiés et sont devenus des esprits protecteurs du village.

Le troisième espace du village *e wahan* (à gauche sur la figure 5) s'organise autour de la place Wama Kartut où réside l'esprit Limwad. Une plate-forme de pierres surélevée est le lieu des sacrifices offerts à cet esprit. Venu lui aussi de Kei Kecil, en compagnie des ancêtres fondateurs de certaines maisons, son histoire est mal connue. Des cinq maisons regroupées autour de la place (nᵒˢ 17 à 21), deux d'entre elles (nᵒˢ 17 et 21) ont des origines quelque peu différentes, qui les lient à la première division *vovan-ratan*. Par ailleurs, l'esprit Wilin, compagnon de Hukum et son associé dans la défense de la loi, réside aussi sur la place Kartut. Aucune cérémonie importante pour l'ensemble de la société ne se déroule sur cette place, qui semble avoir moins d'intérêt que les deux autres. On remarque aussi que cette section du village est, par bien des aspects, liée à la première. On désigne d'ailleurs ces deux parties, ainsi que les groupes qu'elles définissent, par l'expression *wahan kid ru*, «la bordure à deux côtés», qui les réunit en les opposant à la partie centrale appelée «le milieu». On peut donc considérer l'espace du village comme divisé, soit en trois parties, soit en deux parties seulement, c'est-à-dire des côtés et un centre.

Ainsi toutes les maisons traditionnelles du village sont réparties entre les trois grandes divisions *la'oan*, elles-mêmes parfois subdivisées en petites places. Les trois places sont liées aux cinq esprits *mitu* les plus importants et enserrent d'autres espaces plus limités ayant chacun leur histoire particulière. Les habitants du village vont d'une place à l'autre pour marquer d'un rituel une époque de l'année ou l'accomplissement d'un travail mené en commun. L'espace entier du village défini par le mur, les portes, les échelles, le départ des chemins et les places situe les principaux événements mythiques, sociologiques et religieux; à travers lui on aperçoit une certaine organisation de la vie de la société avant même d'en connaître la structure et on peut nommer des ensembles d'allure cohérente et pourtant déjà pleins de contradictions. La division tripartite s'impose tant au niveau spatial que mythique: les trois portes principales, les trois échelles, les trois chenaux sur la grève, les trois ancêtres fondateurs pour l'un des mythes d'origine, et les trois places. Pourtant, certains traits observés dans la réalité des événements donnent à penser que deux des divisions spatiales sont sociologiquement plus significatives que la troisième, et d'autre part, la première et la troisième ont entre elles des points communs. Ces faits tendent à réduire à deux la division en trois, mais l'une et l'autre conceptions doivent être prises en considération par l'analyse.

De plus, il faut signaler que dans tout l'archipel de Kei, les villages sont évoqués chacun, dans les chants, les histoires et les mythes, par les noms de leurs deux places principales. En ce qui concerne Tanebar-Evav, on chante Wama Vurfen-Tamo; ce sont donc bien ces deux places qui sont importantes pour l'identification du village et l'existence de la troisième reste à expliquer. Outre les places, on désigne les villages par quatre noms masculins et féminins, sortes de patronymes, par les noms des deux pirogues de guerre, par le nom du rivage qui lui fait face, par celui du port et par le nom d'un lieu en mer devant le village; enfin par deux nourritures caractéristiques du village. A Tanebar-Evav, ce sont les noms Ditoknil-Masbaït, Welav-Farfar, les pirogues Ha'a Ub-Sardes, le rivage Ngur Da Mat Rok, le port Lutur Ngil Rov Oho, le point en mer Nam Ngil Vovo, les deux nourritures *nur* et *botan*, «noix de coco et millet»; il suffit de mentionner l'un de ces noms pour savoir qu'il s'agit du village de Tanebar-Evav[4].

Quoi qu'il en soit du sort qui sera fait dans l'analyse à cette division en deux ou en trois, l'extraordinaire richesse de la terminologie spatiale démontre combien fondamentale est l'inscription de cette société sur le sol de l'île. La floraison des noms de lieu et leur classification méthodique dénotent, avec le sens littéral de chaque mot, l'importance de chaque position, l'une par rapport à l'autre et chacune par rapport à l'ensemble. Chaque porte, chaque échelle, chaque chemin, les maisons, les places, les lieux sacrés, les arbres et les pierres impliquent a priori l'existence de relations spécifiques entre les termes. Un tel luxe de détails sera précieux pour guider la conduite progressive de l'analyse sociologique.

4. L'une des pirogues est «aînée», l'autre est «cadette». De plus, les chants de guerre comprennent toujours deux « côtés », le côté droit « aîné », et le côté gauche « cadet », et un refrain, c'est-à-dire trois parties.

2. Les orientations

Au delà de la configuration de l'espace, sa conceptualisation est en rapport direct avec l'insertion sociale et rituelle de l'île dans le monde et des insulaires dans l'ensemble de l'humanité. Pour le comprendre, il faut définir les positions, les directions autour desquelles prennent place et s'organisent les vivants et les morts, le village et l'île, la maison et le voilier.

Le monde est fermé par les quatre points cardinaux, appelés *dun*, «angles», augmentés des quatre directions intermédiaires nord-ouest, nord-est, sud-ouest, sud-est. Mais cette division en huit ne se retrouve pas au complet, car on mentionne l'existence de «sept vents» seulement, dont l'origine mythique remonte à sept frères disparus; l'aîné s'installe à l'est et ses cadets successivement au sud, au sud-est, puis au nord-est – ce dernier renforce le vent d'est lorsque le vent du sud se met à souffler trop fort. Le mythe ne dit pas dans quel ordre s'installent les autres, mais il précise qu'à partir de l'est, les vents «montent» vers le sud, puis «redescendent» du sud-est vers le nord. Le sud s'appelle aussi «en haut» ou «côté du haut», le nord se dit «en bas» ou «côté du bas». On raconte aussi qu'à l'ouest, trois frères soufflent la mousson. Il semble bien que l'on soit ici en présence de deux oppositions. La première, est/ouest, est marquée sur un même plan horizontal par l'inversion du sens des vents dominants – les alizés et la mousson – et porte des noms empruntés à l'indonésien, *tumur* «est», *varat* «ouest». La seconde oppose à la fois le nord et le sud, mais aussi respectivement le bas et le haut; les noms de ces directions sont propres aux langues locales, *madmar*, le nord, et *taranan*, le sud. L'axe nord-sud est donc hiérarchisé de bas en haut et semble porteur d'une charge rituelle particulière à la société de l'île et à son histoire mythique.

Pour ses habitants, le village fait face à l'est, comme aussi le mur qui partage l'île en deux parties, est et ouest. En réalité, la carte des lieux montre que le village, la falaise sur lequel il est juché et le mur font tous face au nord-est, selon un axe nord-ouest/sud-est qui passerait le long de la falaise. Cet axe est aussi celui des vents de la mousson et des alizés que l'on dit pourtant d'est et d'ouest. Les gens du village s'orientent comme si le nord-ouest faisait corps avec l'ouest et le nord-est avec l'est, applatissant en quelque sorte les deux directions intermédiaires sud-ouest/nord-est et sud-

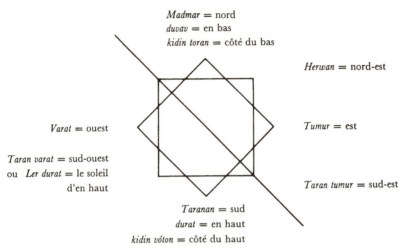

Madmar = nord
duvav = en bas
kidin toran = côté du bas

Herwan = nord-est

Varat = ouest

Tumur = est

Taran varat = sud-ouest
ou *Ler durat* = le soleil
d'en haut

Taran tumur = sud-est

Taranan = sud
durat = en haut
kidin vóton = côté du haut

Fig. 6. Les principales orientations

est/nord-ouest pour les réduire à l'unique opposition est/ouest. Cette rotation s'observe assez souvent dans ces régions et fait coïncider les vents dominants avec les directions du levant et du couchant. Dans le cas particulier de Tanebar-Evav, l'opposition bas/haut orientée nord-sud annexe la direction nord-est, à laquelle fait face le village; dans cette même direction nord-est sont situées les principales îles de l'archipel vers lesquelles on «descend». Ainsi peut-on «voir» ici l'est et le nord du même côté, du côté d'un bas particulier à cette société, s'opposant à l'ouest et au sud, côté du haut (cf. fig. 6).

De ces conceptions diverses qui semblent nous faire «perdre le nord», à nous Occidentaux de passage dans l'hémisphère sud, il faut tirer deux propositions provisoires; au niveau général où est placé cette première partie de l'analyse, il y a deux directions qui n'ont pas la même signification. La première, la direction est-ouest, est la direction universelle, celle des vents, celle du soleil et ne tient pas compte de la direction nord-sud puisqu'elle annexe tous les intermédiaires (nord-ouest et sud-ouest sont l'ouest, nord-est et sud-est sont l'est); c'est l'orientation générale du monde pour laquelle la langue locale n'a pas de mots et emprunte à l'indonésien. La seconde, nord-sud, est la direction significative au niveau local et correspond à une conception locale du monde divisé en haut et bas qui oriente l'île, les autres îles, mais aussi le village, la maison et l'ensemble de l'univers local.

Comme on le verra à propos des problèmes d'extérieur, d'intérieur, d'avant et d'arrière, il faut préciser chaque fois à quel niveau ou sur quel plan se situe l'analyse; ceci laisse apparaître des différences ou des inversions d'un niveau à l'autre, qui prennent tout leur sens lorsqu'on envisage l'articulation de ces niveaux.

Par rapport à la direction nord-sud, il faut noter une contradiction apparente dans le fait que les mythes d'origine racontant l'arrivée d'êtres surnaturels les disent venir du nord, mais aussi du ciel, c'est-à-dire d'en haut; ainsi l'histoire de la tortue-lyre, cet animal marin qui est aussi un ancêtre, ainsi l'histoire de Labul, l'un des esprits du village; la direction du nord est aussi le lieu du séjour des morts. Cependant, d'un autre point de vue, certains esprits, pour parvenir au village, sont arrivés par la côte sud-ouest et sont entrés par l'arrière du village, ainsi qu'en témoigne la zone interdite sacrée *oho mirin*. Il y a là deux modes de référence: le premier par rapport au monde cosmique fait venir du nord, du ciel, du haut, certains êtres surnaturels; le second, par rapport au village réel et au monde des vivants, fait arriver les êtres surnaturels de l'arrière du village, mais du sud, d'en haut. Il est donc possible qu'une opposition entre le haut et le bas ne signifie pas la même chose vue de l'intérieur du village et vue de l'extérieur, c'est-à-dire d'un point quelconque où l'humanité se situe dans sa relation au surnaturel; la position d'un «en haut» mythique attribuée au nord dans le monde de l'au-delà peut correspondre à une position «en haut» concrète attribuée au sud en ce monde-ci (cf. fig. 7).

Le schéma va se compliquant lorsque l'on sort de la conception générale du monde pour faire face aux relations, c'est-à-dire en prenant des points de référence.

Les gens de Kei situent leurs ancêtres au-dessus des vivants et devant eux; on dit *lan u*, ceux qui «conduisent devant», qui «ouvrent la marche»; ils sont *karat*, «au-dessus», c'est-à-dire en haut. Les descendants sont *famur*, ce qui veut dire «après», «plus tard», mot qui contient la racine *mur*, «derrière, à l'arrière»; ils sont aussi *kabav*, «au-dessous», «en bas» (fig. 8).

Il est intéressant sémantiquement de faire une remarque sur le mot *mur*, l'arrière, qui n'a pas exactement le même sens que le mot *mirin*, l'arrière, mais aussi le «dos» (d'un corps) et «derrière soi». *Mur* est aussi synonyme du mot *nangan*, la «forêt», «l'intérieur»

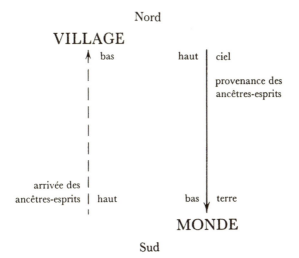

Fig. 7. Positions comparées du village et du monde

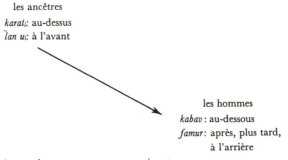

Fig. 8. Position des ancêtres par rapport aux vivants

de l'île, «l'arrière-pays» par rapport à la côte, à la mer, *roa*. Si l'on part en forêt, si l'on va dans les jardins, on emploie le mot *mur*. *Mirin*, de son côté, veut dire non seulement le «dos» et «l'arrière», mais aussi «l'extérieur», par exemple du village, c'est-à-dire la forêt (comme *mur*), mais aussi l'extérieur de l'île: si l'on voit arriver un voilier, c'est *tal mirin*, «de l'extérieur». On veut faire ressortir ici que deux mots, qui ont un sens voisin et signifient « derrière », ont parfois des sens exactement opposés l'un à l'autre: l'intérieur, pour le premier, l'extérieur, pour le second. Cette apparente contradiction nous oblige à préciser quel est exactement le lieu dans lequel se situent les oppositions que nous parvenons à dégager, soit: le village fermé par opposition au reste de l'île; l'intérieur de l'île par rapport à son environnement, la mer, la côte; l'île entière par rapport au monde extérieur proprement dit, soit l'archipel de Kei, soit encore l'ensemble des Moluques. Au-delà, on pénètre dans le monde des étrangers, qu'ils soient de Makassar ou de France. On peut ainsi, et à chaque niveau, constituer un univers clos, dont les limites par rapport au monde «extérieur» sont toujours très précisément tracées.

Entre les vivants et les ancêtres, *famur* et *lan u*, on n'implique pas de différence entre «intérieur» et «extérieur». Mais nous verrons plus loin que cette opposition joue un rôle déterminant pour différencier les divers types d'esprits ou d'ancêtres. Pour l'instant, il nous suffit de considérer que les ancêtres sont situés conceptuellement en haut et par-devant. Lorsque l'on récite une généalogie, en partant de l'ancêtre le plus éloigné, on «descend» de génération en génération progressivement vers les vivants, qui arrivent plus tard, à l'arrière. Le rapport ancêtres–vivants se définit essentiellement par deux termes doubles: haut-bas, avant-arrière.

La situation du village peut être précisée aussi à partir de ces quatre positions. Il s'agit ici de considérer le village en rapport avec son environnement, c'est-à-dire le rivage, la forêt, l'île, et non pas par rapport à son plan intérieur, délimité par les quatre côtés de l'enceinte.

Nous avons défini déjà ce qui est l'arrière du village: toute la partie de la forêt immédiatement adossée aux dernières maisons et qui constitue un territoire interdit et sacré; on l'appelle *oho mirin*, le «dos», «l'extérieur» du village. Le devant du village est constitué par le rivage (emplacement de l'ancien cimetière, appelé *ngur da mat rok*, «le sable où viennent les morts») et par la grève, jusqu'au mur d'entrée du port. Cet endroit est aussi considéré comme le bas et le «dessous», *tenan*, tandis que *oho mirin* est le haut du village et le «dessus», *ratan*[5].

Considérant le village, le devant est associé avec le dessous et la partie arrière avec le dessus. Nous avons déjà souligné que l'entrée du village, appelée «bouche», entre les deux statues, conduit à l'échelle par un chemin jalonné de plusieurs points significatifs aux plans rituel et social. Ce devant est aussi le lieu des morts, tandis que la partie arrière est le lieu de passage et de

---

5. *Ratan* et *tenan* indiquent le haut et le bas ou le dessus et le dessous par rapport à un point de référence; *karat* et *kabav* indiquent des directions.

séjour d'esprits. Ceci semble entrer en contradiction avec ce que nous venons de dire au paragraphe précédent sur la position conceptuelle des ancêtres. En effet, les ancêtres étaient devant, mais en haut. Ici, nous voyons les morts devant, mais en bas, en dessous du village. En réalité, il n'y a pas là contradiction mais différence marquée entre les ancêtres et les morts à l'état de cadavres. Les offrandes adressées aux morts, au cours de certains rituels, sont posées directement sur le sol. Il en va autrement des offrandes destinées aux ancêtres, qui sont toujours placées dans une position élevée, comme par exemple dans les maisons. Nous avons là deux niveaux de conceptualisation différents, d'une part les morts en décomposition, liés au sol, à la terre, d'autre part les morts devenus ancêtres, liés à un «en-haut» du reste assez mal défini.

Par rapport à son plan intérieur, l'avant du village est le côté de la porte et de l'échelle, l'arrière est le côté de la forêt; mais il a aussi des côtés droit et gauche qui sont respectivement la droite et la gauche d'une personne debout à l'intérieur faisant face à la porte.

Cette position du village correspond à la conception de l'île même. Celle-ci est considérée comme un corps humain: la tête est constituée par le cap sud, Nif, les jambes sont au nord, ce sont les caps nord-ouest et nord-est Kor et Wargna (voir fig. 3). Partout dans l'archipel de Kei, le sud des îles est désigné comme *tutu*, le sommet (de même que la tête des arbres), et le nord comme *itin*, le pied d'un arbre, ou *tavun*, la base, le pied. L'île de Tanebar-Evav, avec sa tête au sud, est donc orientée selon un axe haut-bas, qui correspond à la direction sud-nord.

Par ailleurs, on dit que, pour toute île, la direction du soleil levant est l'avant de l'île, la direction du soleil couchant, l'arrière; c'est l'opposition *u/mur*. On pourrait dire que le corps humain fait face à l'est, qui est donc devant et tourne le dos à l'ouest, qui est derrière.

Nous retrouvons là de nouveau les quatre orientations principales haut-bas, avant-arrière qui se superposent aux quatre points cardinaux (fig. 9).

On doit faire cependant une remarque supplémentaire; l'avant et l'arrière qualifient aussi le corps humain: de la ceinture à la tête c'est l'avant; de la ceinture aux pieds, c'est l'arrière.

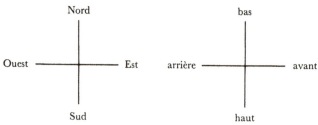

Fig. 9. Points cardinaux et directions

On oriente encore davantage le corps humain en lui donnant la position horizontale, qui est celle de l'animal avec une tête et une queue, donc un avant et un arrière, mais aussi la position du corps humain au moment de la naissance et au moment de la mort. Avec cette dimension, la tête de l'île, le sud, est donc un avant, le pied de l'île, le nord, est un arrière. Sud et est s'opposent à nord et ouest comme un avant à un arrière.

Il apparaît ainsi très fortement, à travers les quelques orientations dégagées, que l'opposition avant/arrière est fondamentale dans la compréhension du monde car elle définit à la fois un espace et un temps.

L'habitation traditionnelle est une vaste construction carrée ou rectangulaire, posée sur des pilotis d'environ un mètre de haut, élargie sur tout un côté par une galerie extérieure ou véranda; on y accède par une ou deux petites échelles, aux rampes autrefois sculptées; les côtés du toit sont parallèles à cette galerie (fig. 10). Par la porte d'entrée, ouvrant au milieu de la galerie, on entre dans une vaste pièce centrale; de là, on accède de chaque côté à une autre pièce plus petite, la chambre *rin*. Dans le fond, un espace qui fait toute la longueur de la maison est le lieu du foyer et de la cuisine. Le plancher de la pièce principale est divisé en deux parties par une large poutre qui fait saillie, *totoma*; celle-ci est sujette à des interdits (on ne doit pas la heurter par exemple) et, conçue comme une quille, elle reçoit les paiements destinés au voilier; elle délimite dans la maison la partie réservée aux visiteurs (côté de l'entrée) et celle où se tient le maître de maison (côté du foyer). Cette limite n'est plus respectée de nos jours, mais la poutre garde son importance comme lieu d'offrandes. Ce schéma

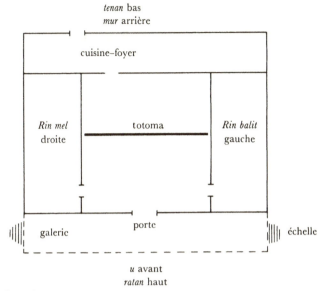

Fig. 10. Plan de la maison

correspond au plan général de toutes les maisons, avec des variantes.

Comme l'île, mais moins explicitement, la maison est comparée à un corps humain. Le côté de la galerie extérieure, l'entrée, constituent l'avant *u*, et le haut *ratan*; le fond, le côté du foyer, sont l'arrière *mur*, et le bas *tenan*, de la maison. Il arrive qu'en raison de la dénivellation du terrain, l'arrière de la maison soit en position plus élevée que l'avant; mais la conception symbolique du «haut» et du «bas» n'en est pas affectée. La partie arrière de la maison s'appelle *tav*, mot qui est la racine du mot *tavun*, que nous avons vu qualifier le pied des îles, leur nord; ceci confirme à nouveau l'association de l'arrière au bas.

La droite et la gauche sont marquées par les deux petites pièces situées de chaque côté; celles-ci se trouvent respectivement du côté droit et du côté gauche d'un homme qui de l'intérieur fait face à la porte d'entrée. Cette opposition droite/gauche est explicite et répétée par l'opposition des groupes sociologiques attachés à chacun des côtés de la maison; elle donne la dimension hiérarchique essentielle à la structure sociale, car le côté droit est supérieur au côté gauche.

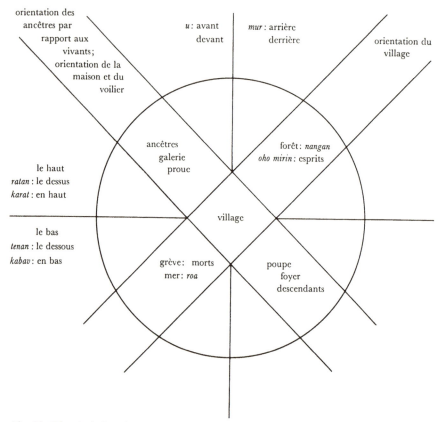

orientation des
ancêtres par
rapport aux
vivants;
orientation de la
maison et du
voilier

u : avant
devant

mur : arrière
derrière

orientation du
village

ancêtres
galerie
proue

forêt: *nangan*
oho mirin : esprits

le haut
ratan : le dessus
karat : en haut

le bas
tenan : le dessous
kabav : en bas

village

grève: morts
mer: *roa*

poupe
foyer
descendants

Fig. 11. Récapitulation des oppositions et directions

Le voilier, moyen de transport, est aussi bien davantage; il offre un modèle symbolique de la société: de nombreuses relations et fonctions à l'intérieur du village sont conçues comme autant de rapports entre les membres d'un équipage: capitaine, pilote, matelot, etc. Les chants et les mythes y font constamment allusion et il est donc nécessaire de mettre les caractéristiques du voilier en rapport avec celles qui marquent toute la société, et que nous venons d'évoquer[6].

Sa proue est considérée comme l'avant, mais aussi le haut, elle est classée comme le côté masculin, tandis que sa poupe est

6. Comme d'une manière générale en Indonésie, le symbole du voilier est associé à la maison pour représenter toute la société (Vroklage 1936b).

l'arrière et le bas, et le côté féminin; cette orientation est la même que celle de la maison. De même que celle des maisons, la construction des voiliers est marquée par de nombreuses cérémonies et des interdits correspondant à ceux qui sont relatifs aux maisons; le paiement des fautes commises lors de ces rituels s'effectue sur le *totoma* de la maison, qui remplace la quille du voilier. La maison et le voilier sont symboliquement liés à la femme; les prestations lors de la construction de la maison répètent celles du prix de la fiancée; les objets échangés en compensation de la femme reçue en mariage s'appellent la quille et les rames du voilier.

Nous proposons ici un tableau afin de regrouper les diverses oppositions et directions que nous venons d'observer. Ce n'est pas un schéma définitif, car nous n'avons pas donné encore la totalité des informations concernant la structure interne du village et les différentes catégories, morts, ancêtres, esprits, etc. Il peut cependant servir à titre indicatif, afin de résumer ce que nous savons déjà, de visualiser les principales oppositions dégagées qui engagent certaines hypothèses. Nous le proposons comme un outil de travail (fig. 11).

2 | Une société, un langage et des hommes

De même qu'elle se définit par son espace, la société de Tanebar-Evav se conçoit à travers un langage qui lui est propre. Pour comprendre sa structure, il est nécessaire d'abord d'expliquer les mots particuliers qu'elle utilise pour se nommer et s'identifier. Ceux-ci désignent des catégories de personnes chargées de diverses fonctions, ou bien nomment des groupes par des formules symboliques, ou encore parlent de la société en général selon deux points de vue nettement contrastés. A partir de ce vocabulaire de référence on se laissera guider par la parole des habitants de Tanebar-Evav pour se perdre d'abord dans les subtilités de leur tradition. C'est à cette condition que pourra se manifester à la fois la complexité et la cohérence de l'appareil conceptuel qui charpente toute la société.

On ne parlera pas encore de la nature sociologique des groupes en question, de leur composition et de leur recrutement, mais seulement de leur signification au niveau conceptuel. Si le mot «maison» est souvent employé ici, sa définition se précisera par la suite. Mais, dès maintenant, il faut considérer la maison, non pas comme un simple lieu d'habitation, mais plutôt comme un groupe socialement défini.

1. Deux références pour une même société: *lór* et *haratut*

On appelle *lór-haratut* la société du village en général; ces deux mots accolés traduisent l'idée de la communauté formée par les villageois. Pourtant, selon les circonstances, on emploie l'un ou l'autre seul: on dit que *haratut* se réunit, ou bien que tel rituel est effectué par *lór*; dans les deux cas, il s'agit de la totalité des gens du village. Les deux expressions font référence à la même société, mais dans des contextes différents.

60

La société dite *haratut* se réunit sur la place de la partie centrale du village, Vurfen, près de la montagne symbolique sacrée Vu'ar Masbaït. C'est là qu'elle effectue les rituels destinés au dieu soleil-lune, qu'elle se réunit avant la chasse rituelle aux porcs sauvages, qu'elle accueille l'étranger arrivant dans l'île; c'est en référence à la «montagne» et à ses lois transmises par les ancêtres qu'elle initie les futurs chefs du village. On dit que le «contenu» de la montagne, c'est toute l'île de Tanebar-Evav, ses biens, ses produits, ses hommes et ses lois. *Haratut*, c'est la société des vivants et des morts, organisée selon des règles constitutives positives qui tiennent leur origine et leur autorité de la «montagne». Face au dieu, cette collectivité se conçoit comme les «enfants» (*yanan*) du dieu.

La société dite *lór* se réunit sur la place Tamo, devant la maison de l'esprit Hukum (à gauche, fig. 5). *Lór* désigne la collectivité dans son rapport aux instances punitives, c'est-à-dire aux esprits intermédiaires entre le dieu et les hommes, Adat, Hukum et Wilin, que nous avons mentionnés à propos des trois places du village; *lór* représente les «neveux» (*yanan duan*) de ces instances surnaturelles. Au plan des sanctions, la société reconnaît leur compétence en matière d'inceste, de meurtre et d'adultère. C'est essentiellement à ce titre et dans une relation de respect pour la loi générale que la société se considère comme *lór*.

Mais examinons les sens particuliers de chacun de ces termes. *Lór* désigne avant tout la baleine, cet animal des mythes d'origine que l'on voit sculpté avec le serpent sur le chambranle de la porte d'entrée du village. *Lór* a aussi le sens d'un fruit non comestible et d'un légume comestible. Au sens figuré, il qualifie toute épave échouée sur le rivage de l'île, qu'il s'agisse d'un gros poisson ou d'un animal marin, d'une pirogue, d'un homme ou de tous objets disparates, provenant de naufrages ou de contrées lointaines[1].

Les épaves sont ainsi désignées parce qu'elles «appartiennent à *lór*» (*lór ni*), c'est-à-dire à la société au regard de la loi et de l'esprit Hukum. (Par contre, lorsqu'il s'agit d'un animal capturé ou harponné par les gens du village, on dit *haratut ni*, «cela appartient à *haratut*», c'est-à-dire directement à la société du village.) Si l'on ramasse une épave échouée, on doit faire à l'esprit Hukum une offrande et un paiement rituel qui constituent sa

---

1. Il s'agit ici précisément d'herpes marines. Le terme, peu usité, désigne tout ce que la mer rejette sur ses bords.

«part», comme si cet esprit exerçait un droit sur l'épave et offrait une protection rituelle contre tout ce qui vient de l'extérieur de l'île. Lorsque, pendant une longue période, les épaves sont nombreuses, ou s'il s'agit de grosses épaves, les gens du village s'assemblent pour passer toute une nuit à battre les tambours et à chanter en l'honneur de *lór* devant la maison de l'esprit Hukum; c'est la cérémonie appelée *tiva lór* «battre le tambour pour *lór*», où l'on commence par célébrer la baleine.

Outre cette protection symbolique contre l'extérieur, *lór* sanctionne les transgressions internes que sont l'inceste, le meurtre et l'adultère. La loi de Hukum fixe des règles précises, et à chaque transgression correspond un paiement particulier. Dans les cas d'inceste les plus graves, un rituel de purification (*sob lór*, «officier pour *lór*»), est effectué avec la participation de tout le village. On verra les détails à propos des paiements et des sanctions (chap. 8).

Dans cette opposition *haratut/lór* qui constitue la société du village, *lór* renvoie non seulement à la loi générale, mais aussi à l'archipel de Kei qui est divisé en deux groupes politiques, *lórsi* et *lórlim*, communément appelés *ursi* et *urlim* «les neuf frères et soeurs» et «les cinq frères et soeurs»; cette division existe dans toutes les Moluques, où elle est connue sous les termes d'origine malaise *siwa* et *lima*, «neuf» et «cinq»; à Kei, on l'explique par un mythe racontant l'arrivée de divinités et de princes en provenance de Bali: après diverses aventures, les insignes de leur pouvoir furent répartis entre des villages de l'archipel qui se soumirent à leurs lois et formèrent les divisions *lórsi* et *lórlim*. Par rapport à l'ensemble de l'archipel, la société de Tanebar-Evav se situait autrefois un peu en dehors, c'est-à-dire qu'elle ne reconnaissait l'autorité d'aucun chef (*raja*) de ces divisions politiques; elle s'appelait *lór la ba* «la société au milieu», ou la société libre. De nos jours, elle fait partie d'un groupement comprenant sept villages de Kei Kecil, sous l'autorité d'un *raja* de la division *lórsi*.

Lór renvoie donc dans tous ses usages très explicitement à cette loi extérieure, venue peut-être de Bali et apportée dans l'île par les esprits Adat et Hukum. Dans toutes ces définitions, *lór* signifie le groupe social formé par le village, entité globale, responsable, face à des instances punitives; *lór* est l'être social soumis à la loi universelle venue de l'extérieur, et qui s'étend sur le monde.

L'autre mot qui traduit l'idée de société, *haratut*, n'a pas d'autre sens. Il désigne la société du village par rapport à ses origines et à ses ancêtres.

Pour en comprendre la signification, on peut le décomposer en *har* et *ratut*, deux mots fréquemment employés. La langue de Kei est souvent formée de mots composés, ce qui nous autorise à user de ce genre d'analyse pour découvrir les sens implicites du terme.

Ratut signifie «cent» et, de même que *ruvun*, «mille», c'est un nombre symbolique qui dénote la multiplicité.

Le mot *har* a plusieurs sens; employé seul, il désigne un animal aujourd'hui disparu, sorte de reptile quadrupède qui vivait dans la forêt vierge. Pour évoquer les vivants et les morts, on retrouve le mot *har* lié à deux sortes de composés: l'expression *tuv har* se dit des gens d'une même génération, *tuv har u* indique une génération d'aînés, d'anciens, tandis que *tuv har mur* désigne la génération cadette, récente. Accompagné seulement des mots *u* et *mur*, *har* signifie deux catégories de morts: *har u*, les morts les plus anciens, en avant, et *har mur*, les morts récents, en arrière. Employé comme verbe, *har* veut dire «mettre fin à un interdit», enlever le signe tabou qui protège la propriété d'une cocoteraie par exemple, ou bien sortir d'une période rituelle soumise à des interdits particuliers. Enfin, *har*, comme nom, désigne à la pêche la première prise attrapée par le moyen d'un instrument neuf, utilisé pour la première fois; il peut s'agir d'un grand piège nouvellement installé, d'un filet, d'une ligne, d'un harpon. Le poisson *har* doit être une grosse pièce et les espèces de petite taille sont écartées. Il est porté au village, puis offert selon un rituel particulier à l'esprit, *mitu*, de la maison du propriétaire de l'instrument de pêche. Les mêmes cérémonies ont lieu pour la première prise de gibier obtenue au moyen d'une arme neuve, lors d'une chasse dans la forêt. Ainsi, *har* signifie d'une manière générale le poisson ou le gibier capturé, harponné, ou attrapé avec un outil neuf.

Les produits de la chasse et de la pêche – dans le cas particulier mentionné ci-dessus appelés *har* – sont, parmi les nourritures, classés plus généralement sous le nom de *wad* ou de *wad-met* (*met* signifie «la grève»), c'est-à-dire «nourritures carnées» par opposition aux nourritures végétales. Mais *wad* s'applique également aux prises de guerre que sont les prisonniers capturés dans les villages ennemis. On doit donc classer dans une même catégorie tout ce qui est attrapé de façon violente, les poissons, le gibier, les hommes, et aussi les femmes quand il s'agit d'un viol, c'est-à-dire toutes les prises, animales aussi bien qu'humaines[2].

Dans ce contexte il n'est pas indifférent que les morts soient appelés soit *har u*, soit *har mur*, selon qu'ils sont anciens ou récents. Ils sont considérés en effet dans certains rituels comme le gibier capturé par les ancêtres, ce sont donc aussi des prises humaines.

D'après ce qui précède, *haratut* interprété comme *har ratut* signifierait «les cent prises», soit l'ensemble («cent») de la société du village considérée par rapport aux ancêtres, c'est-à-dire comme comprenant à la fois les générations vivantes et tous les morts, en tant que gibier des ancêtres, qu'il soit encore libre ou déjà capturé[3].

L'opposition entre *haratut* et *lór* a plusieurs aspects: *haratut* est la société du village face à ses ancêtres, liée à la montagne Vu'ar Masbaït, qui est le centre et l'origine de l'ensemble de l'île et de

2. Il faut faire ici quelques remarques aux niveaux sémantique et symbolique. Dans la classification des nourritures, *wad* est d'abord une nourriture animale; il s'agit d'un animal domestique ou sauvage qu'il a fallu tuer pour ensuite le consommer. S'il n'y a pas de mot pour dire «animal», chaque espèce porte un nom, mais les animaux comestibles, une fois morts, sont *wad*; ceux qui ne sont pas comestibles sont classés comme *balanun*, «poison».
   Bien que le cannibalisme ait pu exister dans la société de Kei, nous n'en avons trouvé aucune trace, et il n'est pas attesté dans la littérature. Ce qui est signifié par *wad* dans le cas de «prisonnier de guerre» ou «victime de guerre», c'est la relation violente, capture ou meurtre. En ce qui concerne la femme, le viol est qualifié, dans les récits, de *wad-met*, mais, outre la relation violente, on peut dire que la victime est «consommée» symboliquement; une expression grossière remplace le mot «copuler» par celui de «manger»: on dit «Où vas-tu manger cette nuit?». Le terme *wad* traduit à la fois l'idée de la relation violente et celle de la consommation.
3. Dans le dictionnaire de la langue de Kei Kecil, publié par Geurtjens (1921b), nous n'avons pas trouvé le mot *haratut*. Par contre il existe une expression semblable pour désigner la société d'un village, *tomat ohoi ratut* (*tomat*, les hommes; *ohoi*, le village), les «cent hommes du village»; elle s'oppose à *tomat ohoi ruvun*, les «mille hommes du village», qui qualifie la société comprise dans le district de plusieurs villages sous l'autorité d'un *raja*. Comme la langue de Kei Kecil diffère quelque peu de celle de Tanebar-Evav, il est possible qu'il y ait là une transformation linguistique de *ohoi* en *ha*; dans l'état actuel de nos informations nous n'avons pas d'autres exemples de transformation de ce type entre les deux langues. Il est certain que le sens général des deux expressions est le même et désigne la société du village par opposition à autre chose; il semblerait cependant, à travers l'analyse que nous venons de faire du mot *haratut*, que la société de Tanebar-Evav ait donné à ce mot un contenu un peu différent, peut-être plus explicite.

ses habitants; tous les rituels concernant *haratut* se déroulent en ce lieu; c'est la société de l'intérieur. *Lór* fait référence à une loi et à des esprits venus de l'extérieur. *Haratut* implique l'idée d'une appropriation violente et d'un contrôle des victimes, animales ou humaines; *lór* contrôle par des rituels particuliers ce qui est venu de l'extérieur de façon pourrait-on dire «pacifique» en échouant sur le rivage, mais qui est aussi dangereux qu'inconnu.

Il y a donc deux attitudes inverses et fondamentales dans la relation au monde: la première, active, violente, dirigée de l'intérieur vers l'extérieur, avec accaparement, la seconde, passive, pacifique, sous contrôle rituel, manifestant une acceptation du monde extérieur. Les «prises capturées» s'opposent aux «épaves», l'initiative victorieuse au respect d'une loi universelle.

Rappelons aussi que *haratut* est associé à la montagne, demeure mythique du serpent, tandis que *lór* désigne la baleine; serpent et baleine sont tous deux représentés sur le haut de la porte d'entrée du village, comme deux symboles de la société. Ensuite, en relation au surnaturel, la société *haratut*, ce sont «les enfants du dieu», tandis que la société *lór*, ce sont «les neveux des esprits»; c'est le rapport à l'origine qui est signifié par la relation filiale au dieu, tandis que la relation de «neveux» des esprits indique un rapport à l'autorité. Ceci sera confirmé bientôt par de nombreux exemples.

Il y a donc en dernière analyse deux façons complémentaires de concevoir la société de Tanebar-Evav: l'une implique une relation à l'intérieur, à l'origine, à la montagne et au dieu, et s'exprime par la capture violente; l'autre implique une relation à l'extérieur, aux esprits venus d'ailleurs, chargés de fonctions punitives, et s'exprime par l'accueil rituel des épaves. De plus, on verra tout au long de l'analyse que les deux concepts sont hiérarchisés[4]: la société dans sa relation à l'extérieur, au référent général, c'est-à-dire *lór*, englobe *haratut*, la société de l'intérieur organisée selon des règles spécifiques constitutives; l'une avec l'autre, unies par cette relation, elles forment *lór-haratut*, la société de Tanebar-Evav comprise dans l'ensemble culturel de Kei et dans son rapport au monde.

4. Nous utilisons le concept de hiérarchie dans l'acception que lui donne L. Dumont dans son ouvrage *Homo Hierarchicus* (1967a), en particulier p. 92.

Pour conclure en un tableau:

		Sculptés sur la porte	Autorité sur les choses et les êtres	Relation au surnaturel	Loi
lór	extérieur	baleine	échoués	«neveux» de l'esprit Hukum arrivé du dehors	du monde en général et des Moluques
haratut	intérieur	serpent	harponnés	«enfants du dieu» – relation à la montagne sacrée	de la société particulière (village)

Fig. 12. Oppositions entre *lór* et *haratut*

2. La société telle qu'elle se conçoit

Lors des assemblées de village où l'on traite de la coutume, le porte-parole s'adresse aux participants selon des formules précises. La langue, riche en synonymes, accumule à plaisir les expressions composées, les périphrases au sens caché, les proverbes, etc. Ces expressions permettent, en une sorte d'incantation, de s'adresser tour à tour aux différentes entités sociales et aux individus qui composent la société, marquant ainsi leur position spécifique dans la communauté. Elles forment ensemble comme un tableau de l'organisation sociale et des rôles tenus par les individus; c'est l'exposé le plus direct que la société puisse offrir de sa propre cohérence et de sa complexité.

Les principales formules sont les suivantes: *ub i si, yam i tel, sir yararu, malin ankod, dir u ham wang.* Elles sont remplacées par des synonymes moins fréquents: *wadar en si, ngiar i tel, ulun oho ten, mel nuhu duan, yanan duan.* Ces expressions évoquent d'abord les habitants de l'île à travers les groupes dans lesquels ils sont répartis, puis les fonctions essentielles au niveau politique et rituel, enfin, les fonctions secondaires. Pour situer ces termes et expliquer leurs relations, on peut donner très brièvement le résumé suivant: les gens du village appartiennent à des «maisons»; toutes les maisons sont comprises dans neuf groupes, les *ub*, et ces neuf *ub* sont inclus dans trois groupes, les *yam*. Les expressions qui suivent renvoient non pas à des entités groupant un certain nombre de gens, mais aux fonctions individuelles de certains villageois considérés comme des chefs. Nous analyserons successivement les différents sens de chaque terme.

Ub et wadar

Ub i si et *wadar en si* désignent les neuf *ub* ou les neuf *wadar*, groupements qui incluent tous les gens du village. Mais les mots *ub* et *wadar* en eux-mêmes ne signifient pas «groupe»; ils ont différents sens qui permettent d'éclairer le fait qu'on les emploie également pour nommer des groupes.

Ub est d'abord l'abréviation d'un terme de parenté, *ubun*, qui veut dire à la fois «grands-parents» et «petits-enfants». D'une manière générale, lorsque l'on dit *ub hir* (*hir* est le pronom personnel de la troisième personne du pluriel), littéralement «eux les aïeux», on désigne l'ensemble des ancêtres de quelqu'un, tous ses ascendants en ligne masculine et féminine. On pourrait traduire littéralement *ub i si* comme les «neuf grands-parents» ou les «neuf descendants», c'est-à-dire tous les gens issus de neuf ancêtres.

Ub a bien d'autres sens. C'est le nom donné à un récipient, une jarre en terre cuite terminée par un col étroit et décorée de dessins géométriques de couleur ocre, rouge ou noire. Ces jarres sont fabriquées exclusivement dans deux localités: sur l'île de Tam, située au nord-ouest de Tanebar-Evav, et dans le village de Banda-Eli, au nord-est de Kei Besar, où vit une ancienne colonie d'immigrés venus de l'île de Banda (Moluques du Centre). Autrefois très richement décorées, elles étaient gravées et peintes de figures compliquées, comme on en voit sur les specimens des musées de Hollande et sur d'anciennes photographies. Plus grossières aujourd'hui, elles continuent d'être fabriquées et vendues dans tout l'archipel de Kei et jusque sur les côtes de Seram[5]. Ces jarres, portées sur la tête ou sur l'épaule, servent au transport de l'eau, mais elles sont aussi utilisées comme récipients pour

---

5. Les gens de Kei proprement dits, de même que ceux de Tanimbar, ne connaissent pas la poterie, à l'inverse des habitants d'Aru et d'Ambon. A Tanimbar on fait encore usage de calebasses, mais à Kei, où l'on manque de calebassiers, on utilisait à la fois poteries et calebasses achetées ou échangées.

Jarres en poterie appelées *ub*, pleines de millet dans le grenier de la maison Teli.

conserver le millet non décortiqué. Le grenier communautaire renferme des dizaines de jarres pleines du millet recueilli depuis des temps reculés; la céréale se conserve ainsi parfaitement et n'est attaquée par aucun parasite. Cet emploi du contenant *ub* sera d'un grand intérêt du point de vue symbolique.

Ub est aussi le nom d'un petit poisson volant que l'on voit fréquemment bondir hors de l'eau autour des bateaux, et qui est l'ancêtre disparu puis métamorphosé d'une maison du village. Les descendants de cet ancêtre ne peuvent manger ce poisson.

Ub est encore l'un des noms que l'on donne à la tortue-lyre ou *tabob*. Lorsque l'on va la pêcher, on l'appelle: «Ub!», c'est-à-dire qu'on appelle le grand-père ou l'ancêtre, ou encore le petit-fils. La capture s'accompagne de chants qui sont comme un appel lancé à l'animal pour qu'il vienne se faire prendre. Ce qu'il fait. On chante: «Ub o!», et il vient (quand un petit-enfant pleure, on le berce en chantant aussi «Ub o!»). Cet animal marin est ensuite rituellement découpé, partagé et consommé – une partie en est offerte symboliquement aux ancêtres. Il tient une grande place dans certains mythes d'origine où l'on explique les relations d'entraide entre Tanebar-Evav et des villages de Kei Kecil; ces relations sont appelées *teabel*, mais sont plus connues dans les Moluques sous le nom de *pela*. Selon la légende, la tortue-lyre vient du ciel et du nord; elle est traitée avec le respect dû aux ancêtres que l'on appelle du même nom, *ub*.

Enfin, *Ubnus* est l'une des appellations données au plus grand «esprit» *mitu* du village, l'esprit Adat déjà mentionné; celui-ci séjourne dans la zone interdite de l'arrière du village, *oho mirin*. Mais tandis que *ub* veut dire «grand-père», *nus* de son côté est une contraction de *nisin*, «arrière-grand-père». *Ubnus* signifie donc littéralement «le grand-père-arrière-grand-père». Comme la tortue-lyre qui, selon certains mythes, l'accompagnait, l'esprit Ubnus venait du nord, et après un long périple, vint échouer sur le rivage de Tanebar-Evav. Ici, les catégories d'ancêtre et d'esprit sont confondues en un seul être surnaturel.

En fin de compte, tous les sens du mot *ub* suggèrent un certain rapport aux ancêtres. Et de même que les jarres conservent le millet à travers les âges, de même les neuf groupes contiennent de fait et conservent les individus dans une même structure de la société à travers les générations. On aperçoit donc derrière la diversité apparente des sens du mot une certaine unité. Elle s'éclairera par la suite.

L'expression *wadar en si* est synonyme de *ub i si* et désigne de même les neuf groupes qui rassemblent les membres du village. Mais le mot *wadar* a un sens précis qui jette une lumière particulière sur la nature de ces neuf groupes.

Il s'agit de neuf paires d'ancêtres, hommes et femmes, dont on ne sait s'ils sont frère–soeur ou mari–femme. Ils seraient partis pêcher la tortue en mer et auraient disparu. Un lieu de culte leur est réservé sur la plate-forme du grenier de neuf maisons, on les appelle les neuf *wadar*; ce sont des ancêtres mais on ignore leur nom, et il n'est pas possible de retracer un lien généalogique direct avec eux. On ne possède pas davantage de détails sur l'origine de ces *wadar* considérés comme les grands ancêtres. Ils sont «nourris» régulièrement par des offrandes, le plus souvent de chair de tortue; on peut leur offrir aussi du dauphin ou de la vache de mer, mais non pas directement de la chair de tortue-lyre. Cette dernière offrande est faite de manière symbolique, alors que les précédentes se font sous la forme concrète de morceaux rituellement disposés. On fait deux parts, l'une pour l'homme, l'autre pour la femme, et on les pose sur le dessus de la porte de la maison et sur la plate-forme du grenier, c'est-à-dire à la fois à l'avant et à l'arrière de la maison. Les offrandes sont obligatoires lorsque l'un de ces animaux marins est venu s'échouer sur le rivage – auquel cas une partie est toujours prélevée pour être offerte à Hukum, l'esprit gardien de la loi qui règne sur les épaves.

Ainsi la tortue sert-elle d'offrande au niveau des neuf paires d'ancêtres, tandis qu'au niveau supérieur, la tortue-lyre, associée, on l'a dit, à un aïeul unique et prestigieux représentant l'esprit Adat, ne saurait être offerte que de façon symbolique. Une différence de niveau est ici perceptible, et il convient de s'en souvenir.

Les neuf paires d'ancêtres des neuf *ub* sont des gens associés à la pêche à la tortue, activité typique de *haratut*, la société qui capture des prises chassées ou pêchées, prisonnières ou séduites. Le système d'offrandes sacrificielles correspondant aux *ub* nous confirme qu'au plan mythique et symbolique, ceux-ci sont par certains aspects l'expression de la société *haratut*, celle du village comprise de l'intérieur.

Dans deux maisons du village, Teli et Fitung (nos 1 et 21 de la figure 5), les *wadar* sont représentés sous la forme de statues de bois; l'une est une forme humaine assise, les coudes appuyés sur les genoux avec une tête d'oiseau au bec allongé; l'autre n'est qu'une forme massive à bec d'oiseau; on dit que ces têtes sont celles de coqs; faut-il voir ici un rapport avec le mythe d'origine suivant lequel, après le chant du coq, le premier homme apparaît sur l'île accompagné de cet oiseau?

Les autres maisons n'ont pas de représentation des *wadar*; seul une sorte de plateau en bois disposé sous le toit pour recevoir les offrandes désigne l'emplacement de ces ancêtres.

En résumé, *ub i si* ou *wadar en si* désigne la division du village en neuf groupes par référence aux neuf paires d'ancêtres mythiques; toutes les maisons du village sont groupées par deux ou trois autour de celles qui abritent le culte d'un *wadar*, formant ainsi les *ub*. Les membres de ces groupes sont considérés comme les descendants de ces ancêtres, qu'il s'agisse de gens originaires

Représentations sculptées de deux *wadar*.

du village ou d'immigrants intégrés par la suite. Si le culte des *wadar* est clairement offert à des ancêtres, il reste à préciser la nature sociologique du groupe qui offre ce culte. Car bien que ces ancêtres ne soient pas nommés, chacun des neuf *ub* porte un nom propre. Retenons seulement pour l'instant le rapport symbolique que l'on retrouvera par ailleurs: les groupes *ub*, nommés, issus d'ancêtres *wadar*, contiennent des gens comme la jarre contient du millet.

Yam et ngiar

Les neuf *ub* sont à leur tour inclus dans trois groupements appelés *yam i tel*, «les trois *yam*», ou *ngiar i tel*. Il faut se garder de conclure immédiatement à une relation de type segmentaire entre ces deux niveaux.

Nous n'avons trouvé qu'un seul sens à *yam*, c'est l'abréviation de *yaman* «père»; *yam i tel* signifie littéralement «les trois pères»; mais l'expression peut désigner aussi les ancêtres en général, «nos pères»: un homme dit *yaman-ubun turan* pour parler de ses ancêtres, ses «pères et grands-pères».

Le nombre trois peut s'expliquer de différentes façons; un mythe très controversé parle de trois pères venus du soleil, qui seraient à l'origine des trois *yam*. Une explication plus plausible serait sans doute fournie par un autre mythe, dont il a déjà été question: trois hommes sont apparus avec le lever du jour près du nombril de l'île, *nuhu fuhar*, au centre du village; ce sont les ancêtres de trois maisons situées respectivement dans chacune des trois parties du village. *Yam i tel* désignerait alors ces trois groupes comme descendants des trois pères ou des trois ancêtres.

Ngiar i tel, les «trois *ngiar*», est une autre expression désignant ces mêmes groupes. *Ngiar* a plusieurs sens. C'est d'abord le nom donné à un tissu blanc qui enveloppe les cadavres des enfants morts-nés et de ceux qui meurent dans les trois jours suivant leur naissance. Ces enfants sont classés comme *bidar*, esprits proches du dieu, de même que les *melikat*, les foetus des fausses-couches. Dans le mythe se rapportant au nombril de l'île, un *melikat* descend sur terre accompagné d'un coq; c'est peut-être ce *melikat* qui se confond avec Lev, l'esprit du «nombril de l'île». Les différents aspects du même mythe se complètent: *ngiar*, linge blanc pour les morts-nés peut faire référence à ce mythe où figure le *melikat*, et dont une variante montre l'apparition des trois hommes qui seraient les ancêtres des trois groupes; *ngiar* et *yam* sont les deux termes qui désignent ces groupes.

Ngiar a aussi le sens d'un contenant; c'est une sorte de grand piège à poisson de forme rectangulaire et aussi un panier tressé en forme d'entonnoir aux mailles larges, dans lequel on jette le poisson fraîchement pêché pour le ramener au village. Certaines formules cérémonielles utilisent parfois ce terme pour parler des gens du village comme «pris» au piège; le mot *ngiar* est alors accompagné du mot *vuv*, «piège à poisson». On retrouve ici le sens de «prise» ou «gibier» déjà rencontré pour exprimer la communauté des hommes lorsqu'elle est *haratut*, la société du village. De même que pour le terme *ub*, il s'agit ici d'un contenant qui enferme une prise humaine capturée par les ancêtres.

Enfin, *ngiar* qualifie un guerrier, un homme courageux, un homme qui va combattre les ennemis. Dans les récits de guerre on parle de *ngiar i tel*, c'est-à-dire de l'ensemble des villageois de Tanebar-Evav partant se battre contre les villages extérieurs.

Yam i tel ou *ngiar i tel* définissent trois divisions qui englobent toutes les maisons du village par référence à trois ancêtres. Les trois groupes ont chacun un nom propre, ce sont : Rahakratat-Levmanut, Rahanmitu, E Wahan, qui rappellent immédiatement les trois divisions spatiales du village. On voit ici superposés deux niveaux, l'un étant la représentation spatiale, l'autre la réalité sociologique. L'association des maisons aux trois *yam* correspond strictement à leur association aux trois parties du village. Les *yam* partagent donc le village en trois groupes localisés en des territoires précis[6].

Aucun culte particulier n'est offert aux ancêtres de référence, mais les membres de chaque *yam* agissent collectivement comme groupe cérémoniel dans des rituels adressés au dieu.

Ce qui semble caractériser les *yam*, au niveau de cette première analyse, c'est donc une référence, différente de celle des *ub*, à certains ancêtres et au dieu, mais aussi à des contenants tels le linceul ou les paniers et les nasses. Enfin, il est important de noter l'usage de cette expression ternaire pour opposer le village à

6. On peut pousser plus loin l'analyse au niveau des formes elles-mêmes. Rappelons que les trois division *la'oan* sont appelées «dessous-dessus», «du milieu» et «en bordure» (voir p. 44). Il s'agit non pas d'une vue plane du village, mais d'une représentation à trois dimensions donnant un volume de même structure que les pièges à poisson, sortes de nasses, appelés *ngiar* et *vuv*. La «bordure» conduit les poissons au «milieu» et de là dans un troisième espace, celui du fond, à la fois «dessous et dessus», où le poisson est définitivement capturé. Le plan du village, divisé en trois *la'oan* (et considéré dans sa longueur, c'est-à-dire à partir de la «bordure» jusqu'à la division «dessous-dessus», de gauche à droite sur le plan [fig. 5]) est comme la projection au sol du volume de la nasse, ce «piège» tendu par les trois premiers ancêtres associés au «nombril de l'île», dans un mouvement inverse, comme celui d'une naissance, du fond vers l'extérieur (de droite à gauche sur le plan). Rappelons que le village lui-même est considéré comme un poisson, dont la tête correspond à la division «dessous-dessus» et la queue à la division «en bordure», dans le sens d'un poisson entrant dans le piège (voir p. 44).

Ainsi, les contenants sociologiques évoquent l'image de contenants réels qui capturent les poissons de la mer.

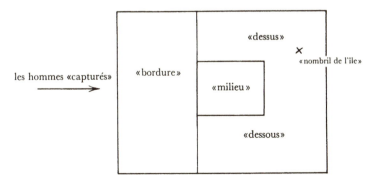

l'extérieur: de même que «millet et noix de coco» caractérise l'île de Tanebar-Evav, les formules «trois *yam*» ou «trois *ngiar*» distinguent cette société de celles des autres villages.

A travers l'analyse du sens des mots utilisés pour désigner des groupes, il est frappant de constater que les deux types d'expressions font référence à des ancêtres et aussi à des contenants: jarre de terre cuite, panier, nasse, linceul. C'est un peu comme si toute la société, celle formée par les ancêtres aussi bien que par les hommes vivants, était toujours considérée comme contenue dans quelque chose, dans un monde fermé dont les lois traceraient les limites. (Rappelons que c'est exactement ainsi qu'est défini le contenu de la montagne, la société en tant que *haratut*.)

On peut proposer une interprétation qui précise l'opposition déjà remarquée entre l'intérieur et l'extérieur. Les *ub* font référence à des ancêtres, auxquels on offre un culte; ils évoquent les réserves de millet, nourriture traditionnelle du village, dont la culture est à la base de l'organisation de la société; *ub i si* semble être une division de la société qui se réfère à son organisation interne. *Yam i tel*, à son tour, évoque des ancêtres, mais n'implique pas de culte; par contre, *yam* et *ngiar i tel* servent de référents vis-à-vis de l'extérieur; dans les récits de guerre, on dit toujours *yam* ou *ngiar i tel* pour désigner le village, on ne trouve jamais *ub i si*. *Yam i tel* serait utilisé pour l'évocation du village à l'extérieur, tandis que *ub i si* serait réservé à la désignation interne de la société; d'un côté la guerre, de l'autre le millet. On verra plus loin se préciser cette perspective.

Plusieurs traits des *ub* et des *yam* nous ont rappelé les caractéristiques de la société *haratut*, la pêche, la guerre, les offrandes au dieu. On peut donc dire que les *ub* et les *yam* se situent du côté de *haratut*, c'est-à-dire de l'organisation de la société à l'intérieur. Mais de même que *lór* et *haratut* s'opposent comme l'extérieur et l'intérieur, à l'intérieur même de *haratut* on retrouve l'opposition: les *ub* correspondent à la relation à l'intérieur, les *yam* correspondent à la relation à l'extérieur. On aperçoit, incluse dans la première, une nouvelle relation hiérarchique, puisque les *yam* «contiennent» les *ub*.

Les fonctions

Répartis entre diverses maisons, un certain nombre d'hommes exercent des fonctions héréditaires, dont les titres expriment les caractéristiques. Tous ont été initiés avant d'entrer en charge et deviennent de la sorte *dir u ham wang*. Certains, dont les rôles sont les plus importants, portent des titres spécifiques, comme par exemple *malin ankod*. Littéralement, ces titres renvoient aux différentes fonctions des membres de l'équipage d'un bateau; la bonne marche de la société se compare à la marche du voilier ou de la pirogue de guerre. Cette comparaison est présente dans le langage métaphorique des chants et dans certains aspects rituels.

L'expression *malin ankod* désigne le capitaine du voilier ou de la pirogue. *Ankod* vient du mot *nakoda* (en indonésien « capitaine »). *Malin* se décompose en *ma* et *lin*; *ma* indique le mouvement; *lin* vient de *nablin*, «être calme», lorsqu'il s'agit du vent ou de la mer: *malin ankod* est le capitaine qui sait maîtriser et éloigner les tempêtes, diriger le voilier, maintenir le temps au beau fixe. De même, au village, il maintient la paix et la bonne entente, et permet à la société de connaître une vie paisible; en ce sens, il est le chef d'une société qu'il doit mener à bon port; la sauvegarde de la société lui incombe. Il y a deux sortes de capitaines: *malin ankod nangan* ou «capitaine sur terre» et *malin ankod roa* ou «capitaine sur mer».

Malin ankod nangan désigne les deux Tuan Tan «maîtres de la terre» (de l'indonésien Tuan Tanah). Ce ne sont pas des propriétaires du sol, mais plutôt des gardiens de la terre et de tout ce qui concerne le sol; à Tanebar-Evav, les deux hommes se remplacent à tour de rôle tous les trois ans comme chefs du rituel; en certaines occasions, ils officient côte à côte. Bien que leur fonction soit l'une des plus importantes, le terme de «chef» traduit mal leur rôle; ils sont gardiens de la coutume au même titre que les autres initiés, même s'ils portent la plus lourde responsabilité.

La place éminente des Tuan Tan se reconnaît d'abord à leur activité rituelle. Dans le cycle annuel des événements cérémoniels, le Tuan Tan tient le premier rôle pendant toute la durée de la culture du millet, soit plus de six mois. Il indique, après divination, l'emplacement des futurs jardins, il accomplit les rituels avant chaque phase de la culture et doit se soumettre à des interdits plus nombreux que ceux des autres participants; pendant la chasse rituelle aux porcs sauvages qui marque le début de la moisson, le «maître de la terre» s'enferme dans la maison Teli (n° 1), considérée comme le centre du rituel du millet; il y exerce alors une «veille» dans le but de protéger ceux qui partent à la chasse en forêt; il est à la fois le chef du rituel et une sorte de bouc émissaire capable, par sa présence immobile, d'assumer toutes les transgressions des autres membres de la société; de cette manière il se porte garant du succès de la moisson.

Le second Tuan Tan assiste son homologue pendant la période de veille et pendant les sacrifices. La tâche de ces deux hommes est d'assurer chaque année une abondante récolte de millet; leur réussite n'est pas seulement d'ordre agraire, mais signale la fortune du village et l'approbation de sa conduite par les ancêtres; les mauvaises moissons sont attribuées au trop grand nombre de fautes commises par les villageois contre la coutume. Les Tuan Tan sont à la fois les gardiens du sol et des gens du village; ils sont indispensables, plus que d'autres initiés, parce que sans eux, il n'y a pas de culture possible du millet, pas de récolte, pas de richesse pour le village.

L'autre capitaine, autrefois tout aussi important, est le *malin ankod roa*, le «capitaine sur mer». On l'appelle encore *ten ya'an ndir u* ou *nvar u*, littéralement, «l'aîné des anciens qui se tient en avant» ou «qui porte devant» (une charge). *Ndir u* est le nom de la vigie qui se tient à l'extrémité de la proue pour déceler les récifs; ce poste est capital dans ces mers de corail aux fonds inégaux d'où surgissent à tous moments des écueils dangereux. La fonction de cet homme est de «se porter en avant», d'être le premier; il a donc un double rôle, à la fois de capitaine et de vigie. Il est en quelque façon supérieur aux deux Tuan Tan: dans les cérémonies, il prend la parole avant eux, puis la leur donne; il s'adresse à l'ensemble de la société en utilisant les formules que nous avons indiquées au début du chapitre. Bien qu'il ne s'occupe pas directement du millet et du sol, il appartient au côté aîné (il est donc le chef) de la maison considérée comme le centre du rituel du millet, alors que les Tuan Tan ont des positions de cadets par rapport à cette maison[7]. On l'appelle *malin ankod roa* parce que sa fonction, essentiellement

7. Sur les maisons, voir plus loin chapitre 3.

Grande pirogue de guerre aux îles Kei (photo publiée par Geurtjens 1921a).

guerrière, s'exerçait lors des expéditions lancées contre les îles
voisines à bord de pirogues spéciales restées célèbres dans tout
l'archipel, les *belan*; il est donc le capitaine pour la guerre. Il joue
le premier rôle à la tête du village en temps de guerre, mais aussi
pendant la chasse aux porcs sauvages dans le rituel du millet. C'est
lui d'une certaine manière qui conduit les hommes à la chasse en
forêt, pendant que les deux Tuan Tan veillent immobiles dans le
village. Au retour, il se présente le premier pour leur annoncer
le nombre de porcs tués; il est le messager et l'intermédiaire entre
les veilleurs et la société; puis, la nuit venue, il dort au même
endroit que les Tuan Tan dans la maison du millet, qui est sa
maison.

On voit se dessiner maintenant la relation entre la guerre et la
culture du millet; le capitaine pour la guerre est plus important
que les deux autres et joue le rôle initial dans le rituel du millet:
il a la parole et conduit les hommes à la chasse, considérée comme
une guerre symbolique qui doit amener la prospérité dans le
village. Des trois hommes, le premier est du côté des victimes de
mort violente par la chasse ou la guerre, du côté de la mer et de
la relation à l'extérieur, les seconds sont associés à la fécondité, aux

nourritures végétales, à la terre et à l'organisation interne du village. Malgré son titre d'ordre marin, le capitaine de mer présente un double aspect: en rapport à l'extérieur par la guerre, en rapport à l'intérieur par la chasse aux porcs pour la culture du millet. C'est dire qu'aucune relation en elle-même n'est jamais univoque; le relation à l'extérieur se saisit d'un double point de vue.

Ceci rappelle l'exigence de toujours situer les niveaux de l'analyse, problème déjà rencontré pour une question de vocabulaire au chapitre précédent: l'île est considérée comme l'intérieur par rapport à la mer, l'extérieur; mais la forêt est l'extérieur quand on considère seulement le village. On peut mettre ceci en parallèle avec ce que nous venons de constater: à un niveau général, les capitaines de terre et de mer s'opposent comme l'intérieur à l'extérieur; dans la situation particulière de la chasse aux porcs, les Tuan Tan restent à l'intérieur du village, tandis que le capitaine de mer conduit la chasse à l'extérieur, en forêt. La relation prend tout son sens lorsque l'on superpose les plans: la forêt est au village ce qu'est la mer à la terre de l'île.

Le pouvoir est donc réparti entre trois hommes qui portent le même nom de «capitaine». Cette tripartition correspond à une double dichotomie, entre terre et mer d'abord, entre les deux capitaines de terre ensuite. Le fait que deux hommes soient attachés à cette dernière fonction, l'exerçant à tour de rôle et la partageant, n'est pas attesté dans la littérature sur Kei. Nous retrouvons ici, comme pour les trois places du village, une division en trois réductible à une complémentarité à deux termes: le capitaine sur mer s'oppose aux deux capitaines sur terre.

Le fait qu'il y ait deux Tuan Tan exerçant à tour de rôle suggère une remarque sur le fonctionnement du pouvoir: la fonction de Tuan Tan est capitale, mais l'individu porteur de la charge n'est rien puisqu'il est remplaçable et remplacé du jour au lendemain. Ce n'est pas l'homme qui est important, mais la fonction et les symboles qu'elle représente. Tout se passe comme si, par le moyen d'une alternance du titulaire, la société parvenait à contrôler le détenteur d'un grand pouvoir et à l'empêcher d'accroître démesurément son autorité au fil des années. De même encore, la fonction dédoublée s'opposant à la fonction unique garantit la stabilité et évite un compétition duelle.

En plus de ces trois rôles qui nous semblent majeurs dans l'organisation de cette société, il y a quatre autres fonctions importantes. Nous en parlerons après avoir évoqué l'ensemble des initiés, qualifiés tous de *dir u ham wang*.

On vient de voir le sens de *dir u*, «se tenir debout à l'avant», c'est le rôle de la vigie; *ham* veut dire «partager, diviser», *wang* signifie «les parts» ou «répartir». *Dir u ham wang* désigne ainsi ceux qui, à la tête de la société, sont chargés de rôles particuliers: ils «se tiennent debout à l'avant et distribuent les parts»; référence est ici faite à la répartition entre tous les gens du village des morceaux de tortue, de vache de mer, de dauphin, etc. que les initiés ont la charge de dépecer sur la grève devant le village. Au sens figuré, ils se partagent les sacrifices offerts aux esprits du village dont ils sont les officiants; chaque esprit a plusieurs initiés attachés à son culte. A Tanebar-Evav, vingt-trois hommes sont *dir u ham wang* et sacrifient aux esprits ou au dieu[8]. Ces hommes sont initiés au moment où ils vont prendre leur charge, en général à l'âge adulte, après la mort ou l'éviction de leur prédécesseur; il existe de rares cas où ils furent initiés alors qu'ils étaient encore enfants.

A partir de l'initiation, ils doivent respecter une série d'interdits dits «de mer» et «de terre» qui font presque tous référence au comportement sexuel; ceux «de mer» excluent la consommation de certains poissons dont les qualités spécifiques évoquent une attitude indécente; les interdits de «terre» sont surtout des interdits sexuels: les initiés peuvent avoir plusieurs épouses comme la tradition l'autorise, mais ils ne doivent pas avoir de relations sexuelles hors mariage; enfin, les interdits «de terre» d'ordre alimentaire concernent surtout les nourritures réputées aphrodisiaques.

Ces interdits réaffirment les règles de conduite de la société; celles-ci ne sont pas toujours respectées, mais quand il s'agit d'un non-initié cela n'entraîne que des sanctions individuelles; de par leur responsabilité vis-à-vis de la collectivité, les initiés font courir de plus grands risques à l'ensemble du village et encourent de plus graves sanctions. Des transgressions répétées obligent à une nouvelle initiation, puis à l'éviction.

8. Un tel nombre semble être l'une des caractéristiques de ce village par rapport aux autres de l'archipel de Kei, car la littérature sur Kei ne mentionne qu'un seul homme par village porteur du titre *dir u ham wang* (Van Wouden 1968: 36–7). Les enquêtes à venir dans d'autres parties de l'archipel permettront d'infirmer ou de confirmer ce fait.

L'initiation ne confère pas une connaissance plus poussée qu'à l'ordinaire des lois de la société, mais exige de les respecter davantage; on profite de la cérémonie pour rappeler l'existence de ces lois, que l'on résume par l'expression *Vu'ar Masbaït ni sasa'a* «l'intérieur, le contenu de la montagne Masbaït», la montagne au centre du village: ce sont toutes les lois de Tanebar-Evav. Les initiés sont ainsi, de façon éminente, les garants et les dépositaires de ce contenu, c'est-à-dire de la société et de ses lois.

Leur fonction principale est d'officier pour le culte de certains esprits protecteurs du village, les *mitu*, dont ils sont en quelque sorte les gardiens. Elle se précise surtout pendant la période de la chasse effectuée à l'occasion de la moisson lorsqu'ils accomplissent le sacrifice des porcs, récitent les formules, et reçoivent certains morceaux de l'animal; il en est de même chaque fois qu'un porc domestique est tué, car tous les porcs «appartiennent» aux *mitu*. La répartition des initiés entre les cinq *mitu* principaux est la suivante: quatre sont attachés au *mitu* Labul (place Tamo, à droite, fig. 5), un seul à Lev (esprit du lieu dit *nuhu fuhar*, «le nombril de l'île»), huit à Larmedan (place Vurfen, au centre du village), quatre à Limwad (place Kartut, à gauche), et quatre à Adat ou Rat Bad Ham, l'esprit du lieu *oho mirin*, l'arrière sacré du village. Dans chacun de ces groupes, l'un ou l'autre des initiés tient la première place en tant qu'officiant du sacrifice, les autres l'assistent.

L'officiant principal de l'esprit Adat se distingue quelque peu des autres. En signe de respect on l'interpelle le plus souvent par son titre Turan Mitu Duan, «Maître du Mitu»; il est soumis à un grand nombre d'interdits supplémentaires, notamment alimentaires; il mange dans des plats spéciaux une nourriture cuite à part par une petite fille; d'autres interdits déterminent son comportement quotidien (ne pas avoir de contact avec l'eau de mer, ne pas fatiguer son corps, etc.). Il y a une sorte de barrière entre lui et le reste du monde; il ne doit pas être souillé par le contact de plats ou d'aliments touchés par d'autres. La plupart de ces interdits sont justifiés par le mythe qui raconte l'arrivée dans l'île de l'esprit Adat accompagné de la tortue-lyre. Nous avons dit déjà que Adat est l'un des esprits les plus importants de l'île, et nous avons noté qu'à travers ses titres on pouvait le considérer à la fois comme esprit *mitu* et comme ancêtre Ubnus. Le nombre de contraintes imposées à son officiant ne fait que confirmer la position supérieure de Adat dans le panthéon. Pendant le rituel du millet, cet initié ne participe pas à la chasse et reste trois jours sans bouger à veiller dans la maison de l'esprit Adat.

L'officiant du *mitu* Lev, du «nombril de l'île», est l'unique initié attaché à cet esprit. Il subit également le poids d'interdits spéciaux qui tendent à préserver autour de lui une certaine pureté, afin qu'aucune souillure n'atteigne le *mitu* (préparation spéciale de nourriture, par exemple). Il participe à la chasse aux porcs, mais en temps de guerre, il reste à veiller dans le village pendant que tous partent sur les grandes pirogues. Lev est l'esprit de l'homme qui, selon le mythe, apparut le premier dans l'île avec le coq; c'est à cet esprit originaire qu'incombe la charge de protéger les guerriers.

Il s'agit donc de deux esprits, Lev et Adat, dont l'un est le plus ancien dans le rapport à l'origine, l'autre, l'esprit le plus important parmi ceux venus de l'extérieur, et tous deux sont considérés à la fois comme esprits et comme ancêtres; sans doute peut-on comprendre par là le fait que leurs officiants seuls observent un plus grand nombre d'interdits.

Un autre initié tient une place particulière, non pas en raison de ses interdits, mais de son rôle, c'est l'Orang Kaya. Son titre, de provenance malaise, n'a pas d'équivalent dans la langue locale, et sa fonction semble plus récente que les autres; on raconte qu'à l'origine il n'existait que les deux «maîtres de la terre», Tuan Tan.

Initié au même titre que les autres, il est l'officiant principal de l'esprit Larmedan, de la place Vurfen au centre du village. Dans le rituel du millet, il donne des prestations au nom de la société *haratut*. A bord de la pirogue de guerre, il est le dernier à monter; on l'attend, on l'appelle, et sa place est au milieu.

La tâche de l'Orang Kaya est d'organiser la relation entre la société de Tanebar-Evav et le monde extérieur. On dit aussi qu'il traite d'affaires de « gouvernement », *kubni*, c'est-à-dire des contacts avec l'étranger (*kubni*, c'était autrefois l'administration hollandaise, aujourd'hui c'est le gouvernement indonésien). Il représente le village face aux autres villages; à l'intérieur du district, il est sous l'autorité du Raja; il est l'équivalent d'un «chef de village»[9]. Il accueille l'étranger, convoque des assemblées concernant l'ouverture des saisons de pêche et le début des travaux collectifs; de nos jours il organise la collecte des impôts et s'occupe des besognes administratives. Ses pouvoirs sont limités: il ne prend de décision qu'en accord avec l'assemblée des initiés et des anciens et, inversement, ceux-ci ne peuvent trancher qu'en sa présence et avec lui. Il n'est pas chargé de l'application des sanctions se rapportant à la coutume; cette tâche incombe au «gardien» de l'esprit Hukum, et, dans les autres villages de Kei, au Raja. Tel est l'aspect général de la fonction d'Orang Kaya. Il fait figure d'intermédiaire entre l'île et le dehors.

Ainsi participe-t-il aux activités «de terre» (le rituel du millet dans lequel il représente la société *haratut*) et aux activités «de mer» (la guerre et la relation à l'extérieur). Il se situe à la frontière, tourné à la fois vers l'intérieur et vers l'extérieur; cette position rappelle celle du capitaine de mer, capitaine de la pirogue pour la guerre, mais conduisant aussi la société pendant la chasse aux porcs.

Enfin, il faut signaler la présence d'un *dir u ham wang* dont l'initiation diffère quelque peu de celle des autres. Autrefois, il portait le titre de *leb* (du malais *lebai*, l'imam musulman) qui n'est plus guère en usage de nos jours. Le *leb* est l'officiant des rituels destinés au dieu soleil-lune, souvent associés à la culture du millet; il fait aussi office de devin. Trois hommes détenaient jadis cette fonction qui leur avait été cédée par les descendants d'une maison fondatrice du village; deux hommes l'exercent encore de nos jours. Ils font partie du groupe des initiés et, à ce titre, assistent à toutes les réunions.

Toutes les décisions concernant la coutume ou les affaires

---

9. A Kei, les chefs de villages sont soit Raja, soit Orang Kaya, soit Kepala Soa. Le Raja est en même temps à la tête d'un district comprenant plusieurs villages dirigés chacun par un Orang Kaya ou un Kepala Soa. Ces titres sont tous d'origine étrangère à Kei et fondent un système de gouvernement commun à presque toutes les Moluques et plus ou moins imposé par les Hollandais. Tanebar-Evav fait partie du district du Raja de Matwaer, au sud de Kei Kecil. Son chef de village traditionnel est l'Orang Kaya; mais ce dernier, n'ayant pu exercer ses fonctions depuis plusieurs années, a été remplacé par un Kepala Soa désigné par les habitants pour représenter le village auprès de l'administration centrale. L'actuel Kepala Soa n'est pas un initié, et sa fonction n'est pas héréditaire, contrairement à celle de l'Orang Kaya.

courantes sont prises au cours d'assemblées qui réunissent les initiés et quelques vieux chefs de maison non initiés. Lorsqu'il s'agit strictement de coutume, elles ont lieu dans la maison intéressée (celle du millet, de Hukum ou de Adat, par exemple); si ce sont des problèmes administratifs, ils seront traités dans la maison de l'Orang Kaya ou, à défaut, dans celle du Kepala Soa[10]. Tout le monde peut participer à ce genre de réunions; chacun y parle à son tour, on consulte parfois les esprits, et la décision est prise après une ou plusieurs séances de discussion. De nos jours, selon un règlement du gouvernement indonésien, des représentants élus des groupes confessionnels doivent participer à ces assemblées soit, à Tanebar-Evav, un musulman, un protestant, un catholique et un représentant de la religion traditionnelle.

Ainsi fonctionne le gouvernement du village; il n'est pas possible, si l'on veut rester fidèle à la culture locale, de parler d'activités «religieuses» complétées par des activités «politiques» et «économiques». Ces catégories, qui sont les nôtres, n'ont pas d'équivalent dans la langue; même *kubni*, qu'on peut traduire par «gouvernement», n'était destiné à l'origine qu'à désigner la domination étrangère hollandaise et son appareil administratif. Ceux qui sont «à la tête» de la société, les *dir u ham wang*, ont acquis cette position par leur initiation: ils ont promis d'être les gardiens fidèles des règlements, des lois, des coutumes du village; ils sont assimilés à des «anciens», *itaten*, et cela malgré parfois leur jeune âge; ils sont chargés du fonctionnement du village, qu'il s'agisse de rituels ou d'affaires que nous qualifierions de non religieuses. Les anciens qui participent aux assemblés n'ont pas de rôle rituel, mais leur expérience s'étend à tous les aspects de la vie sociale. Tous ensemble, ils organisent la marche paisible du voilier, rythmée par les événements rituels et les cérémonies, ils règlent les conflits, décident des activités collectives et des rencontres avec les villages voisins. C'est le «gouvernement» des anciens qui dirige l'assemblée des plus jeunes.

On s'adresse parfois aux initiés par un autre nom, qui définit leur position statutairement supérieure au reste du village; on les appelle *mel nuhu duan*, «les grands maîtres de l'île», et *ulun oho ten*, «la tête des anciens du village»; *mel* indique la grandeur, l'importance, la croissance, et c'est aussi le nom donné aux gens de rang

10. Voir note précédente.

noble[11]; *nuhu duan*, ce sont les habitants ou maîtres de l'île; ces deux
expressions qualifient les initiés par opposition aux non-initiés,
c'est-à-dire à tout le reste de la population qu'on appelle *yanan duan*,
les «neveux»; ce mot s'emploie aussi pour désigner les gens de rang
inférieur, les esclaves. Pris dans le contexte de la société en
général, l'emploi de ces termes complémentaires indique une
opposition hiérarchique entre l'ensemble des chefs du village, ceux
qui sont à la tête, à l'avant, et le reste du village, à l'arrière,
maintenu dans une position subordonnée, et contraint de respecter et d'écouter les initiés.

Les deux côtés du toit: sir yararu

L'expression *sir yararu*, citée au début de cette section, n'a pas
encore été évoquée. Les explications offertes à propos de cette
formule ont toujours été divergentes et nous les donnons telles
quelles.

La traduction littérale de ces mots est chose aisée. L'expression
se décompose en *sir, yarar* et *ru. Ru* ou *en ru* signifie «deux». *Sir*
est le nom porté par les deux poutres latérales sur lesquelles
reposent les chevrons du toit de la maison. *Yarar* désigne les
versants du toit. *Sir yararu* exprime ainsi le toit, fait de ses deux
parties reposant sur les deux poutres latérales. Plus largement,
l'idée est celle d'une couverture, d'une protection au moyen d'un
toit.

Une première explication donne une vue hiérarchique de
l'organisation du village: d'un côté, la société dans son ensemble,
de l'autre, les chefs qui sont à sa tête. On peut se demander si
l'on ne retrouve pas ici l'opposition spatiale hiérarchiquement
ordonnée entre l'avant et l'arrière de la maison, les chefs étant à
l'avant, la société à l'arrière. Il sera bon d'y revenir.

La seconde explication se réfère à la fonction la plus importante
du village – considéré en lui-même, en dehors de sa relation à
l'extérieur –, celle du Tuan Tan, le «maître de la terre». Cette
fonction est tenue par deux hommes, qui l'exercent chacun à tour
de rôle pendant une période de trois ans. Elle est essentielle pour
la société, et ceux qui la remplissent sont les principaux gardiens
de la coutume. A ce titre, on peut les représenter comme les deux
côtés d'un toit protégeant la société contre vents et marées.

11. Sur les trois «ordres», nobles, gens du commun, esclaves, voir ci-dessous chapitre 3.

Une troisième explication propose que les deux côtés du toit soient les deux *holan*; en effet, la société est parfois décrite comme étant composée de deux parties appelées *holan* (le mot n'a pas d'autre sens); la première partie est composée du *yam* Rahanmitu, la seconde, des *yam* Rahakratat et E Wahan appelés aussi *wahan kid ru*, les «deux côtés en bordure» du village. (Rappelons ici la division du village en trois espaces principaux; les deux derniers *yam* correspondent aux deux côtés, tandis que le *yam* Rahanmitu correspond à la partie centrale.) Les deux *holan* n'ont pas de réalité en tant que groupes (il n'y a pas de cérémonies au nom des *holan*), il s'agit seulement d'une représentation dualiste dont *sir yararu* serait une image.

Il n'y a pas lieu de choisir entre ces explications, mais plutôt de souligner que l'expression *sir yararu* indique une dualité dont il importe de découvrir la signification. Notons que cette représentation symbolique duelle fait surgir la question d'un troisième terme, puisqu'en fait le toit a aussi une poutre faîtière.

On notera qu'à travers l'analyse des termes et des formules que la société utilise pour se définir se trouvent soulevés des problèmes essentiels dans l'ordre de l'organisation aussi bien que de l'idéologie ou du symbolisme.

La relation entre l'extérieur et l'intérieur, évoquée depuis le début, à travers les concepts de *lór* et de *haratut*, puis à travers les groupes et les fonctions d'autorité, apparaît clairement comme une opposition hiérarchique qui articule les divers aspects de cette société et organise en un ensemble cohérent la multiplicité de lois et d'instances, dieux, ancêtres, esprits, etc. Ce que nous avons montré au niveau des conceptions va se retrouver plus tard lorsque nous aborderons la question de l'échange dans ses diverses manifestations, les échanges matrimoniaux, la guerre, etc.

Un deuxième acquis de cette analyse sémantique est l'accent mis sur les images de contenants – poteries, paniers, linceuls, côtés du toit; le fait n'est pas sans lien étroit avec ce qui vient d'être dit, puisque la société «de l'intérieur» est conçue comme le «contenu» de quelque chose, en l'occurrence de la montagne; l'idée est logiquement liée à l'opposition extérieur/intérieur, car s'il y a un dedans et un dehors, c'est bien qu'il existe un contenant symbolique, dont il reste à comprendre la structure. Nous retrouverons la même idée très explicite dans les rituels; ainsi, le but des cérémonies de la culture du millet est de «faire entrer» dans l'île la chance, la fortune.

Le problème posé par la multiplicité des fonctions d'autorité demande un complément d'enquête dans l'ensemble de la société de Kei et dépasse donc le cadre de cet ouvrage. Mais ici même on trouve un contraste entre deux formes, l'une hiérarchique, l'autre égalitaire, que l'analyse de la composition des groupes, de la nature des échanges et de leur fonctionnement permettra d'approfondir.

Enfin, et comme pour traduire ce balancement entre forme hiérarchique et forme égalitaire, la société présente un jeu constant entre une tripartition évidente et un dualisme qui affleure à chaque instant comme l'autre face de cette tripartition. Dans l'étude de l'espace du village, on a pu sentir combien était importante mais fragile la division en trois toujours réductible à une division en deux. Au plan des concepts, on peut se faire déjà une idée de la société comme composée soit des trois *yam*, soit des deux côtés d'un toit, et on verra cela en détail au chapitre suivant; au plan des fonctions, les trois «capitaines» s'opposent en deux catégories, terre et mer. Ces indications seront utiles pour l'analyse des types d'échanges, et pour celle de la hiérarchie des groupes comme des individus.

Ces problèmes que l'on a été amené à cerner peu à peu au cours de la découverte de l'île, du village, de ses habitants et de son langage, vont réapparaître au fil des chapitres, et c'est en tentant de les résoudre que nous pourrons commencer peu à peu à comprendre cette société.

3 | Maisons, groupes et ordres

Dans la manière d'organiser son espace et par la série complète des termes qu'elle utilise pour parler d'elle-même, la société de Tanebar-Evav présente dès l'abord un aspect rigide et comme immuablement ordonné. Si l'on veut maintenant saisir le contenu de cet assemblage complexe et la composition des diverses unités sociales, il convient d'étudier en premier lieu la maison avec ses deux côtés, les *rin*, qui définissent les lignages patrilinéaires, puis les unités intermédiaires, les *ub* au nombre de neuf, puis les trois unités supérieures, les *yam*. Recoupant cet ensemble, on rencontre le *fam umum*, qui fait problème. Enfin dans l'archipel de Kei, plus qu'ailleurs dans les Moluques, la société se divise en trois ordres dont on trouve certains aspects dans le village de Tanebar-Evav qui, de ce point de vue, semble présenter quelque particularité.

Le but de ce chapitre est de dégager, à travers la richesse des données, les principes qui à tous les niveaux structurent la société.

1. La maison

Vingt-trois maisons traditionnelles, au sens à la fois d'habitation et de groupe social, composent la société de Tanebar-Evav[1]; autrefois elles étaient toutes groupées dans le village du haut, mais aujourd'hui deux d'entre elles sont construites en bas de la falaise, tandis qu'une autre n'était pas encore rebâtie lors de notre séjour en 1973. Chacune a sa position déterminée dans l'espace du village et se rattache spatialement et sociologiquement à l'une des trois places, même si elle ne s'y trouve plus en tant qu'édifice.

---

1. Le nombre vingt-trois n'est pas significatif en soi; il résulte du hasard de l'histoire; le nombre des «habitations», bâties surtout dans le village du bas, a doublé ce chiffre; mais comme nous l'avons dit, ces «habitations» s'identifient aux maisons.

RAHAN maisons	RIN MEL côté droit	RIN BALIT côté gauche	UB	YAM	FAM UMUM	côté des initiés	fonction	*mitu*
1 Teli *W*	*Singer'ubun*	*Tabal'ubun*	Rahakratat	Rahakratat Levmanut	Vuha'a'ubun	mel balit	Ankod roa Tuan Tan	Labul
2 Meka	Sarmav	Welav'ubun			*Sarmav*	mel	Tuan Tan	Labul
3 Welob	*Yahawadan*				Yahawadan		Dir u ham wang	Labul
4 Yelmas	Yahawadan	Yahawadan			*Yahawadan*	mel	Leb	
5 Marud *W*	Fakil'ubun	Kat'ubun	Fakil'ubun		*Levmanut*	mel balit	Dir u... Dir u...	Labul Rat Bad Ham
6 Fenkor	Tanifan'ubun							
7 Reng *W*	*Yamko*	Rumwadan	Yamko–Rumwadan			mel balit	Dir u... Dir u...	Larmedan Lev
8 Kubalama		Korva'ubun	Fakil'ubun					
9 Fator *W*	Soar'ubun		Soar–Taver	Rahanmitu	*Soar'ubun*		Dir u...	Larmedan
10 Sirwod	Rahaya'an	Rahaya'an			*Rahaya'an*	mel balit	Dir u... Dir u...	Larmedan Rat Bad Ham
11 Maskim	Di'ubun	Di'ubun			Soar'ubun			
12 Kadom	*Sarmav*	Tayor'ubun			Taver'ubun	mel	Orang Kaya	Larmedan
13 Korbib *W*	Tabol'ubun	Kat'ubun	Rahanmitu		*Rahanmitu*	mel	Dir u...	Larmedan
14 Hernar	Mantean'ubun						Dir u...	Larmedan
15 Sokdit	*Salim'ubun*	Kidat'ubun			*Rahanmitu*			
16 Tokyar	Fuak'ubun	Fuak'ubun						
8bis Kubalama	Tavat'ubun					mel	Dir u...	Larmedan
17 Falav *W*	Sat'ubun		Fa'an–E Wahan	E Wahan	*Tabal'ubun*		Dir u...	Limwad
18 Hedmar	Ngor'ut						Dir u...	Rat Bad Ham
19 Habad *W*	Kormav'ubun						Dir u...	Limwad
20 Maslodar	Lalan'ubun						Dir u...	Limwad
21 Fitung *W*	Fa'an	Suk'ubun				mel	Dir u...	Limwad
22 Sulka *W*	Eler		Eler	E Wahan- Rahakratat- Levmanut	*Eler*		Turan mitu duan. Rat Bad Ham	
23 Solan	Rahakbav	Sok'ubun				mel	Dir u...	Larmedan

Légende. W.: *wadar* et maison aînée du *ub* où demeure le *wadar*

Singer'ubun: les noms de *rin* et de *fam umum* en italiques sont les plus couramment utilisés

mitu: nom des esprits auxquels sacrifient les initiés

Fig. 13. Tableau récapitulatif des maisons, des *ub*, des *yam* et des *fam umum*

Ces maisons portent des noms propres (fig. 13). Certaines existaient à l'origine du village, d'autres ont été créées par fission, ou encore intégration d'éléments étrangers, et il semble qu'il n'y ait pas eu de changement depuis des générations. Ensemble, elles forment le cadre fixe, immobile, rigide de la société du village; les hommes seuls se déplacent.

Entité sociale et non simple lieu de résidence, la maison, *rahan*, constitue l'unité exogame; elle détermine le groupe social de référence qui renvoie à la structure d'ensemble du village. Pensée comme un corps humain, avec pour tête un ancêtre fondateur, elle comprend deux côtés, droit et gauche; ce sont les chambres latérales *rin* encadrant la pièce centrale: *rin mel*, «pièce de droite» et *rin balit*, «pièce de gauche», encore opposées en aîné/cadet. En principe patrilinéaire, l'unité sociale formée par la maison est divisée en deux groupes considérés comme frères (classificatoires, l'aîné et le cadet) et occupant chacun un *rin*. Chaque côté ou *rin* correspond ainsi à ce que l'on peut appeler un lignage patrilinéaire. Si l'ancêtre fondateur a parfois donné son nom au groupe social formé par la maison (voir plus loin au sujet du *fam umum*), chaque lignage défini par un *rin* porte le plus souvent un autre nom qui est le patronyme des membres du lignage (généralement composé du nom du fondateur du lignage suivi de *ubun*, «petits-enfants», c'est-à-dire «descendants d'un tel»).

Il n'y a pas de terme local pour exprimer l'idée du «lignage» en tant que groupe social, mais seulement un mot pour désigner le lieu, *rin*, qui contient ce groupe social; on appartient au *rin mel* ou au *rin balit* de telle ou telle maison. Cependant, depuis longtemps, le mot *fam* (qui semble venir du hollandais *familie* «famille») est employé pour parler du lignage[2]; on dit alors appartenir au *fam* X de la maison Y: le nom du *fam* est le même que celui du lignage. La préférence se porte néanmoins sur la référence à la maison comme groupe d'appartenance, en précisant «côté droit» ou «côté gauche».

Théoriquement, toutes les maisons sont divisées en chambre de droite et chambre de gauche, c'est-à-dire formées de deux

2. Le mot *fam* est employé d'abord par Geurtjens (1921a) pour désigner un groupe de descendance patrilinéaire, il est repris plus tard par Van Wouden (1968) et Nutz (1959). Ce dernier pose la question de savoir si le mot ne viendrait pas du hollandais *familie*, «la famille». Nous ne l'avons pas rencontré chez les auteurs antérieurs. Par contre Van Hoewell (1890: 131) parle d'un groupe appelé *soa* et mentionne aussi le mot *rahan* comme désignant la «famille». *Soa* est un terme emprunté aux Moluques du Centre où il désigne un groupe territorial et parfois un groupe de descendance; il n'existe pas dans l'organisation traditionnelle de la société de Kei. Le mot *rahan* désignant le groupe familial semble davantage coïncider avec la réalité de la société de Tanebar-Evav. Le mot *fam* ne se rencontre pas dans les sociétés traditionnelles des archipels avoisinants avec lesquels les îles Kei ont une grande similarité de culture. Il semble plutôt avoir été importé et avoir peu à peu pris la place de *rahan* pour décrire les groupes compris dans une maison. Nous ne discuterons pas ici le terme de *soa* qui n'est pas utilisé à Tanebar-Evav, ni semble-t-il dans les autres parties de l'archipel, sauf dans l'expression *Kepala Soa*; comme on l'a vu, ce terme désigne un chef de village qui ne fait pas partie du groupe des initiés et sa fonction semble avoir été instituée à l'époque de l'administration hollandaise.

lignages distincts. En fait, neuf maisons ne sont actuellement occupées que par un seul lignage (on dit alors un seul *rin*), et il semble qu'il en ait toujours été ainsi.

Les deux *rin* d'une même maison contiennent généralement des lignages issus d'un même ancêtre très éloigné, non repérable dans les généalogies. Parfois les deux *rin* définissent au contraire deux lignages d'origine totalement étrangère. Enfin, on ne connaît pas toujours l'histoire lointaine de chaque lignage. Ce n'est plus alors le lien généalogique qui compte, mais l'histoire mythique ou réelle qui lie les deux groupes: par exemple, un lignage occupant la maison accueille dans certaines circonstances un lignage étranger à l'île; il lui donne des terres et lui cède une fonction, qui appartiennent ensuite définitivement au second *rin*. Quelle que soit l'origine des lignages, les membres d'un *rin* ne peuvent épouser ceux de l'autre *rin* de la même maison.

Les deux côtés d'une maison sont hiérarchisés: le côté droit est aîné, le côté gauche est cadet. La prééminence est au côté droit en ce sens que dans toutes les affaires concernant l'ensemble de la maison, c'est le lignage aîné qui décide, qui parle, même si le lignage cadet est d'origine différente. Le côté droit représente généralement le lignage originaire, celui de l'ancêtre fondateur de la maison.

Un seul *rin* peut aussi abriter un lignage composé de segments reliés à un même ancêtre, remontant à trois ou quatre générations; il s'agit alors d'un segment aîné et de segments cadets qui portent le même nom.

Si du point de vue de l'exogamie la maison, *rahan*, est le groupe pertinent, du point de vue de l'échange le *rin* est l'unité minimale; lorsque la maison est composée d'un seul lignage, unité exogame et unité d'échange se confondent. Formé de vingt-trois maisons, dont neuf n'abritent qu'un seul lignage, le village comprend trente-sept lignages, ou *rin*, ou *fam*, ou unités d'échange minimales.

Il est nécessaire de distinguer entre unité exogame et unité d'échange, car le *rin* est l'unité à laquelle sont attachés les titres, les fonctions, les rituels mais aussi la propriété du sol et des plantations de cocotiers; les relations fixes d'échange sont établies entre *rin* de sorte que deux *rin* d'une même maison n'ont pas les mêmes partenaires; la fonction de Tuan Tan appartient au côté droit d'une maison, telle autre fonction ou tel rituel appartient au côté gauche; le côté droit sacrifie à l'esprit Labul, le côté gauche sacrifie à un autre esprit, Larmedan, par exemple. Chaque *rin* forme ainsi une unité distincte de l'autre *rin*, avec sa fonction, ses terres, ses liens, *tout en faisant partie d'une entité plus vaste, la maison, dont il n'est qu'une moitié.*

Unité d'échange, chaque *rin* définit ses partenaires dans les alliances matrimoniales, dans les relations spécifiques d'entraide, etc. Un *rin* droit ou gauche d'une maison est allié avec un autre *rin* d'une autre maison, et dans une telle relation, le *rin* est désigné le plus souvent par le nom de la maison suivi de « droit » ou « gauche », par exemple *Teli mel* ou *Teli balit*; et, si la maison ne contient qu'un seul lignage, on mentionne de même plutôt le nom de la maison que le nom du lignage; on dit que la maison Welob a une relation d'alliance avec la maison Hernar. Toutes les maisons et tous les *rin* du village sont liés ainsi en des réseaux qui déterminent les relations entre les groupes et assurent la continuité des échanges dans le village. L'appartenance d'un individu à une maison et à un *rin* définit sa place dans la société et délimite ses droits et ses obligations face à ses partenaires des autres maisons et des autres *rin*.

L'aîné des descendants du lignage est à la tête du *rin* (ou de la maison si elle n'a qu'un seul lignage); c'est lui qui détient la charge et le titre, qui a la garde des terres, des propriétés et des rituels du *rin*. Le fils aîné succède à son père, il a autorité sur ses frères cadets ou sur les segments cadets; il répartit entre tous les terres et les plantations de cocotiers, à charge pour chacun de les entretenir et de les faire fructifier; en cas de conflit, il peut opérer une nouvelle répartition des terres entre ses frères ou entre les segments. (Actuellement, dans tous les cas où il y a un segment cadet, les parts sont restées les mêmes depuis plusieurs générations et le partage semble définitif.) Le *rin*, et la maison si elle n'a qu'un seul lignage, sont les seules unités sociologiques auxquelles sont attachées des terres; les *ub* et les *yam* n'ont pas de réalité territoriale, sauf dans l'espace particulier de l'agglomération villageoise.

Autrefois, tous les membres du lignage vivaient sous le même toit; les fils résidaient dans la maison de leur père et chaque côté de la maison était occupé. De nos jours – et c'est ainsi que le village du bas a commencé à se développer – les fils mariés ont tendance à se construire une habitation séparée, généralement en bas de la falaise; à la mort du père, et pour le remplacer, l'aîné viendra habiter dans la maison traditionnelle du village du haut[3]. Il est essentiel que la maison soit habitée, entretenue, et que l'aîné du lignage y accomplisse les rituels et les offrandes. La résidence est patrilocale, mais au début du mariage, lorsque la majeure partie du prix de la fiancée n'a pas encore été versée, il arrive que le jeune couple réside chez le père de la mariée et l'aide dans ses occupations. Cette situation provisoire dure parfois longtemps après la mort du père de l'épouse; la maison est alors occupée par un gendre; celui-ci ne va dans sa maison d'origine que pour y effectuer les rituels nécessaires. Mais si la maison est trop longtemps vide de ses membres légitimes, les maladies ou les problèmes des occupants sont attribués à la colère des ancêtres et des esprits de la maison qui se sentent abandonnés; on assiste alors à un mouvement tournant de déménagement général et chacun reprend sa place dans sa maison d'appartenance.

Une maison ou un *rin* ne saurait disparaître même si le lignage s'éteint, car sa terre, ses fonctions, et sa place dans le village demeurent; il suffit de remplacer les descendants manquants au moyen d'une procédure d'adoption. L'adopté peut venir de n'importe quelle autre maison du village; il prend alors le nom, la fonction, les titres; il cultive les terres et les plantations et abandonne tous ses droits sur sa maison ou son *rin* d'origine; ses enfants hériteront de sa nouvelle position. Seul compte ici le fait que la maison ou le côté de maison ne doit pas rester vide. On peut

---

3. Cette division des familles en petits noyaux s'est produite tout d'abord sous l'influence du gouvernement colonial et de la christianisation, et elle continue de nos jours. Il y a une tendance générale à détruire les maisons ou constructions traditionnelles pour les remplacer par des maisons répondant toutes à un type défini selon des critères modernes. Jusqu'à présent, seul le village de Tanebar-Evav s'est trouvé relativement préservé de cette influence, car l'ensemble des maisons traditionnelles du haut a été conservé intact malgré l'apparition de nouvelles maisons dans le bas. Dans l'ensemble de l'archipel de Kei, de même que dans les archipels voisins de Tanimbar et d'Aru où les maisons traditionnelles étaient de vrais objets d'art, il n'en reste plus rien. A Tanebar-Evav, tant que les maisons traditionnelles demeurent, il est relativement indifférent que de petits noyaux familiaux aillent résider dans une maison séparée. Mais du jour où la maison traditionnelle ne sera plus entretenue et tombera en ruines, il est à craindre qu'en l'absence d'un support physique, tout le contenu sociologique étayé par les maisons ne s'effondre en même temps, et que les fonctions et les rituels ne s'amenuisent peu à peu jusqu'à s'éteindre.

dire que la société du village est organisée en maisons, comme en une forme fixe à travers laquelle les hommes passent.

Les maisons sont associées chacune à l'une des trois places du village et aux esprits liés à celles-ci; de plus, chaque maison est protégée par un esprit particulier (protecteur de la demeure et non du groupe lignager), auquel l'aîné du côté droit de la maison fait régulièrement des offrandes. Dans les relations entre vivants comme au niveau surnaturel, les maisons sont des références tangibles, repérables sur le sol et autour desquelles s'organise la société, ses croyances et sa pérennité.

Ainsi, la maison est comprise comme une personne morale, comme un être social, et le lignage lui-même n'est conçu qu'en tant que côté droit ou gauche de telle ou telle maison, c'est-à-dire en relation avec la maison dont il fait partie, ou encore comme une des deux parties d'un tout, la maison. L'introduction d'un terme sans doute emprunté, *fam*, pour désigner le groupe familial, isole ce dernier de son contexte, la maison (alors qu'il n'y a pas de terme local pour désigner le lignage comme groupe social) et montre bien la difficulté d'appréhender cette réalité différente de la nôtre: on a recours à un terme qui permet d'identifier l'individu par rapport à ses ancêtres mais ignore son insertion dans le village, c'est-à-dire qu'on méconnaît complètement la structure de la société, des maisons et les relations entre les maisons.

Le groupe social se définit donc par une maison et ses deux côtés, c'est-à-dire par rapport à un point fixe situé dans la structure du village. La référence n'est pas faite à une résidence au sens purement local, mais à une localisation dans un espace structuré sociologiquement. Ce sont les *rin* ou les maisons situées dans cet espace structuré qui sont les supports des titres, des fonctions, des cultes des esprits, des terres. C'est pour maintenir l'occupation d'un *rin* que le nom du lignage ou du groupe peut être donné à différents individus, quelle que soit leur origine. Nous ne sommes pas non plus en face d'une réalité segmentaire ou lignagère qui définirait des groupes. Ce n'est pas un ensemble de lignées composées de tels ou tels ancêtres qui organise la société, c'est l'ensemble des maisons liées entre elles par des échanges, des mythes, des croyances qui forme une structure dans laquelle les hommes s'inscrivent et se meuvent, au besoin sans tenir compte de leur lignage d'origine. On voit bien que ce n'est pas la légitimité lignagère qui donne leur contenu aux maisons, mais les maisons qui possèdent les détenteurs de droits et de fonctions indispensables à la vie sociale.

Tout se passe comme si la patrilinéarité était sociologiquement modelée de façon impérative par un autre principe qui lui serait supérieur. Nous sommes loin d'une société de type segmentaire qui renvoie à une échelle généalogique de segments gradués, dont le nombre à chaque étage dépend de celui des frères ou des cousins, tous égaux entre eux.

Ici, quoi qu'il en soit des fluctuations du nombre de frères, la maison est une et ne comprend jamais plus de deux côtés. C'est là une forme intangible, qui impose toujours à la série des collatéraux mâles le moule de la paire aîné-cadet. Cette simplification est plus forte et unit en un même destin les cadets en surnombre. La structure de la maison semble donc un obstacle au développement d'une patrilinéarité égalitaire en ce qui concerne les frères. Elle pose la hiérarchie dans la dualité.

2. Les neuf groupes

Les vingt-trois maisons du village sont distribuées en neuf groupes appelés *ub*, formés d'une ou de plusieurs d'entre elles. Chaque maison, qu'elle comprenne un ou deux *rin*, appartient à un *ub*; le *ub* groupe des maisons, non des lignages, et l'appartenance au *ub* est fonction de l'appartenance à une maison.

Cette division du village en neuf groupes – *ub i si* ou *wadar en si* – est expliquée par le culte des *wadar*, ces neuf paires d'ancêtres mythiques fondateurs des *ub*. Chaque *wadar* demeure dans l'une des maisons du groupe où on lui apporte des offrandes. Ces ancêtres n'ont pas de nom reconnu, et l'on ne peut retracer de lien généalogique jusqu'à eux. Rappelons que *ub* désigne aussi les grands-parents, et la jarre de terre cuite contenant l'eau ou le millet.

Un *ub* est d'abord un groupement de quelques maisons qui sacrifient au même *wadar* et agissent ensemble en certaines occasions cérémonielles; il ne détient aucune fonction d'autorité, et ne possède aucune terre.

Alors que les maisons ou les *rin* semblent se référer à un principe unilinéaire et à un ancêtre fondateur qui généralement a donné son nom au lignage, chaque *ub* honore une des neuf paires d'ancêtres du mythe et fait donc partie intégrante du village comme totalité. Il n'y a pas de relation segmentaire entre les *ub* et les maisons; le *ub* n'est pas compris comme un niveau supérieur de la structure unilinéaire. Les maisons constitutives du *ub* n'ont le plus souvent aucun lien entre elles, si ce n'est la référence commune à cette paire d'ancêtres auxquels elles rendent un culte. (Les *ub* sont des *ubun*, des «grands-parents», dont il faut s'occuper et qu'il faut honorer en échange de leurs soins et de leur protection.) Il n'y a pas de filiation avec ces ancêtres, mais un lien mythique indifférencié, qui permet à chaque maison de révérer les *wadar* comme des ancêtres.

Si l'on considère maintenant non plus l'origine des *ub* mais leur composition et leur fonctionnement, on constate une absence d'homogénéité qui pose de nouveaux problèmes. On trouve des *ub* composés d'une maison, parfois de deux, parfois de quatre.

Ainsi, un des *ub* est constitué de la seule maison 7 (fig. 13). Son nom est formé de celui des deux lignages droit et gauche de la maison. Ces lignages sont d'origines différentes et étrangères au village; il semble que l'un et l'autre proviennent du nord de l'île de Kei Kecil. Il n'y a aucun lien de parenté et rien de commun entre eux, si ce n'est le fait qu'ils ont été accueillis dans le village, où ils ont reçu des terres, des rituels, des fonctions, et qu'ils ont fondé cette maison; ils sacrifient tous deux au culte du même *wadar*. Le nom du *ub* rappelle son histoire, mais sans relation avec l'origine mythique des *wadar*, et il en est de même pour les autres *ub*. Ici, la composition du *ub* est totalement hétérogène et le principe de filiation est inopérant pour en comprendre la structure; celle-ci relève d'autres principes qu'il reste à définir.

Les trois *ub* composés de quatre maisons soulèvent à peu près les mêmes problèmes. Le nom du premier, Rahakratat (maisons 1 à 4, fig. 13), n'est pas un nom de lignage ni d'ancêtre et n'éclaire en rien son origine; le second, Soar-Taver (maisons 9 à 12), se réfère aux fondateurs de deux maisons du *ub*; le troisième, Rahanmitu (maisons 13 à 16 et 8bis), porte le nom de l'un des trois lignages fondateurs du village qui est aussi le nom de l'un des *yam*; c'est un nom qui se réfère aux origines. Dans ces trois cas, les maisons du *ub* n'ont pas d'ancêtre commun; les *ub* semblent constituer une structure d'accueil dans laquelle les maisons se sont insérées progressivement, autour d'un ou de deux lignages fondateurs. A nouveau, leur seul point commun est le culte des ancêtres *wadar* effectué par toutes les maisons du *ub* dans la maison du *wadar*. La division du village ne fait pas jusqu'ici référence à une organisation lignagère, mais plutôt à un nombre fixe d'éléments liés à une histoire mythique, à un culte et à des rituels.

La confusion s'installe avec les cinq derniers *ub* dont quatre sont formés chacun de deux maisons. Deux d'entre eux, le *ub* Fakil'ubun (maisons 5 et 6) et le *ub* Eler (maisons 22 et 23), forment explicitement ce qu'on pourrait appeler un clan patrilinéaire; les deux lignages d'une des maisons et l'unique lignage de la seconde maison proviennent d'un ancêtre commun qui a donné son nom au *ub* – Fakil dans un cas, Eler dans l'autre. De ces deux groupes de maisons, on dit: trois *rin* mais une seule maison; on sait que la seconde maison provient d'une scission, et elle a conservé la référence au lignage fondateur. Dans cet exemple, non seulement les deux *rin* d'une maison, mais le lignage d'une autre maison sont liés tous trois entre eux par des liens généalogiques reconnus bien que difficilement retraçables. Et ici encore, il n'y a pas de rapport avec la paire d'ancêtres mythiques fondateurs du *ub*.

Les trois *ub* composés des maisons 17 et 18, 19 et 20, et 21 portent le même nom Fa'an-E Wahan. Fa'an est le nom d'un lignage fondateur du village (comme Rahanmitu) et de l'un des *yam*; E Wahan est le nom du *yam* dans lequel se trouvent ces trois *ub*. Il semblerait que quatre maisons se soient groupées autour de la maison occupée par le lignage Fa'an. Cependant, toutes ces maisons sont d'origines différentes et sans aucun lien entre elles. Bien qu'ils portent le même nom, il s'agit bien de trois *ub* qui honorent les *wadar* dans trois maisons distinctes. Ici encore, une seule maison (n° 21) forme un *ub* à elle toute seule; elle comprend un lignage originaire du village (Fa'an) et un lignage étranger.

A la vue de toutes ces différences, on ne peut pas dire que le *ub* soit un groupe de descendance, bien qu'il tente de ressembler à un tel groupe. On pourrait le concevoir comme un groupe rituel offrant un culte à des ancêtres, mais son fonctionnement en tant que groupe social aux activités multiples dément cette interprétation restrictive.

Il existe une hiérarchie à l'intérieur du *ub*, qui imite celle de la maison. En effet, on dit que la demeure du *wadar* est la maison aînée dont le chef est considéré comme le chef du *ub*; on ne dit pas que les autres sont des cadettes, mais cela est bien évidemment sous-entendu. Les maisons liées par paires ont des positions spécifiques exprimées par les termes *yaman a'an* et *yanan duan* qui signifient respectivement «frère aîné du père» et «neveu». Le premier terme désigne d'une manière plus générale tous les oncles paternels et en définitive tous les hommes du lignage patrilinéaire. Ainsi, certaines maisons sont «neveux», les autres sont «oncles paternels», et chaque terme définit la position de la maison par rapport à l'autre dans leur relation. Nous avons dit, à propos de *lór*, qu'il s'agit là d'une relation d'autorité. Mais pris dans son ensemble, le *ub* reconnaît une supériorité unique, celle de la maison aînée sur l'ensemble des cadets sans distinction, et on ne mentionne pas ici la relation duelle oncle–neveu. Ce qui, dans un système segmentaire, serait au même niveau, est au contraire ici non égalitaire, soit au niveau de chaque paire, soit au niveau de l'ensemble. Ici encore la forme est contraignante, quel que soit le sort changeant des hommes. Ces positions respectives prennent toute leur dimension dans la réalité concrète, comme nous allons le voir en décrivant le fonctionnement du *ub*.

En tant que groupe, le *ub* se concrétise aussi bien dans la réalité spatiale que sociologique. Dans le village, les maisons se font généralement face, deux à deux, par *ub* ou par paires à l'intérieur d'un *ub* de quatre maisons, délimitant ainsi une petite place qui le plus souvent porte elle-même un nom. De même, dans les chants, les histoires et les formules traditionnelles, les maisons sont groupées deux par deux; lorsque l'on prononce le nom de l'une, celui de l'autre vient immédiatement aux lèvres, puis les noms des maisons de l'autre couple dans les *ub* à quatre maisons; c'est une formule rythmée que l'on récite et qui montre l'indissociabilité de ces paires de maisons; on dit ainsi *Teli-Meka Welob-Yelmas, Maskim-Kadom Fator-Sirwod, Korbib-Hernar Sokdit-Tokyar*, etc. Elles sont liées par l'histoire, le rituel, les chants, jamais l'une ne va sans l'autre.

Au niveau empirique, cette association se traduit par une grande solidarité renforcée par des liens étroits de voisinage; les galeries se font face, les femmes y sont tout le temps assises à travailler; le soir, les hommes s'y réunissent pour discuter. Mais il ne s'agit pas seulement d'intérêts ou d'entraide entre proches voisins. Le *ub* a une autre réalité sociale; groupées ainsi, les maisons ont des responsabilités communes dans l'organisation de la société; le *ub* participe collectivement à tous les événements de la vie de l'une ou l'autre de ses maisons: mariages, naissances, deuils, de manière plus intense que ne le font les autres maisons du village. En cas de maladie, par exemple, on commence par prendre l'avis des membres de son *ub*.

Le *ub* a un rôle dominant dans la résolution des conflits; si, par exemple, une dispute à propos de droits fonciers éclate entre frères d'une même maison ou entre deux côtés, et si le lignage ou le côté aîné n'arrive pas à le résoudre, on fait appel à la maison immédiatement supérieure, c'est-à-dire soit à celle qui est qualifiée d'«oncle», soit à «l'aînée» du *ub*. On s'adresse toujours à l'aîné représentant l'unité supérieure à celle qui connaît le conflit, d'abord un côté de maison, puis «l'oncle» dans un couple de maisons, puis l'aîné des quatre maisons.

Prenons l'exemple des maisons Fator-Sirwod Maskim-Kadom du *ub* Soar-Taver̥ (maisons 9 à 12, fig. 13). Fator représente «l'oncle» pour Sirwod, de même que Kadom est «l'oncle» de Maskim; mais Fator est la maison aînée du *ub*. Un conflit à Maskim (n° 11) sera d'abord traité par Kadom (n° 12); de même qu'un conflit à Sirwod (n° 10) sera d'abord traité par Fator (n° 9). Mais un conflit à Kadom sera par contre directement porté devant Fator (fig. 14).

Il faut préciser cependant que, dans les cas graves, tous les membres du *ub* se réunissent en assemblée pour discuter du problème; les débats sont alors dirigés par le chef de la maison aînée du *ub*, et tout le monde participe et s'exprime, les femmes comme les hommes; les décisions sont prises après accord général et non imposées d'en haut; un problème posé dans la maison aînée du *ub* sera réglé de la même manière.

L'unité sociologique du *ub* se révèle aussi au niveau des relations spécifiques entre maisons ou côtés de maisons, dans le cadre général du village. Le *ub* n'agit pas en tant que tel, il n'offre lui-même aucune prestation, il n'y a pas de relations globales de *ub* à *ub*; mais lorsqu'une maison agit, toutes les autres du même

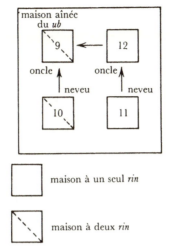

Fig. 14. Relations entre maisons à l'intérieur d'un *ub* de quatre maisons

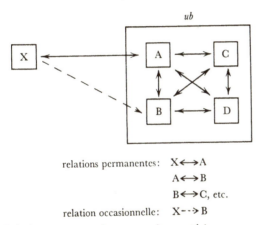

relations permanentes : X⟷A
A⟷B
B⟷C, etc.

relation occasionnelle : X--⟶B

Fig. 15. Relations entre un *ub* et une maison extérieure

ub lui viennent en aide et se rangent à ses côtés. Lors des discussions pour préparer un mariage, les autres membres du *ub* sont généralement présents pour soutenir la maison intéressée. Ils prennent une part active aux préparatifs matériels et contribuent souvent aux prestations du prix de la fiancée. Le *ub* n'est pas une *unité d'échange*, mais une sorte de groupe solidaire pour chacune des maisons qui le composent. Ainsi, une relation permanente liant une maison X avec la maison A d'un *ub* entraînera, dans le cas de funérailles dans une maison B du même *ub* que A, des prestations de la part de X à la maison B (fig. 15).

Ce rassemblement de tous les membres d'un *ub* derrière un *rin* d'une maison du *ub* pour une occasion cérémonielle est connu sous le nom de *temar vut*. *Temar* est le nom donné au bambou lorsqu'il est jeune et mince; *vut* est le nombre dix; *temar vut*, «les dix bambous», évoque l'image d'un jeune pied de cette plante aux tiges serrées en touffe les unes contre les autres. Cette image évoque, d'une part, la solidarité des maisons d'un *ub* chaque fois que l'une d'entre elles est engagée dans des échanges, et d'autre part le fait qu'elles se reconnaissent comme une unité, une collectivité vis-à-vis de la paire d'ancêtres mythiques *wadar*. On saisit là à la fois la structure interne du *ub* et sa place en tant qu'unité majeure de la société globale.

A l'intérieur du *ub*, on fait référence à différentes relations de parenté: oncle paternel–neveu ou encore aîné–cadet. Si ces deux dernières relations témoignent d'une hiérarchie entre les maisons du *ub*, ni l'origine mythique, ni la réalité historique ne font du *ub* un groupe de descendance patrilinéaire, et cela malgré les efforts de chacun pour le rapprocher fictivement de ce modèle. On retiendra que le rôle de la maison dite « aînée » du *ub* est semblable à celui de l'aîné du patrilignage (*rin*) ou de la maison complète à deux côtés. C'est cet agencement *hiérarchique* qui ordonne le *ub*. Quant à la relation mythique homme–femme au temps de l'origine des *ub*, elle peut se comprendre soit comme une relation frère–soeur, soit comme mari–femme, c'est-à-dire frère–soeur classificatoire dans la relation originaire des maisons aînées de *ub* entre elles. Dans le premier cas, la relation frère–soeur condense à la fois la possible relation incestueuse des origines et la nécessité de suivre des règles de mariage non encore explicites. Dans le second cas, elle renvoie aux règles explicites du mariage asymétrique avec la cousine croisée matrilatérale, dite 'soeur' dans la terminologie avant de s'appeler épouse. L'incorporation possible dans le *ub* des descendants de 'soeurs' mariées à l'extérieur ou à l'intérieur rappelle la composition non unilinéaire des *ub*. On reconnaît donc dans la formation mythique des *ub* un trait de parenté indifférencié qui contraste avec l'aspect patrilinéaire. On retrouvera cette dualité lors de l'analyse du système de parenté.

Tous les *ub* sont *équivalents* vis-à-vis de la société globale. Le mythe en compte neuf, et les rituels confirment ce nombre immuable. Cette forme renvoie-t-elle au système des mariages? Il existe des mariages à l'intérieur des *ub*, mais les gens disent que ce devrait être l'exception, comme si les *ub* avaient une vocation exogame. Du point de vue de la société du village dite *haratut*, on peut voir ces neuf *ub* apporter de l'ordre entre les maisons, comme neuf jarres pleines et rondes remplies des ancêtres et des vivants. Il reste maintenant à les répartir autour des trois places du village.

3. Les trois groupes

A un niveau supérieur, les trois *yam* se comportent de la même façon que les *ub*. Ils correspondent à une division tripartite de la société qui s'inscrit d'abord sur le plan spatial, et qui définit les trois parties du village autour des places principales; on parle alors des trois *la'oan*. On a montré comment les trois *yam* ou *ngiar i tel* se réfèrent littéralement à des pères, des ancêtres et aussi à des objets pouvant contenir de la nourriture et métaphoriquement des ancêtres.

Sociologiquement, les trois *yam* contiennent les neuf *ub* selon la répartition suivante: le *yam* Rahakratat comprend trois *ub*, le *yam* Rahanmitu deux, le *yam* E Wahan trois; enfin, le *ub* Eler participe à la fois du premier et du troisième *yam*.

Rappelons le mythe d'origine qui fournit une explication possible de l'existence des *yam*; il se rapporte au «nombril de l'île», *nuhu fuhar*, l'un des centres du village: trois hommes sont apparus à cet endroit, à l'aube du premier jour, après le chant du coq; ces hommes sont les fondateurs des trois lignages du village dont les maisons sont en quelque sorte à la tête chacune de l'un des trois *yam*: ce sont les maisons Marud (n° 5, fig. 13) (*yam* Rahakratat), Korbib (n° 13) (*yam* Rahanmitu) et Fitung (n° 21) (*yam* E Wahan).

Les autres maisons n'appartiennent pas à la descendance réelle ou mythique de ces ancêtres, mais se sont agrégées progressivement autour des lignages originaires qui leur ont donné des terres et des fonctions. On connaît mal l'histoire particulière de chaque nouvelle maison, mais on dit encore de nos jours que le lignage Fa'an de la maison Fitung, l'un des fondateurs, possédait toutes les terres de la côte ouest, et l'on constate que toutes les maisons du *yam* E Wahan dont il est le fondateur ont leurs terres sur la côte ouest. Il en est de même pour les fonctions qui étaient autrefois, dit-on, entre les mains des fondateurs: ainsi les fonctions de Tuan Tan ont été remises aux maisons Teli et Meka (n°s 1 et 2), qui ont maintenant un rôle rituel de premier ordre, en rapport surtout avec la culture du millet; on sait que le Tuan Tan, malgré son titre, n'est pas le maître de la terre au sens de propriétaire du sol, mais plutôt le chef du rituel qui assure la fertilité du sol. La fonction d'Orang Kaya a été donnée à un homme venu du sud-est dont la mission fut de s'occuper des relations avec l'extérieur; les fonctions de Leb, ou officiant du dieu, ont été distribuées de même à d'autres immigrants. Alors que les maisons originaires possédaient toutes les fonctions, il semble qu'elles les aient volontairement réparties entre les lignages nouveaux, se déchargeant ainsi des responsabilités en échange d'une protection vis-à-vis du dehors, ou d'une protection rituelle assumée par d'autres; c'est un peu comme si les charges pesaient trop à leurs détenteurs, et que ceux-ci se soient arrangés pour les partager; les nouveaux arrivants, acceptant de résider dans l'île, recevant des terres et parfois des femmes, devaient aussi prendre leur part des contraintes et des responsabilités pour assurer le bon fonctionnement de la société. C'est un fait très important à retenir et très curieux: toutes les fonctions existant de nos jours proviennent de trois maisons, tout le pouvoir et les terres ont été donnés par leurs fondateurs, ceux-ci se réservant en dernier ressort, par l'intermédiaire de la maison Korbib, un droit de regard sur la coutume, ou un pouvoir suprême qui se vérifie en de très rares circonstances. En effet, le chef de la maison Korbib est considéré par tout le monde comme le chef de la coutume, le plus grand personnage du village; on parle toujours de lui avec grand respect comme s'il s'agissait d'un chef ayant un pouvoir réel. Malheureusement, il n'a pas été possible de comprendre dans les détails la réalité de sa position, car elle est occupée actuellement par un enfant qui n'a pas encore été initié et donc n'exerce pas encore sa charge. Il semble que celle-ci soit reliée au grand rituel de renaissance du village qui s'étend sur un cycle de neuf ans et dont il est interdit de parler en dehors d'occasions précises.

De même que ceux des *ub*, les membres d'un *yam* n'ont pas de liens généalogiques entre eux; mais contrairement aux *ub*, les *yam* ne sont pas pensés comme des groupes de descendance, et, de plus, ils ne se réfèrent à aucun culte d'ancêtres communs. Les trois *yam* agissent comme représentant ensemble toute la société dans certains rituels et participent aux échanges dans les cérémonies impliquant chaque fois l'une ou l'autre de leurs maisons.

Il s'agit de rituels d'intérêt général, concernant la culture du millet ou les relations avec le dieu soleil-lune, par exemple pour se protéger des maladies; en ce cas, le rituel se décompose en quatre parties: trois au nom des trois *yam* sont effectuées sur les trois grandes places du village, et une au nom de la société *haratut* sur la place centrale. Lorsqu'il n'y a qu'un seul rituel pour les trois *yam*, il est effectué par un membre du *yam* Rahanmitu, celui qui correspond à la partie centrale du village; mais il s'agit alors de représenter la société *haratut*. De même, lors de la collecte du millet pour constituer les réserves communautaires, outre la part individuelle destinée à être conservée dans la maison Teli pour *haratut*, chaque *yam* recueille parmi ses membres une quantité de millet qui sera déposée dans l'une des maisons du *yam* et sera la réserve du *yam*.

Lorsqu'une maison d'un *yam* est entraînée dans une relation d'échange avec une maison d'un autre *yam*, l'ensemble du *yam* la «suit» et l'aide dans les prestations et dans les préparatifs des fêtes. Il agit comme *temar vut*, «les dix bambous», de même que le *ub*, c'est-à-dire comme un seul corps, solidaire de ses membres; il participe aux discussions et souvent contribue pour une faible part au paiement du prix de la fiancée. La solidarité du *yam* est renforcée par la disposition des maisons les unes à côté des autres dans chacune des trois parties de l'espace du village.

Enfin, vis-à-vis de l'extérieur, les trois *yam* agissent comme représentants de *haratut*, dans la guerre ou dans les échanges avec les autres villages; ils sont souvent alors appelés *ngiar i tel* (*ngiar* désigne la bravoure, l'homme courageux dans les combats).

De même que celle des *ub*, l'existence des *yam* ne peut être comprise qu'en référence à la société tout entière et, plus particulièrement, en tant que *haratut*. Les activités des *yam* manifestent les caractéristiques qui nous avaient permis de définir la société *haratut*: la relation violente à l'extérieur, la guerre, la relation au dieu. Les *yam* n'offrent pas de culte à des ancêtres mais seulement au dieu et au nom de toute la société; jamais un *yam* n'est impliqué seul dans un rituel, mais toujours avec les deux autres comme représentant le tout.

On est frappé du fait que les neuf *ub* ne se répartissent pas également, par groupes de trois, dans les trois *yam*. Alors que le *yam* du centre en contient deux, les *yam* des deux côtés en contiennent chacun trois, et le dernier *ub* participe à la fois des deux *yam* latéraux, Rahakratat et E Wahan, entre lesquels il semble former un pont. Nous avons déjà remarqué dans la répartition des maisons en trois groupements spatiaux que les maisons de ce *ub* se rapportaient aux territoires de deux *yam*, semblant ainsi indiquer entre eux un lien particulier. De plus, certaines maisons du *yam* E Wahan se réfèrent, quant à leurs origines, au *yam* Rahakratat avec lequel elles ont des relations privilégiées. Enfin, on a noté au chapitre précédent qu'au lieu de parler des trois *yam*, et au même niveau conceptuel, c'est-à-dire en référence à toute la société, on parle quelquefois des deux *holan*, *holan mitu* qui correspond au *yam* Rahanmitu, et *holan helean* qui comprend les deux *yam* Rahakratat et E Wahan; ces deux derniers sont souvent désignés par le terme unique *wahan kid ru*, qui signifie «les deux côtés en bordure»; ces deux *yam* sont ainsi unis par opposition au *yam* Rahanmitu situé au centre, comme deux côtés opposés à un milieu.

Soulignons-le: tandis que les trois *yam* sont physiquement représentés par trois groupes dont la réalité dans les échanges ne fait pas de doute, les deux *holan* sont affaire purement conceptuelle. Dans le premier cas, nous parlons de groupes dont deux – comparés au troisième – sont étroitement liés par leur histoire, leurs relations, leurs échanges. Dans le second cas, avec les *holan*, nous parlons d'une représentation que la société a d'elle-même.

Il s'agit bien ici d'une vue globale de la société et l'on a déjà remarqué ce balancement entre une division en deux et une division en trois. Ainsi pour la maison, composée d'une pièce centrale et de deux côtés (les *rin*), on peut dire qu'elle est faite soit de deux parties, les *rin* et la pièce centrale, ou encore les deux *rin*, soit de trois parties, c'est-à-dire de ses trois pièces. Il en est de même pour les *yam* constitués, soit par deux bordures et un centre, soit par trois parties, et ceci est clairement exprimé à travers les termes *wahan kid ru* et aussi *sir yararu* (les deux côtés du toit) évoqués au chapitre précédent. La société est fondamentalement construite sur les deux aspects du dualisme et de la tripartition; c'est-à-dire sur cette alliance entre deux modes de pensée différents.

La répartition des *ub* dans les *yam* semble jouer sur cette même opposition. Le *yam* du centre (Rahanmitu) ne contient que deux *ub*, alors que les *yam* de bordure en contiennent trois chacun, plus un *ub* qui fait partie des deux à la fois. Ce dernier, spatialement et sociologiquement, unit les deux *yam* pour les opposer comme un seul ensemble à celui du milieu. Il est donc entre eux comme un centre, et si on le rattache comme tel par la pensée au *yam* du centre, celui-ci redevient tripartite. Cet *ub* médiateur rappelle aussi le faîte du toit et tout incline à penser (on le verra en évoquant les rituels) que les deux maisons de ce *ub* ont une position centrale dans l'organisation du village. On pourrait représenter ce jeu des deux et des trois par la figure suivante, qui reprend la disposition des *yam* et des *ub* dans l'espace du village (fig. 16).

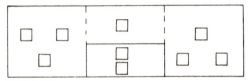

Fig. 16. Disposition des *ub* et des *yam* dans l'espace du village

Ainsi peut-on définir le *yam* comme une représentation de la société qui ne prend de réalité que lorsque la société est toute entière concernée: dans sa relation à l'extérieur, à la culture du millet, au dieu. Aucun lien généalogique n'unit les membres d'un *yam*. Ceux-ci n'ont en commun que le fait d'être groupés autour d'une maison fondatrice et d'agir ensemble en certaines circonstances. On pourrait parler d'allégeance s'il y avait des redevances relatives par exemple au don des terres; il n'y en a pas; la seule contrepartie consiste, pour les maisons immigrantes, à remplir des fonctions qui les chargent d'une responsabilité sociale et leur donnent pleine participation à la vie du groupe.

Le tableau qui s'offre à nous des différents niveaux de l'organisation de cette société présente un caractère à la fois complexe et rigoureux; ces maisons avec leurs lignages nommés et catégorisés en droite/gauche, aîné/cadet, spécialisées dans leurs fonctions et leurs rituels, attachées à leurs terres, comprises dans des *ub* à l'intérieur desquels elles sont à nouveau catégorisées, puis dans des *yam* aux fonctions particulières, cette multitude de noms, d'oppositions, de catégories semblent maintenir de manière rigide toute la société en une forme et un destin à jamais joués; les terres ont été données une fois pour toutes aux immigrants en compensation de la charge qui leur a été confiée, les maisons sont à jamais liées aux esprits des places autour desquelles elles sont construites, les gens peuvent disparaître, les murs peuvent s'écrouler, les maisons demeurent.

Derrière cette façade, il y a cependant une grande souplesse qui permet au système d'être viable, et qui tient au caractère contradictoire de certains éléments. Ainsi, la maison est fondamentalement à la fois unitaire et duelle, autour de l'opposition aîné/cadet; ce caractère, qui à première vue semble particulièrement contraignant puisque chaque côté a ses droits et ses devoirs propres, ses charges et ses fonctions, permet aussi une certaine souplesse dans les relations entre maisons; qu'elle soit ou non divisée en deux lignages, eux-mêmes parfois divisés en segments, la maison forme un corps solidaire; un côté de maison agit rarement seul, et c'est presque toujours la maison entière qui répond aux obligations de l'un des côtés; les relations fixes d'échange sont établies entre côtés de maisons, mais parfois, si l'un d'eux ne peut satisfaire aux exigences de la relation, il fait appel au côté «frère» qui le remplacera provisoirement. Nous avons vu qu'il en était de même pour le *ub* et, dans une moindre mesure, pour le *yam*, qui soutiennent leurs membres en toutes occasions (voir chapitre 8 sur les échanges).

Les terres qui semblent avoir été données une fois pour toutes en même temps que les fonctions aux nouveaux arrivants au moment de leur installation dans le village circulent cependant quand un père décide de donner un lopin à sa fille au moment de son mariage. Le recensement des terres cultivées et cultivables montre qu'une grande proportion des propriétés passent ainsi de main en main: des plantations de cocotiers, qui peuvent aller de 15 à 70 arbres, des terrains à défricher, plus rarement des jardins fermés de murs de pierre; des terres sont parfois données aussi à l'occasion d'adoption ou de paiements de fautes.

Par ailleurs, on a souligné que les maisons, en raison de leur place dans la structure du village, ne peuvent rester vides; par l'adoption, les derniers représentants d'un lignage peuvent s'assurer que leur fonction continuera d'être exercée, que les terres seront cultivées et les esprits honorés. L'adoption (qui fera l'objet du chapitre 6) est le moyen qui, parfois à l'encontre du principe de filiation patrilinéaire, permet à la structure de se maintenir grâce à la circulation des hommes; elle pallie ainsi les irrégularités démographiques qui provoqueraient la disparition rapide des maisons: il n'est pas rare de voir se succéder dans une fonction une suite d'adoptés qui perpétue ainsi le lignage fondateur et maintient en place la maison. Il apparaît ici une certaine mobilité des individus qui contraste avec la rigidité imposée par le cadre fixe des maisons; le contenu varie mais les contenants, maisons, *ub* et *yam* ne changent jamais; il suffit de les remplir, et peu importe alors le principe de filiation; ce n'est pas le lignage qui, comme dans une structure segmentaire, est le contenant des hommes, mais la maison ou le *rin* qui, comme tenant des titres et des fonctions, utilise pour se perpétuer, tantôt le principe unilinéaire, tantôt d'autres principes. C'est donc impliquer l'existence de principes d'ordre supérieur à ceux-là.

4. Le *fam umum*

En plus des maisons et des *rin*, des *ub* et des *yam*, il existe un terme pour désigner un regroupement variable de lignages en une unité qui parfois coïncide avec la maison, parfois comprend plusieurs maisons sans reproduire le découpage en *ub*, mais n'est jamais plus grand que le *yam*; c'est le *fam umum*. Nous ne savons pas de quelle époque date cette expression, nous ignorons si elle en remplace une autre plus ancienne, mais nous constatons qu'elle est composée de termes empruntés l'un sans doute au hollandais (*fam*, de *familie*, «famille») et l'autre à l'indonésien (*umum*, «général, public»), et qu'elle signifie littéralement «famille générale». *Fam umum* désigne le nom porté en commun et en plus du leur par deux ou plusieurs lignages; il ne désigne pas réellement un groupe social. Si le mot *fam* remplace le mot *rin* pour désigner le groupe social occupant un côté de maison (*rin*), comme il a été avancé plus haut, nous ne savons pas ce que remplace le mot *fam umum*; nous avons entendu dire, sans avoir pu encore le vérifier, que *fam umum* se dit aussi *fam lór* et rappelle le concept de société en référence à l'extérieur; il s'agit bien d'un nom général, public, à travers lequel sont reconnus des liens particuliers entre lignages.

A Tanebar-Evav, on constate que le *fam umum* ne divise pas une maison: les deux côtés de celle-ci font toujours partie du même

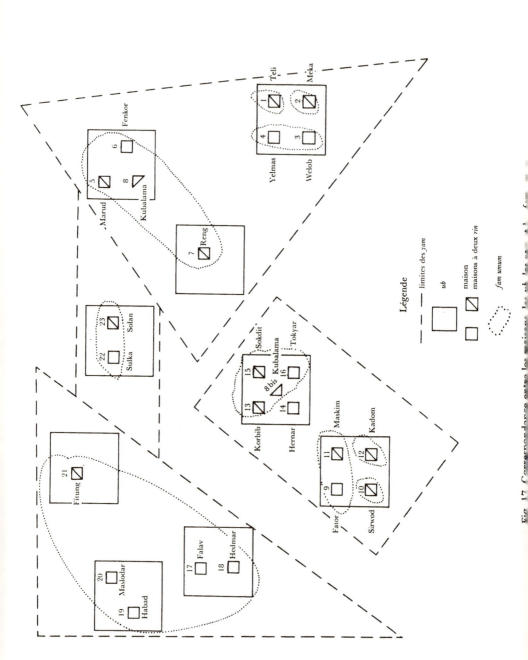

Fig. 17 Correspondance entre les maisons, les *ub* les *rin* et les *jam umum*

fam umum; il peut partager un *ub*, mais non dépasser les limites d'un *yam*: tous les membres d'un *fam umum* sont d'un même *yam*.

Le *fam umum* s'organise d'abord autour d'un fondateur ou d'un lignage fondateur; il fait avant tout référence à l'origine, à une histoire commune.

Pour quatre maisons du village, le nom de *fam umum* est donné à l'unité sociale formée par la maison et ses deux côtés; il évoque le nom du fondateur de la maison, sous la forme de «descendant d'un tel»; dans trois cas il recouvre des liens généalogiques non traçables; dans le quatrième cas on n'a pas de certitude quant à la descendance commune; c'est un peu comme si la maison était formée d'un lignage nommé le *fam umum* et de deux segments, les *rin*. Dans les autres exemples, des maisons se sont agrégées autour d'un fondateur. On peut détailler chaque cas pour illustrer l'effroyable complexité de cet agrégat de maisons qui concourt à former la société du village, et peut-être parvenir finalement à en apercevoir le principe.

Le moment est venu de raconter ici, dans la mesure où elle nous est connue, l'histoire de chaque maison du village et de montrer la place que ces histoires tiennent dans l'organisation générale de la société (fig. 17).

La maison Teli (n° 1) forme, avec ses deux *rin*, un seul *fam umum*; elle a été fondée par Vuha'a, d'origine inconnue, qui a donné son nom au groupe. Le lignage de droite, Singer'ubun, descend de Vuha'a; ce côté détient une des plus hautes fonctions, celle de «capitaine sur mer»; le côté gauche, Tabal'ubun, pourrait être un descendant du même ancêtre, mais ce n'est pas certain; il détient la charge de Tuan Tan. La maison Teli est l'aînée du *ub* Rahakratat, elle est surtout le centre du rituel du millet et contient dans son grenier les réserves de millet déposées chaque année dans les grandes jarres par toute la société dite *haratut*. C'est l'une des maisons les plus importantes du village.

La maison Meka (n° 2) est habitée par un lignage venu du sud-ouest des Moluques, qui a donné son nom au *fam umum* formé par les deux *rin*; les deux côtés sont issus du même ancêtre, le côté aîné a conservé le nom, Sarmav, et détient la fonction de Tuan Tan; le côté cadet a le nom d'un cadet du lignage originaire et n'exerce pas de fonction particulière. Le lignage gauche était éteint depuis une génération, mais le côté droit vient de donner un frère cadet qui changera de nom et perpétuera le côté gauche.

Les maisons n°s 3 et 4, Welob et Yelmas, portent le même nom de *fam umum*, Yahawadan, qui est aussi le nom de chacun de leurs lignages; elles sont apparemment composées chacune d'un seul *rin*, quoique l'on dise que Yelmas en contient deux (mais il n'a pas été possible de reconstituer la généalogie du second côté). Les Yahawadan sont originaires d'un village de la côte ouest de Kei Kecil et les deux maisons se considèrent comme aîné–cadet; elles ont sans doute un tronc commun, mais ce n'est pas vérifiable. La maison Welob est la demeure de l'esprit Hukum, tandis que la maison Yelmas abrite l'esprit Wilin, le compagnon de Hukum lorsque celui-ci arriva au village; les deux chefs de lignage sont initiés, et, de plus, le chef de Yelmas est l'officiant (*leb*) des rituels pour le dieu. Cet office lui a été confié par la maison Marud (n° 5). Ces quatre maisons constituent ensemble un *ub* dont Teli est l'aîné et elles se font face deux à deux autour de la place Tamo.

Les maisons n°s 5, 6, et 7, Marud, Fenkor et Reng forment ensemble le *fam umum* Levmanut. Ce nom évoque l'un des deux mythes d'origine du village, celui qui se rapporte au «nombril de l'île» où apparut un homme ou un esprit, Lev, au point du jour après le chant du coq (*manut*); la suite du mythe dit qu'apparurent alors trois hommes (qui sont à l'origine des trois *yam*). La maison Marud a deux *rin*, l'aîné est celui de Fakil, l'un des trois hommes, qui a donné son nom au lignage de droite; un cadet a formé le côté gauche, Kat'ubun. L'unique *rin* de la maison Fenkor vient d'un autre frère qui a fait scission et, parce qu'il avait toujours mal aux «dents» (*nifan*), a donné ce nom à son lignage, Tanifan'ubun; ce lignage n'exerce aucune charge. La maison Marud, comme fondatrice du village, détenait de nombreuses fonctions, dont la conduite de la guerre à l'extérieur. Mais elle a confié la garde du culte de l'esprit Lev à un lignage de la maison Reng. Celle-ci est composée de deux lignages venus tous deux du nord de Kei Kecil, et apparemment sans aucun lien entre eux; accueillis par la maison Marud, ils font partie du même *fam umum* et du même *yam* que Marud, mais forment à eux seuls un *ub* qui porte le nom des deux lignages, Yamko-Rumwadan; Marud et Fenkor forment un autre *ub*. Les deux chefs de lignage de Marud et les deux de Reng sont initiés; l'aîné de Marud sacrifie à l'esprit Labul de la place Tamo, le cadet sacrifie à l'esprit Adat à l'arrière du village; l'aîné de Reng sacrifie à Larmedan de la place Vurfen (partie centrale du village), le cadet sacrifie à Lev, l'esprit du nombril de l'île. Ainsi, au niveau des cultes, ces deux maisons participent des deux places les plus importantes du village, mais sont aussi liées à l'esprit Adat qui occupe une position médiane entre les *yam*. La maison Marud est en outre la seule du village à avoir des esclaves (voir ci-dessous, section 5); ceux-ci ne résident pas dans le village de Tanebar-Evav, mais dans une île située plus au nord, Ur; son unique village de deux cents habitants est entièrement composé d'esclaves de la maison Marud; toutes les terres de cette île appartenaient autrefois à la maison Marud, qui en a donné certaines à d'autres lignages de Tanebar-Evav.

Ces sept maisons font trois *ub* et composent ainsi le *yam* de l'un des côtés en bordure, Rahakratat-Levmanut. A cet ensemble, il faut maintenant ajouter la maison Kubalama (qui apparaît en n°s 8 et 8bis sur notre tableau).

Cette maison offre un cas historique de fission. Le lignage originaire appartenait à la maison Kadom (n° 12) où se trouvaient trois frères, Taver, Tayor et Tavat. Après une violente dispute, Tavat brisa le plateau de bois où sont déposées les offrandes aux esprits de la maison; par ce geste symbolique, il montrait son refus d'appartenir désormais à cette maison. La suite de l'histoire montre bien que, dans cette société, un lignage tout seul ne peut exister en dehors d'une attache «institutionnelle», et que sortir d'une maison équivaut à disparaître, à commettre un suicide social; un lignage ne peut exister qu'en tant qu'il fait partie d'un ensemble qui lui permet d'avoir sa place dans la structure du village, et de même pour une maison; en dehors du cadre, il n'y a pas d'existence reconnue. Tavat fonda alors sa propre maison, Kubalama, avec deux côtés, aîné et cadet, et s'agrégea à l'autre *ub* du même *yam*, c'est-à-dire à Rahanmitu. Comment les deux côtés en arrivèrent-ils à s'opposer à nouveau? Ou bien le *ub* Rahanmitu refusa-t-il d'incorporer entièrement une maison si belliqueuse? Nous l'ignorons. Toujours est-il que le côté cadet alla chercher refuge auprès de la maison Marud, fut inclus dans le *ub* Fakil'ubun, et fait partie maintenant du *yam* Rahakratat-Levmanut. Kubalama est bien une seule maison, mais chaque côté fait partie d'un *ub* et d'un *yam* différents. Kubalama n'exerce pas de fonction, certaines terres lui viennent de Kadom, d'autres de Marud.

Les maisons 9 à 12 forment un *ub* du *yam* du milieu, Rahanmitu. La maison Fator (n° 9) est l'aînée du *ub*; elle ne contient qu'un seul *rin*, dont le nom, Soar'ubun, est aussi le nom du *fam umum* qu'elle forme avec la maison Maskim (n° 11); son chef de lignage est initié et sacrifie à l'esprit Larmedan de la place centrale Vurfen. Cette maison est très liée à la maison Sirwod (n° 10) qui contient deux lignages de même origine venus de Kei Besar, les Rahaya'an (les deux *rin* ont le même nom); le lien étroit avec la maison précédente, Fator, est marqué par le nom de *fam umum* porté par les deux côtés de Sirwod, qui est Rahaya'an-Soar'ubun. Ces deux maisons font une paire oncle-neveu dans le *ub* et, depuis deux générations, Fator a donné un de ses enfants à Sirwod pour continuer le lignage qui allait s'éteindre; c'est peut-être pour cette raison que les Rahaya'an actuels tiennent à joindre Soar'ubun à leur nom, pour bien marquer leur origine réelle et leur transfert récent. Les deux chefs de lignage de Sirwod sont initiés, l'aîné sacrifie à Larmedan, le cadet à l'esprit Adat; de plus ils ont la charge rituelle de la porte et de l'échelle du village que leurs ancêtres auraient, paraît-il, amenées de Kei Besar.

Il y a peu à dire de la maison Maskim (n° 11), qui est très discrète et n'exerce pas de fonction. Composée de deux *rin* de même origine, ses deux lignages portent le même nom; elle est le «neveu» de la paire Maskim-Kadom, mais porte comme nom de *fam umum* Soar'ubun, ce qui la rattache à la maison Fator (n° 9).

La maison Kadom (n° 12) est très importante. C'est la maison de l'Orang Kaya, le chef représentant le village à l'extérieur. Le lignage fondateur de la maison est originaire des Moluques du Sud-Ouest, comme celui de la maison Meka (n° 2), et son côté aîné porte d'ailleurs le même nom que le *fam umum* de la maison Meka, Sarmav. On a déjà évoqué cette maison à propos de la maison Kubalama; après la dispute, deux lignages occupèrent donc les deux *rin*: le côté droit, Sarmav, est celui de l'Orang Kaya, le côté gauche s'appelle Tayor'ubun et n'exerce pas de fonction; le nom de *fam umum* de cette maison lui vient du frère aîné du temps'de la dispute, Taver'ubun. Le côté droit sacrifie à l'esprit Larmedan et, de plus, remplit le rôle particulier de représentant de *haratut* lors de certains rituels concernant le culture du millet. Actuellement, le dernier descendant du côté gauche vit dans l'archipel d'Aru situé à l'est de Kei. Le *ub* formé par ces quatre maisons porte le nom des deux fondateurs des maisons principales, et s'appelle Soar-Taver.

Les maisons 13 à 16 et 8bis composent l'autre *ub* de ce *yam*. Il s'articule autour de la maison Korbib (n° 13) qui abrite le second lignage descendant de l'un des trois premiers hommes du mythe de création du village. La maison possède deux *rin* de même origine, et elle est l'aînée du *ub*. Le chef du lignage du côté droit est initié et sacrifie à l'esprit Larmedan; il remplit aussi, comme la maison Kadom, un rôle important, hélas encore mal défini, comme représentant de la société *haratut* et concernant les rituels de renaissance du village; la maison Korbib représenterait en quelque sorte la maison de la coutume. Le lignage gauche n'exerce pas de fonction. Le lignage fondateur du mythe, Rahanmitu («la maison du *mitu*») a donné son nom au *ub* et au *fam umum* qui comprend trois maisons du *ub* sur quatre.

La maison Hernar (n° 14) du même *ub* ne porte pas de nom de *fam umum*. Elle est composée d'un seul *rin*, et le nom du lignage est Mantean'ubun. Ce lignage est présent dans les deux mythes d'origine du village et fait donc partie des fondateurs, mais sa place est singulière: lorsque les trois hommes apparurent dans l'île, il faisait encore nuit, ils ne voyaient rien; cependant ils entendaient des voix dans le noir; lorsqu'après le chant du coq le monde s'éclaira, ils s'aperçurent qu'il y avait des gens au-dessous de l'endroit où ils se trouvaient: c'étaient les ancêtres de l'actuel lignage Mantean'ubun. L'autre mythe d'origine, raconté surtout dans ce lignage, fait descendre du ciel sept frères et leur soeur au milieu du village sur la montagne sacrée; ces frères étaient des sultans qui s'en allèrent régner dans plusieurs régions des Moluques (notamment à Ternate et Tidore au nord) et même ailleurs, peut-être jusqu'à Célèbes; l'un d'entre eux resta à Tanebar-Evav et il aurait, dit-on, un lien avec le lignage Mantean'ubun. Le chef de ce lignage est initié; il sacrifie à l'esprit Larmedan; il est aussi officiant du dieu, charge qu'il tient de la maison Marud (n° 5).

On connaît peu l'histoire de l'autre paire du *ub*, les maisons

Sokdit et Tokyar (nᵒˢ 15 et 16), cette dernière étant «oncle». Ni l'une ni l'autre n'ont de fonction; elles sont toutes deux composées de deux *rin*, qui, à Tokyar, portent le même nom; presqu'aucun des descendants du *rin* gauche de Sokdit ne vit dans le village. Les lignages des deux maisons sont d'origine extérieure à l'île sans qu'on puisse la localiser. Ces maisons ont pour nom de *fam umum* Rahanmitu, ce qui les rattache à la maison fondatrice Korbib. Rappelons enfin que le côté droit de la maison Kubalama (nᵒ 8ᵇⁱˢ), dont on a rapporté l'histoire plus haut, fait partie du même *ub*.

Les maisons 17 à 21 font partie de l'autre *yam* de bordure, E Wahan, et forment trois *ub*; quatre sur les cinq n'ont qu'un seul *rin*. La maison Fitung (nᵒ 21) est la maison fondatrice du *yam*; le lignage du côté droit est le descendant du troisième homme du mythe d'origine du nombril de l'île et porte le nom de Fa'an, qu'il a donné au *yam*; c'est la seule maison composée de deux *rin*; le côté droit abrite le lignage fondateur, et le côté gauche un lignage étranger agrégé à cette maison; comme la maison Reng (nᵒ 7), elle constitue un *ub* à elle seule; autour d'elle se sont installées les autres maisons du *yam* à qui elle a donné une partie des terres qui lui appartenaient sur toute la côte ouest; le chef du lignage du côté droit est initié et sacrifie à l'esprit Limwad de la place Kartut, dans la troisième partie du village.

Les maisons 17 et 18, Falav et Hedmar forment un *ub*; Falav est en position «d'oncle». L'unique lignage qu'elle contient est étroitement lié au côté gauche de la maison Teli (nᵒ 1); nous ignorons s'il s'agit d'une descendance commune, mais on dit qu'il faisait autrefois partie de la maison Teli et qu'on lui aurait demandé de s'installer dans cette autre partie du village pour s'occuper des nouveaux arrivants; ce lignage s'appelle Sat'ubun mais, en vertu dit-on de son origine, porte comme nom de *fam umum* celui de Tabal'ubun, c'est-à-dire celui du lignage du côté gauche de la maison Teli; et c'est le nom de *fam umum* porté par toutes les maisons de ce *yam* (même Fitung) comme pour rappeler ce lien avec la maison originelle; celui-ci est d'ailleurs renforcé par de nombreuses relations d'échange entre elles. Le chef du lignage Sat'ubun est initié, il sacrifie à l'esprit Limwad; de plus, il est le gardien rituel de l'île de Nuhuta, au nord de Tanebar-Evav, qui appartient au village tout entier. Le lignage de la maison Hedmar (n° 18), le «neveu» de la paire, est d'origine étrangère; son chef est initié, et il sacrifie à l'esprit Adat.

Les maisons Habad et Maslodar (n°s 19 et 20) ont toutes deux des lignages d'origine étrangère; elles forment un *ub* dont Habad est l'«oncle» et l'aîné; les chefs de lignage sont tous deux des initiés, et celui de Habad est l'officiant principal de l'esprit Limwad. De plus, sa maison abrite l'esprit Wilin (évoqué à propos de la maison Yelmas n° 4), l'un des esprits représentant la loi extérieure au village, arrivé en compagnie de Hukum. Ces cinq maisons portent donc le même nom de *fam umum*, Tabal'ubun, et forment ensemble un seul *yam* appelé E Wahan.

Enfin, les deux dernières maisons Sulka et Solan (n°s 22 et 23) posent un problème: elles forment un *ub* composé de trois *rin*, un à Sulka et deux à Solan, se considèrent comme «trois *rin* mais une seule maison» et participent des deux *yam* «en bordure», c'est-à-dire Rahakratat-Levmanut et E Wahan; dans l'espace du village, elles se situent exactement au centre en haut (dans la partie du milieu du village appelée *faruan* où se trouvent normalement situées toutes les maisons du *yam* du centre Rahanmitu), faisant en quelque sorte un pont entre les deux *yam* «en bordure» auxquels elles appartiennent simultanément. On ignore tout de l'origine du lignage Eler de la maison Sulka; la maison Solan semble avoir contenu à l'origine trois ou quatre lignages, mais on n'en mentionne plus que deux, correspondant aux deux *rin*, Rahakbav et Sok'ubun; les trois lignages de ces deux maisons disent faire partie d'une même descendance, celle de Eler; ils n'étaient pas encore là au temps de la fondation du village, et l'on ne sait d'où ils sont venus. Le chef de la maison Sulka est un initié, celui qui supporte le plus d'interdits, car il est le Turan Mitu Duan, gardien de l'esprit-ancêtre Adat (cf. chap. 2), qui est à la tête des esprits; c'est l'initié qui a la charge la plus lourde. Le chef du lignage du côté droit de la maison Solan est le second officiant de l'esprit Larmedan de la place centrale du village; mais il a en outre des fonctions rituelles concernant d'autres esprits, en rapport avec la montagne sacrée, sur lesquels il a été difficile de faire la lumière. Le côté gauche n'a pas de fonction. Pendant quatre générations, la maison Sulka a été obligée de procéder à quatre adoptions successives pour que la charge continue d'être exercée, faute chaque fois de descendants; le dernier adopté vient de la maison Kadom du *yam* Rahanmitu. Les deux maisons Sulka et Solan portent le même nom de *fam umum*, Eler. La position particulière de ces deux maisons vient d'abord de leur appartenance simultanée à deux *yam* qu'elles unissent, de leur position centrale dans l'espace du village qui reproduit la position du *yam* central, et de leur activité rituelle; l'esprit Adat a en effet une place spéciale, à la fois comme esprit et ancêtre, comme garant de la loi, supérieur à Hukum (les fautes contre Adat sont payées, non avec de la monnaie, mais avec des hommes qui sont donnés à la maison Sulka et appartiennent alors à sa descendance); il y a quatre officiants pour son culte, dont trois viennent de chacun des trois *yam* et le quatrième de la maison Sulka, comme si chaque *yam* devait être représenté. Ces maisons font figure de centre, à la fois pour les *yam* et pour toute la société.

Pour en revenir au *fam umum*, on a pu constater au cours de cette rapide histoire l'irrégularité de sa composition. Si, dans de rares cas, comme ci-dessus, il regroupe des lignages qui sont ou qui se disent liés par des liens généalogiques, dans l'ensemble le regroupement des lignages tel qu'il est décrit ne livre pas une règle générale.

On peut cependant définir le *fam umum* d'abord de manière négative, par ce qu'il n'est pas. Il n'agit jamais comme groupe social en tant que tel, avec une fonction particulière à remplir ou un rôle à jouer; il ne pratique pas de culte en commun, il n'a ni fonction ni terre, il n'est pas exogame (sauf lorsqu'il ne recouvre qu'une seule maison), il ne fait pas référence à une structure englobant tout le village. Faute de connaître l'origine de cette expression, il est difficile de la traduire dans la pensée locale.

L'existence du *fam umum* (et ceci concerne essentiellement ceux qui comprennent plus d'une maison) se manifeste d'abord par l'usage commun du nom. Mais on ne peut la justifier par sa manifestation concrète dans les échanges, car on ne dit jamais que telle prestation a été faite au nom du *fam umum*. Ensuite cette solidarité éventuelle double en fait la solidarité du *yam*, puisque le *fam umum* ne dépasse jamais le *yam*. Le *fam umum* semble ne pas se manifester en tant que groupe, mais plutôt témoigner d'une séquence historique.

Parmi les dix noms de *fam umum*, seuls sont couramment employés les cinq qui concernent plusieurs maisons, et non ceux qui correspondent à une seule; pour les immigrants ou les lignages cadets qui montrent ainsi leur attachement au lignage d'origine, ce groupement en *fam umum* semble signifier davantage que leur appartenance à une maison dans la structure globale; leur intégration au village est sentie comme plus forte grâce à ce lien nominal et par-delà les institutions; cette solidarité qui dépasse les maisons et les *ub* fait référence à une longue série d'événements passés. Il n'y a pas de doute que, pour au moins deux *fam umum*, leur histoire a créé des liens très étroits de solidarité entre leurs membres, qui se considèrent comme une «famille étendue» agissant ensemble le plus souvent possible et formant, à la limite, un groupe de pression dans le village. Le fait que les gens portent parfois ce nom à la place de celui de leur lignage est un signe de leur volonté de s'affirmer membre de ce groupe et de pouvoir dire: «Nous sommes tous des X», quand X est un nom prestigieux. Ailleurs, le *fam umum* fait référence à l'histoire de l'unité formée par les deux *rin* d'une seule maison.

Il faut bien sentir ici qu'on est passé à un niveau différent de celui des *ub* et des *yam*. Alors qu'un lignage n'est jamais qu'un côté droit ou gauche d'une maison, alors qu'une maison en tant que telle (avec ses fonctions, ses terres, sa place dans le village, ses relations d'échange) n'existe qu'en fonction de sa place dans un *ub*, puis dans un *yam*, de ses rapports d'échange avec les autres maisons, et de sa fonction dans l'ensemble de l'activité rituelle du village; alors que le *ub* n'est qu'une partie d'un ensemble de neuf, et le *yam* une partie d'un ensemble de trois, le *fam umum* unit des lignages (et non des maisons), il existe en soi sans rapports avec les autres *fam umum* et sans référence à l'organisation générale de la société du village. Chacune des unités précédentes est une partie d'un tout (un lignage, côté de maison, une maison aînée ou cadette d'un *ub*, etc.), tandis que le *fam umum* forme à lui tout seul un tout, il ne se réfère qu'à son propre développement, qu'à sa propre histoire. Les autres unités sont hiérarchisées à l'intérieur, mais vues de l'extérieur elles sont équivalentes; la *fam umum* n'est pas hiérarchisé à l'intérieur (la maison fondatrice de référence n'est pas qualifiée d'aînée bien qu'elle le soit), mais, vus de l'extérieur, certains *fam umum* apparaissent plus puissants que d'autres.

Contrairement à ce qu'indique son nom – «*fam* général» – le *fam umum* souligne la particularité de certains groupes par opposition à d'autres du même type, marque la «différence» entre eux et non plus la référence à la totalité du village. Alors que les *ub* et les *yam* ne peuvent être compris que par rapport à cette totalité dite *haratut* et qu'à ce niveau ils sont tous *équivalents* – il n'y a pas de hiérarchie entre les *ub* ou entre les *yam* –, le *fam umum* est marqué négativement par cette absence de référence à la totalité; ce regroupement d'un certain nombre de lignages en fonction d'une histoire particulière n'évoque pas la structure globale du village. De plus, le fait qu'il puisse être appelé *fam lór* indique qu'il n'est pas question du rapport à la société *haratut* particulière au village, mais du rapport à la société *lór* extérieure au village, et se réclamant de principes «universels». L'histoire anecdotique de chaque lignage, son nom, son identité se réfèrent plus aisément à une société très générale qu'à la division nécessaire de *haratut* qui brise les lignages globaux en neuf *ub* pour maintenir en place cette architecture immuable. On a d'un côté l'anecdotique individuel qui convient à l'universel, tandis que la référence locale modèle l'histoire pour la conformer à la structure.

Ainsi, au-delà de la structure totalisante en maisons, *ub*, *yam*, et comme pour se défendre du poids de cet englobement contraignant, la société a conçu une organisation plus souple qui le contredit, où le particularisme des fondateurs peut s'affirmer par delà l'intégration des étrangers et se maintenir contre la société globale du village, par référence à la société *lór*, plus universelle.

5. Les ordres

A côté de cette division horizontale de la société du village, il existe une division verticale qui recoupe toute la société de l'archipel de Kei et qui, pour certains Keyois, apparaît comme la caractéristique fondamentale de leur société. En raison de cette référence à une totalité plus vaste que celle du village, il est difficile d'en parler sans avoir effectué une enquête extensive du nord au sud de l'archipel, c'est-à-dire sans avoir une vue générale fondée sur la comparaison entre différents villages. Notre enquête s'est limitée essentiellement à un village qui, de plus, présente quelque particularité par rapport à cette division, et nous n'avons pu obtenir ailleurs que des informations très partielles. Sans vouloir expliquer tout le système, nous nous bornerons, à partir des données acquises, à formuler des propositions qui puissent servir à une analyse extensive.

A Kei même, chez les gens instruits, cette division est parfois traitée de «caste» (le mot existe dans le dialecte des Moluques et vient du portugais), de *bangsa* (mot indonésien qui signifie à la fois peuple, race et groupe social), parfois même de «système féodal»; disons tout de suite qu'aucun de ces termes ne permet de décrire la réalité, et surtout qu'il n'existe pas de mot dans la langue locale de Kei pour qualifier globalement cette division; nous avons choisi le terme «ordre» comme préjugeant le moins d'une interprétation particulière et suivant la définition donnée dans le dictionnaire Robert: «catégorie, classe d'êtres ou de choses, considérée d'après sa structure, son organisation ou d'après sa place dans une série, une classification».

Dans l'ordre de supériorité décroissante, nous trouvons trois ordres: *mel-mel*, *ren-ren* et *iri-ri* (le redoublement indique le sens générique), que l'on peut interpréter en première approximation comme les nobles, les gens du commun ou hommes libres et les esclaves. Mais cette disposition en trois ordres ne doit pas nous faire croire qu'il existe entre eux trois un rapport de subordination car ce n'est pas tout à fait le cas.

Le mot *mel* signifie «grandeur», au sens de «caractère noble», «dignité», mais aussi la «droite» (par opposition à la «gauche») et, comme verbe, «croître» (pour des hommes, des animaux ou des végétaux). Les *mel* sont à la tête de la société, commandent, rendent la justice. L'ordre *mel* est lui-même divisé en sept niveaux ordonnés qui correspondent pour certains à une répartition des rôles dans l'exercice du pouvoir, pour d'autres à des comportements. Nous n'avons là-dessus suffisamment de détails pour en parler plus longuement. Les *mel* possèdent des esclaves *iri-ri* qui font partie de leur maison, portent souvent le même nom, sont considérés comme des «neveux» et qualifient leurs maîtres de «pères et oncles», c'est-à-dire que leurs relations sont conçues comme à l'intérieur d'un patrilignage. Le rôle des esclaves est essentiellement celui de serviteurs dans la maison, les jardins, les plantations, les fêtes, etc. Le mot *iri-ri* n'a pas d'autre sens et le terme d'«esclave» n'est qu'approximatif pour exprimer cette situation de dépendance complète.

Le mot *ren* semble venir de *renan*, la «mère». Les *ren* sont des gens libres, qui ont leurs maisons et leurs terres et ne sont pas réellement subordonnés aux *mel*; on dit cependant que ce sont des exécutants. Les *mel* sont considérés comme des aînés, tandis que les *ren* sont des cadets, et comme tous les cadets, leur rôle est essentiellement d'assister leurs aînés. Les *ren* n'ont pas d'esclaves et n'ont aucune relation avec ceux des *mel*.

Il ne s'agit pas d'un système de trois ordres hiérarchisés, mais plutôt de deux relations qui organisent les rapports entre hommes: une paire oncle–neveu, *mel–iri-ri*, nobles–esclaves, et une paire aîné–cadet, *mel–ren*, nobles–gens du commun. La division en trois n'a de sens que dans cette dualité de rapports. Sans doute un *ren* est «supérieur» à un *iri-ri*, mais cette constatation n'a qu'un sens limité puisque les deux termes ne sont pas en rapport l'un avec l'autre. C'est pourquoi la gradation en trois, telle qu'on la donne toujours d'abord, présente une fausse image de la réalité: elle suppose un ordre logique transitif qui en fait n'existe pas.

Qu'en est-il de l'origine de ces ordres? On dit à peu près unanimement que les *ren* sont les autochtones, les vrais habitants de l'archipel et les possesseurs de la terre; ceci est confirmé par le caractère féminin de leur appellation (de *renan*, «mère»), de leur association avec la terre-mère, et par leur position de cadet (comme on le verra, le cadet peut être classé du côté féminin).

On donne deux origines aux *mel*. Certains seraient venus de l'extérieur de l'île, parfois de Bali, ou de Luang et de Leti, au sud-ouest des Moluques, parfois de Ternate et de Tidore (au nord des Moluques), et leur histoire serait liée à cette loi venue de l'extérieur qui caractérise la société *lór*; cette loi s'appelle *Hukum larvul ngabal*, «la loi du sang (*lar*) rouge (*vul*) et de la lance (*nga*) de Bali (*bal*)», titre qui évoque les péripéties du mythe racontant l'arrivée de ces personnages. A ces princes, les autochtones auraient remis «les clés du royaume»; ils leur auraient donné des femmes en mariage, des terres et des fonctions et auraient en même temps introduit la nouvelle loi dans leur système; jamais l'on ne parle «d'envahisseurs» pour qualifier ces nouveaux arrivants. Un mythe raconte par exemple le mariage d'un noble immigrant avec la fille du *raja* d'un village du sud de Kei Kecil. Cet épisode parmi d'autres indique que des *raja*, c'est-à-dire des nobles, peuplaient déjà l'archipel et le gouvernaient. Il y aurait une seconde origine possible des *mel*: certains seraient originaires soit du ciel soit de la terre et seraient apparus au moment où «le monde s'ouvrait»; ils devraient être alors plus autochtones que les autochtones, mais nul ne le dit. Le mythe d'origine en usage à Tanebar-Evav pourrait permettre de lever cette contradiction apparente: les trois premiers hommes apparus en même temps que l'éclatement de la lumière entendirent d'abord des voix au-dessous d'eux, ce qui laisse supposer une présence humaine antérieure (notons cependant que la rationalisation n'est pas applicable à Tanebar-Evav car là tous sont nobles, les voix dans la nuit comme les trois premiers hommes). On peut dire aussi qu'une origine située soit au ciel soit dans les profondeurs de la terre est plus prestigieuse qu'une première occupation des lieux donnée sans plus d'explication. Mais les *ren* seraient plutôt les autochtones, les premiers occupants du sol, et aussi les cadets féminins sans pouvoirs, tandis que les *mel* seraient les seconds occupants, les aînés et les dirigeants. Cela nous fournit une indication importante quant au concept d'aînesse, compris essentiellement non pas comme primogéniture dans une série de naissances, mais comme une position relative concernant statut et rôle.

Quant aux *iri-ri*, ce sont, dit-on, des prisonniers de guerre capturés surtout dans les archipels voisins, mais aussi dans les villages de Kei; on dit parfois aussi qu'ils ont été achetés. Ils sont la propriété des *mel*, qui peuvent les revendre; mais les fautes commises par les esclaves sont payées par le maître, qui offre aussi pour eux les prestations de mariage si c'est nécessaire; le maître a le devoir de veiller sur eux comme sur ses propres enfants et de subvenir à leurs besoins. Ils font partie de la maison du maître et travaillent pour lui. Celui-ci est entièrement responsable d'eux.

Comment se répartissent ces ordres dans les villages? Il semblerait (mais là encore nos informations demandent à être minutieusement complétées) qu'il n'y a pas de mélange dans les villages; il y aurait des villages *mel*, c'est-à-dire composés de maisons *mel* avec leurs esclaves, et des villages *ren*, composés uniquement de gens du commun; il y aurait très peu de villages où *mel* et *ren* se côtoient, et ceux qui existent seraient de formation récente; parfois encore, un ensemble (appelé village parce qu'il a un *raja* ou un *orang kaya* à sa tête) est composé de hameaux situés à quelque distance les uns des autres comprenant les uns des *mel* et leurs esclaves, les autres des *ren*.

Ces ordres se caractérisent essentiellement par leur endogamie, leur comportement et, dans une moindre mesure, par leurs règles de mariage propres; il ne semble pas possible actuellement de différencier les *mel* des *ren* par une répartition des fonctions (les *ren* ayant les charges en rapport avec le sol et la culture, les *mel* ayant le «gouvernement», voir Van Wouden 1968: 141); les *iri-ri* sont davantage marqués car on les appelle aussi les «*iri* foyer-marmites» désignant ainsi leur place à la cuisine.

L'appartenance à un ordre est donnée par la naissance. Les intermariages sont interdits et, quoique de plus en plus fréquents, restent encore fortement désapprouvés ou même réprimés. Une femme *mel* épousant un homme *ren* perd son statut et l'époux doit payer une compensation particulière aux parents pour remplacer ce que l'on appelle «la perte de son *mel*»; un homme *mel* épousant une femme *ren* ne perd que la moitié de son statut – la moitié supérieure du corps reste *mel*, la moitié inférieure devient *ren*; un homme peut ainsi avoir des enfants *ren* d'une première épouse, des enfants *mel* d'une seconde. Dans le cas d'unions de *mel* avec des esclaves, l'homme ou la femme deviennent esclaves et les enfants aussi. Seule est concevable une perte de statut, jamais un gain.

Les comportements eux-mêmes sont différenciés: d'abord la façon de s'habiller, puis celle de se comporter les uns avec les autres. Les gens du commun ne devaient pas se tenir au même niveau ou dans la même pièce que les nobles, les esclaves n'étaient pas admis dans la maison, mais seulement sur la galerie; ils devaient emprunter des chemins différents, afin de ne pas rencontrer les nobles; ils ne mangeaient bien sûr jamais à la même table qu'eux et on les nourrissait, dit-on, «des miettes tombées de la table» des nobles. Ceux-ci portaient des vêtements qui leur couvraient bras et jambes, les gens du commun avaient les bras et les jambes découverts, tandis que les esclaves portaient seulement un pagne. De nos jours, ces différences ne sont pas si marquées, mais on voit toujours les *iri-ri* assis par terre, tandis qu'un *mel* se tient à table pour partager un même repas. La christianisation a joué un grand rôle pour tenter d'abolir ces différences, mais elles se rencontrent encore, souvent très prononcées, spécialement dans les villages reculés.

Il serait tentant de pouvoir classer les règles de mariage par rapport au système des trois ordres, c'est-à-dire comprendre le système des ordres grâce à leurs différentes règles de mariage (Van Wouden 1968: 15). Il en existe en effet plusieurs, mais elles sont trop répandues pour permettre une telle interprétation. Les nobles doivent se marier en principe selon les règles de l'échange généralisé, c'est-à-dire qu'ils doivent choisir leurs épouses toujours dans certains lignages, qualifiés de donneurs de femmes, et ne donner leurs soeurs en mariage qu'à d'autres lignages, appelés preneurs de femmes. Les gens du commun pratiqueraient plutôt une sorte d'échange immédiat (c'est-à-dire un échange de femmes entre deux groupes seulement), mais en fait cette pratique est aussi en usage chez les nobles. On dit que les esclaves se marient «n'importe comment», «entre eux», brisant l'interdit de l'inceste; nous n'avons pas d'exemples pour vérifier ces informations. On traite certainement d'inceste l'union avec quelqu'un de sa propre maison: or, plusieurs lignages d'esclaves appartenant au même maître et à la même maison pouvaient se marier entre eux sans pour cela commettre un véritable inceste; il faut donc prendre garde aux commentaires hâtifs de certains informateurs.

Cependant, à la lecture des mythes que nous possédons et à la lumière de nos analyses précédentes, on peut sans forcer l'interprétation supposer que, les maisons étant essentielles à la structure de la société et ne prenant de réalité qu'à travers les échanges, il doit y avoir des règles de mariage spécifiques permettant de maintenir leur existence, et ne concernant que ceux qui s'identifient à des maisons, c'est-à-dire les *mel* et les *ren*. Certaines règles de mariage favorisent la création d'alliances politiques; par exemple les princesses de Bali commencent par épouser des *raja*.

La particularité de Tanebar-Evav vient de ce que ses habitants sont en principe tous des nobles; les esclaves appartenaient à la maison Marud, mais résidaient dans l'île voisine de Ur. Nobles étaient les fondateurs du village, mais aussi tous les immigrants venant de Luang et de Leti comme de Kei Besar et de Kei Kecil; il y avait même un lignage descendant en ligne féminine d'un *raja*. Les gens de Ur sont devenus esclaves à la suite d'une guerre ou parce qu'ils avaient enfreint un interdit sur des territoires de Tanebar-Evav; les versions varient. Autrefois, ils venaient travailler pour leurs maîtres et faire les gros travaux d'abattage des arbres, nécessaires à la construction des voiliers et des maisons; ils participaient aux événements de la vie familiale, mariages, funérailles, en ce sens qu'ils étaient chargés de toutes les corvées préparatoires aux fêtes; quand ils venaient dans le village, ils ne passaient pas par l'échelle centrale, mais par une entrée qui leur était réservée sur le côté du village; ils ne pénétraient pas dans la maison, mais restaient dehors sur la galerie. Ils devaient un certain nombre de prestations à leurs maîtres qui, en retour, leur accordaient aide et protection et se sentaient en quelque sorte responsables d'eux; le maître payait pour réparer les fautes des esclaves; récemment encore, la maison Marud a payé une compensation pour l'enlèvement d'une femme de Tanebar-Evav par un homme de Ur. Les unions entre nobles et esclaves étaient interdites et autrefois sévèrement punies; les coupables étaient jetés à la mer, une pierre au cou; ce châtiment punissait aussi l'inceste. La sentence est moins sévère aujourd'hui, mais le maître doit toujours certaines réparations aux offensés.

En dehors des esclaves, et faisant partie de la société de Tanebar-Evav, il existe des lignages et segments de lignage *ren* qui sont issus de nobles ayant perdu leur statut à la suite de la transgression d'un interdit de mariage; dans le premier cas connu, un noble s'est uni avec une esclave, et le village entier voulait chasser de l'île le coupable. Une maison s'opposa à cette expulsion, le prit sous sa protection et avec lui sa descendance; celle-ci est en position débitrice et doit des prestations à la maison créancière: offrir une partie de sa chasse ou de sa pêche, et parfois remplir un rôle de serviteur en certaines occasions cérémonielles. Le lignage déchu devrait avoir le statut d'esclave, mais pour des raisons mystérieuses il est considéré comme *ren*; il a seulement perdu du statut mais il a gardé ses terres, sa maison et ses fonctions, ses membres vivent comme des hommes libres et ne sont pas considérés comme esclaves. Pourtant, la règle d'endogamie est maintenue et les *mel* ne peuvent se marier avec les membres des lignages dégradés. Mais depuis qu'il y a des *ren* au village, des mariages ont toutefois eu lieu, ce qui a augmenté le nombre de segments dégradés; étant donné la taille démographique relativement faible du village, il est parfois difficile de trouver des épouses conformément aux règles du mariage; et les *ren* peu nombreux épousent, soit des nobles qui perdent alors leur statut, soit des femmes à l'extérieur de l'île, soit encore des cousines patrilatérales proches et normalement interdites. On trouve donc dans le village, à la suite d'une telle déchéance, des maisons dont des segments de lignage sont restés *mel* tandis qu'un autre segment est devenu *ren*. Ceci n'a pas d'incidence sur les fonctions, sauf dans le cas du lignage descendant d'un *raja* dont la fonction était l'application des sanctions en référence à la loi de Hukum; cette fonction est passée à un lignage «frère» portant le même nom; les autres lignages *ren* continuent d'exercer leurs fonctions et leur chef est initié. Il n'y a donc pas sous ce rapport de différences entre les *mel* et les *ren*.

Dans le cas du village que nous connaissons, la division en nobles et gens du commun ne semble donc avoir que peu d'incidence sur le système des fonctions. Mais un seul cas ne saurait suffire pour généraliser, et le problème de l'articulation entre les différents systèmes (maisons, *ub, yam*, fonctions et ordres) reste posé. Cependant, le fait que le plupart des nobles viennent de l'extérieur et qu'une loi étrangère donne son sens à la société *lór* (la société de l'extérieur par opposition à *haratut*, la société de l'organisation interne) permet de penser à une combinaison de différents systèmes qui confirmerait que cette société ne peut être comprise que par référence à «l'extérieur», et dans une opposition hiérarchique entre un «dedans» subordonné à un «dehors» sociologiquement plus puissant qui lui permet de se définir. La division en nobles et gens du commun est attestée dans presque toutes les Moluques et les sociétés à esclaves existent (ou existaient) dans toute l'Indonésie.

Le fait remarquable est cependant la façon dont ces ordres sont pensés dans la logique de la structure interne du village: d'où que vienne cette division en trois (qu'elle soit inhérente au système ou qu'elle ait surgi sous des influences externes), elle ne peut être comprise que comme une double relation; cela donne un écho bien singulier à un problème maintes fois soulevé depuis le début, celui de l'opposition constante et complémentaire du deux et du trois. Par ailleurs, l'usage de termes de parenté pour qualifier les différentes relations entre les ordres ne manque pas de souligner le caractère fondamental d'une certaine idéologie fondée sur des rapports de parenté dont nous allons découvrir l'organisation peu à peu.

On a pu dégager au chapitre précédent deux aspects complémentaires de la société, répondant aux noms de *lór* et *haratut* et désignant la communauté du village. *Lór* est la société dans son rapport à l'extérieur, à la fois protégée par la loi de Hukum et par le droit de cet esprit sur les épaves, représentant une société plus vaste, celle de l'archipel, en articulation avec celle du village; *lór* présente aussi un faciès universel en relation à l'individuel en ce sens qu'elle sanctionne l'inceste, le meurtre et l'adultère. *Haratut* apparaît comme la société de l'intérieur dans la relation au dieu soleil-lune. Il semble que cette opposition entre l'intérieur et l'extérieur qui façonne la société dans sa totalité se répète au niveau de chacun des deux concepts. *Haratut* est essentiellement fondée sur l'organisation immuable en *ub* et *yam*; tournés vers l'intérieur, les *ub* assignent des places aux maisons, sont des contenants d'hommes et de maisons et se réfèrent à dix-huit ancêtres qui posent les fondements de la société comme un tout; les *yam* contiennent les *ub*, représentent la société face au dieu, mais aussi face aux autres villages, symbolisant la communauté du village dans ses relations à l'extérieur, qu'elles soient d'échange pacifique ou de guerre; *ub* et *yam* fondent la société *haratut*, le principe interne de la société, directement liée au dieu par l'intermédiaire des ancêtres parfois appelés «dieux d'en-bas». *Lór* à son tour semble présenter deux aspects: l'un s'applique à l'organisation interne spécifique de la société de ce village, l'autre articule l'ensemble plus vaste formé par la société de l'archipel; le premier aspect est représenté par le *fam umum* qui introduit une certaine particularité individuelle pour un groupe de lignages, débordant le découpage en *ub* et sans référence à la totalité du village; on le dit *fam lór*; l'autre aspect, en relation avec la loi venue de l'extérieur et les interdits de *lór*, partage la société en trois divisions qui définissent d'emblée le statut de chaque habitant de l'archipel. Mais tandis que le principe lié à *lór* semble faire référence à l'historique, à l'événementiel qui permet aux individus de se différencier, le principe lié à *haratut* fait disparaître les hommes dans une organisation immuable qui est le lieu où la société se reproduit dans sa pérennité.

4 | Le vocabulaire de parenté

Nous sommes maintenant familiarisés avec les unités constitutives de la société de Tanebar-Evav, maisons et lignages essentiellement. Les relations qu'elles nouent entre elles de génération en génération sont multiples, imbriquées les unes dans les autres en un tissu très dense et formalisé. Pour être en état de les analyser il nous faut d'abord comprendre les catégories de la parenté au moyen desquelles elles s'expriment. Notre attention se portera essentiellement sur les termes de référence qui permettent à chaque sujet de se situer d'abord parmi sa parentèle, puis ensuite parmi ses parents par affinité. Les termes d'adresse, peu nombreux et souvent empruntés à d'autres langues, forment des catégories très générales et peu significatives. Un trait marquant cependant est l'usage d'un teknonyme pour s'adresser aux parents après la naissance de leur premier enfant.

1. Le vocabulaire de référence

Le vocabulaire de parenté est relativement simple et comprend quatorze termes. A partir de la seconde génération ascendante et descendante et jusqu'à la cinquième, il y a assimilation des parents dans chaque génération et les termes sont réciproques. Les dix termes restants servent à distinguer les parents de trois générations, celle d'Ego et les premières générations ascendante et descendante. A ces termes de base on ajoute quelquefois des déterminants qui, pour la plupart, sont la marque de l'affinité. Comme les noms des différentes parties du corps humain, les termes de parenté (sauf un, *ifar*) comportent des suffixes qui précisent la relation pronominale (nominaux dépendants). Nous présentons ici chaque terme à la troisième personne du singulier, marquée par le suffixe *n*.

L'ensemble formé par la parenté se dit *yan te*; *yan* vient de *yanan*, «enfant», *te* (qui vient de *ite*) est un déterminant marquant le respect et le caractère féminin; on peut traduire littéralement *yan te* par «enfants femmes» et mettre en parallèle cette expression avec celle qui qualifie l'ensemble des ascendants, *ren ub te*: «mères grands-mères». *Ren* vient de *renan*, «mère», *ub te* est une abréviation de *ubun te*, «grand-mère». Pour un système fondé en partie sur une idéologie patrilinéaire (les lignages, les maisons) il est remarquable que l'ensemble de la parenté et des ancêtres révèle une connotation féminine; ceci prendra tout son sens dès que nous décrirons le système de l'alliance.

Il existe aussi un terme qui répond à notre notion de généalogie; c'est *beb lar*. Lorsque nous demandions aux gens leur généalogie, ils partaient de l'ancêtre patrilinéaire le plus éloigné pour «descendre» jusqu'à eux par les hommes de la lignée: cette généalogie était appelée *beb lar*. *Beb* signifie d'abord les restes, ce qu'on jette et, au figuré, les os; *lar* est le sang; l'ascendance est donc conçue comme «les os le sang». Tous les descendants d'une personne, d'abord ses enfants puis leurs descendants sont qualifiés de *minang larang* «mon gras mon sang» (le gras est particulièrement valorisé; «être gras» exprime l'excellence d'un poisson ou d'un porc consommé). La distinction entre ascendance et descendance se marque donc par l'absence de suffixe pronominal pour l'ascendance et par une opposition entre *os* et *gras*, entre les «restes» et le meilleur du repas. Il n'y a pas de terme pour traduire notre notion d'«affinité» et les parents par affinité sont inclus dans l'expression *yan te*.

Génération d'Ego

1. *a'an*
- germain aîné de même sexe
- cousin «aîné» de même sexe: c'est-à-dire celui dont le père ou la mère est le germain aîné de l'un des parents d'Ego
- suivi de *baran* ou *vat* («garçon» ou «fille»): conjoint des deux catégories précédentes
- (suivi de *vat*: épouse du frère aîné du mari)

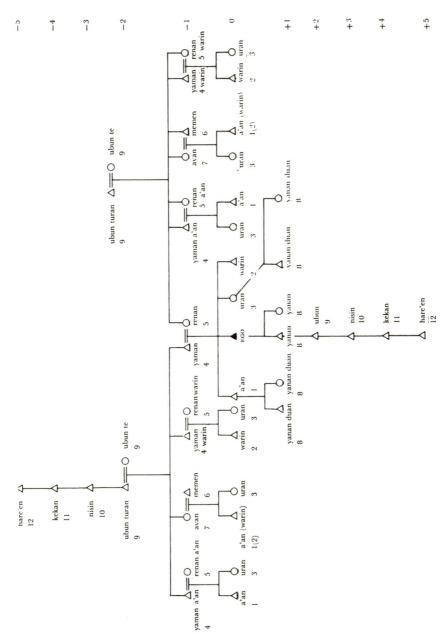

Fig. 18. Termes de consanguinité. (Les chiffres des figures 18, 19 renvoient à la liste des termes étudiés dans le texte, pp. 128–32.)

2. *warin*
 - germain cadet de même sexe
 - cousin «cadet» de même sexe: c'est-à-dire celui dont le père ou la mère est le germain cadet de l'un des parents d'Ego
 - suivi de *baran* ou *vat*: conjoint des deux catégories précédentes
 - (suivi de *vat*: épouse du frère cadet du mari)
3. *uran*
 - germain ou cousin de sexe opposé

Génération des parents

4. *yaman*
 - père, frère du père, mari de la soeur de la mère
 - suivi de *a'an*, on précise frère «aîné» du père, mari de la soeur «aînée» de la mère
 - suivi de *warin*, on précise frère «cadet» du père, mari de la soeur «cadette» de la mère
 - *yaman turan*: père du conjoint[1]
5. *renan*
 - mère, soeur de la mère, épouse du frère du père
 - suivi de *a'an*, on précise soeur «aînée» de la mère, épouse du frère «aîné» du père
 - suivi de *warin*, on précise soeur «cadette» de la mère, épouse du frère «cadet» du père
 - *renan te*: mère du conjoint[1]
6. *memen*
 - frère de la mère, mari de la soeur du père
7. *avan*
 - soeur du père, épouse du frère de la mère

Génération des enfants

8. *yanan*
 - enfant, enfant de germain ou de cousin
 - suivi de *duan*, on précise neveu ou nièce
 - suivi de *turan* ou *te*, gendre ou belle-fille

Générations symétriques à partir de la seconde

9. *ubun*
 - (génération −2, +2) grands-parents (peut être suivi de *turan* ou *te* qui indiquent le sexe), et petits-enfants
10. *nisin*
 - (génération −3, +3): arrière-grands-parents, arrière-petits-enfants
11. *kekan*
 - (génération −4, +4): parents des arrière-grands-parents, enfants des arrière-petits-enfants

1. *Turan* pour l'homme et *te* pour la femme sont des déterminants honorifiques. On les emploie suivis du prénom ou du titre de la personne que l'on veut honorer. Ils sont utilisés aussi pour marquer le sexe de certains animaux, notamment des porcs.

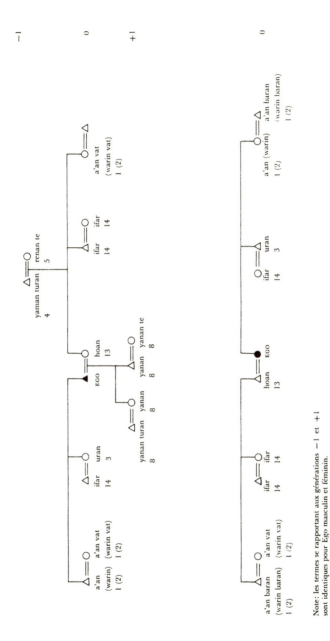

Note: les termes se rapportant aux générations −1 et +1
sont identiques pour Ego masculin et féminin.

Fig. 19. Termes d'alliance (pour Ego masculin et Ego féminin)

12. *hare'en*
  – (génération −5, +5): grands-parents des arrière-grands-parents, petits-enfants des arrière-petits-enfants

Termes d'affinité de la génération d'ego

13. *hoan*
  – conjoint (mari ou femme)
14. *ifar*
  – affin de même sexe, c'est-à-dire soit conjoint de germain ou de cousin de sexe opposé (c'est-à-dire conjoint de *uran*), soit germain ou cousin de sexe opposé du conjoint (c'est-à-dire *uran* du conjoint)
  – femme du frère de l'épouse
  – mari de la soeur du mari

La génération d'Ego

La génération d'Ego est la plus importante de toutes. Elle comprend cinq termes, dont deux de pure affinité, contre quatre pour la génération des parents, et nous verrons qu'elle commande la précédente, et non l'inverse: les principes sous-jacents au traitement de ces deux générations ne se lisent clairement que sur la génération d'Ego.

Il n'existe pas de terme répondant à nos «frère» et «soeur», qui supposent une distinction de sexe *absolue*. Le sexe joue un rôle, mais rapporté à Ego. Tous les germains et cousins ensemble (trait «hawaïen») sont distingués en premier lieu selon qu'ils sont de même sexe qu'Ego, ou de l'autre sexe. Une femme désigne sa soeur par le même terme qu'un homme son frère: la distinction de sexe est *relative* au sexe d'Ego.

Un second principe de distinction est à l'oeuvre à l'intérieur du précédent: les germains et cousins de même sexe *et eux seuls* sont distingués en aînés et cadets. Ainsi il n'y a qu'un terme, *uran*, pour les germains et cousins de sexe opposé à celui d'Ego, tandis qu'il y a deux termes pour ceux de même sexe qu'Ego: *a'an* pour un(e) aîné(e), *warin* pour un(e) cadet(te). Ajoutons que la distinction aîné/cadet opère différemment pour les germains et pour les cousins: l'âge d'un germain d'Ego est comparé à celui d'Ego, et pour classer un cousin on compare l'âge des deux germains dont Ego et ce cousin sont issus. Par exemple le fils plus jeune qu'Ego masculin d'un *frère aîné* du père d'Ego est un *aîné*. Notons encore que pour les cousins on compare alors l'âge de leurs parents

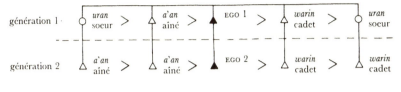

> : aîné de

Ego 1 définit sa sœur par l'opposition de sexe *uran*

Ego 2, son fils, utilise le critère de l'aînesse entre Ego 1 et sa sœur pour

classer les descendants des sœurs de son père de même sexe que lui

Fig. 20. Distinction d'âge dans deux générations successives

respectifs même s'ils sont de sexe différent. Ainsi le fils d'une *sœur aînée du père* d'un Ego masculin est un «aîné». Il en est nécessairement ainsi pour que les désignations puissent couvrir l'ensemble des cousins de même sexe qu'Ego. Sur ce point donc, la distinction d'âge l'emporte sur la distinction de sexe relatif (fig. 20).

On verra chemin faisant que cette étroite combinaison des deux distinctions de sexe relatif et d'âge relatif est très puissante. Nous voyons déjà qu'elle permet, au moyen d'une incohérence ou complication de détail, le plein développement de la distinction d'âge relatif elle-même.

Si, conformément à l'usage en vigueur dans l'étude de vocabulaires d'un type différent de celui-ci, nous appelons «parallèle» la relation entre germains de même sexe et «croisée» la relation entre germains de sexe opposé, nous voyons qu'ici le présent système refuse précisément de transmettre cette relation d'une génération à la suivante. Notons tout de suite à cause de son importance un désaccord entre le vocabulaire et les institutions. Etant donné l'existence d'une règle de mariage avec la cousine croisée (matrilatérale), on attendrait que le vocabulaire distinguât entre cousins parallèles et cousins croisés; il n'en est rien, et dans un tel mariage, un homme épouse une de ses sœurs «*uran*» à l'exclusion des autres.

Nous n'avons pas épuisé l'usage de *a'an* et *warin* définis jusqu'ici comme aîné et cadet de même sexe qu'Ego. En effet on désigne par ces termes, moyennant l'addition des déterminants *baran* «homme» ou *vat* «femme», certains parents de sexe opposé à qui Ego est relié par l'intermédiaire d'un mariage. *A'an vat*, littéralement «aîné femme» pour un homme, est soit la sœur aînée de

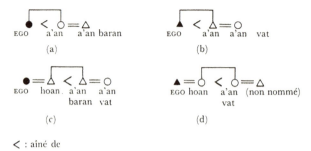

< : aîné de

On peut remplacer partout *a'an* «aîné» par *warin* «cadet» en changeant de signe

Fig. 21. Ensemble des usages de la relation d'aîné pour les sujets féminins et masculins

son épouse, soit l'épouse de son frère aîné (fig. 21b et d). On passe ainsi, à travers un mariage, d'un consanguin de même sexe à un affin de sexe opposé. Nous pouvons dire cela, car l'inversion marquée, contradictoire, du sexe signale évidemment l'introduction de l'affinité. Notons ici deux traits exceptionnels: le passage au sexe absolu et, corrélativement, le fait que chaque expression est propre à un seul sexe; les hommes seuls utilisent *vat*, les femmes *baran*. Ego féminin dit «aînée homme» et «cadette homme» (fig. 21 a et c), lequel sera ou bien l'époux de la soeur cadette ou bien le cadet de l'époux[2]. Ici encore pourtant, il y a une exception, un emploi et un seul de *a'an vat* par un Ego féminin; il s'agit de l'épouse de *a'an baran* comme frère du mari (fig. 21c). Etant donné que le parent correspondant pour un Ego masculin n'est pas nommé (fig. 21d), il est tentant d'expliquer ce trait de façon isolée par un fait de résidence: après leur mariage avec deux frères, les deux femmes (Ego et *a'an vat*, fig. 21c) font partie de la même maison et sont considérées comme deux «soeurs». Il faut noter que dans tous ces emplois la distinction aîné/cadet s'étend aux parents par affinité tout en les distinguant de façon secondaire (par des déterminants) des consanguins.

Deux termes sont propres à ce que nous appelons des parents par affinité: *hoan*, réciproque entre époux, et *ifar*[3], qui est

2. Ces dernières expressions ne peuvent pas être subsumées avec le nom simple dans un «terme» plus vaste comme dans un vocabulaire classificatoire. C'est la preuve que le vocabulaire est de nature descriptive, c'est-à-dire procède à partir d'Ego par composition de relations élémentaires (mais germanité+mariage = mariage+germanité).

3. *Ifar* vient du malais *ipar*, «beau-frère» et «belle-soeur». Ce terme ne marque que l'affinité et rien d'autre; c'est le seul qui ne soit pas suffixé pour marquer la relation pronominale.

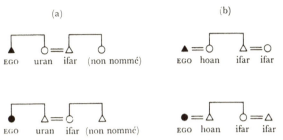

Fig. 22. Les emplois de *ifar* en relation avec *uran* et *hoan*

étroitement lié d'une part à *hoan*, d'autre part à *uran* ou «germain de sexe opposé». En effet, la relation *ifar* résulte de la composition de *hoan* et de *uran*, elle désigne soit le *hoan* (époux) d'un *uran* (germain de sexe opposé), soit inversement le germain de sexe opposé de l'époux (*uran* du *hoan*) et, faut-il ajouter dans ce cas, son époux. Sauf pour ce dernier emploi, *ifar* désigne donc un parent du sexe d'Ego, comme *hoan* (mari, femme) un parent de sexe opposé (fig. 22)[4].

Le fait que *ifar* désigne deux personnes différentes d'un côté de la relation (frère de l'épouse et son conjoint, ou soeur de l'époux et son conjoint) tandis qu'il n'en désigne qu'une seule de l'autre (mari de soeur ou épouse du frère) est significatif; c'est le premier chaînon croisé *uran* qui décide, permettant d'assimiler ensuite le conjoint de l'affin à l'affin. Mais *ifar* ne s'applique pas aux parents croisés de l'affin, c'est-à-dire après un deuxième chaînon croisé (la soeur du mari de la soeur). Quand il y a un lien de mariage, le mari et la femme sont identifiés dans la relation, tandis que dans la relation croisée, le frère ne peut être confondu avec la soeur.

4. Ce qui précède suggère une observation relative à l'emploi de la catégorie de sexe relatif. À l'inverse de l'expression de sexe absolu, celle du sexe relatif ne nous renseigne sur le sexe du parent désigné que si nous connaissons, *hors de l'énoncé terminologique lui-même*, celui de la personne qui parle (ou à qui le parent en question est référé par un tiers). Dans le cas général, la connaissance du sexe, soit du sujet parlant, soit de la personne désignée, permet de déduire le sexe du partenaire. Inversement, la connaissance extra-terminologique du sexe du parent en cause en même temps que d'Ego suffit, dans certains cas, à déterminer de quel emploi du terme il s'agit, donc de quelle relation précise. Ainsi, si Ego désigne comme *ifar* une personne de sexe opposé au sien, il ne peut s'agir que de l'époux d'un germain de sexe opposé de l'époux d'Ego. De façon un peu différente, l'indication de sexe absolu indique l'addition à la consanguinité de l'affinité (*a'an* et *a'an baran*) en même temps qu'elle fixe le sexe du sujet parlant, sauf pour l'emploi d'*a'an vat* par une femme qui, s'il est connu comme tel, fixe exactement la relation (épouse du frère du mari). On voit quelle dialectique le sexe relatif met en jeu entre le fait du sexe et son expression en relation à Ego.

Dans la figure 22a, la relation croisée vient d'abord et décide de l'emploi du terme marquant l'affinité; au-delà, après une deuxième relation croisée, il n'existe pas de terme. Dans la figure 22b, il y a d'abord la relation de mariage, puis la relation croisée, qui détermine l'emploi de *ifar* après la deuxième relation de mariage. On voit que le terme *ifar* est réciproque, de même que *uran*.

La génération des parents

En passant à la génération précédente, une surprise nous attend. La nomenclature est en effet ici d'un type bien connu, à première vue tout différent de ce qu'on a trouvé à la génération centrale. On se croirait dans le système classique correspondant au mariage entre cousins croisés, qu'on a appelé en anglais «bifurcate-merging». Deux catégories pour les hommes, où tombent réciproquement le père et l'oncle maternel, et deux pour les femmes, correspondant à la mère et à la tante paternelle. En somme, deux couples d'époux, distincts et radicalement distingués quant au sexe aussi bien: d'un côté des «pères» (*yaman*) et des «mères» (*renan*) – l'époux de la soeur de la mère étant un «père», l'épouse du frère du père étant une «mère» – de l'autre des «oncles maternels» (*memen*) et des «tantes paternelles» (*avan*) – étant entendu que l'épouse de l'oncle maternel est une «tante paternelle», et que l'époux de la tante paternelle est un«oncle maternel».

La distinction aîné/cadet s'applique ici de nouveau entre germains de même sexe et s'étend à leurs conjoints, mais elle n'altère pas ce qui précède car elle joue seulement à titre secondaire, par addition en suffixe des deux noms déjà connus, *a'an* et *warin*. Ainsi, *yaman a'an* est «père aîné», soit frère aîné du père, soit époux de la soeur aînée de la mère. On note que la distinction d'âge ne joue pas pour l'autre couple d'époux: c'est qu'il s'agit de germains de *sexe différent*, soit du père, soit de la mère, et de leur époux: soeur du père et son époux, frère de la mère et son épouse. On voit donc que pour l'application de la distinction d'aînesse entre germains, il y a correspondance exacte entre cette génération et la suivante, et ceci nous conduit à apercevoir un lien étroit entre les deux générations, par-delà les apparences et nonobstant le remplacement de la distinction de sexe relatif par celle de sexe absolu. Ce qui est conservé, c'est la distinction entre germains de même sexe et germains de sexe opposé, comme on l'a déjà aperçu, et elle suffit à rendre compte de la forme de la nomenclature dans cette génération, si l'on admet qu'un principe d'économie commande d'avoir aussi peu de termes que possible.

En effet, on peut admettre, car le fait est fort général, qu'il faut distinguer le père de la mère par des termes radicalement différents, à raison de leur sexe, étant entendu que les deux relations ne diffèrent que par là et sont pour le reste traitées de même, donc structuralement identiques. Supposons donc que nous n'avons qu'un terme pour les parents masculins, et un pour les féminins. Il en résulterait que le frère ou *germain de même sexe* du père ne serait pas distingué du frère, ou *germain de sexe différent* de la mère (et de même pour les femmes). Donc il faut au minimum deux termes pour chaque sexe pour conserver à cette génération la distinction en cause, sur laquelle se greffe secondairement comme on l'a vu la même distinction d'âge que dans la génération d'Ego. En conclusion de ceci, on voit donc que la distinction entre parallèles et croisés opérée ici au moyen du sexe relatif détermine la même classification à la génération des parents que la distinction plus connue entre cousins parallèles et croisés qui correspond d'ordinaire au mariage des cousins croisés.

On peut considérer autrement la continuité ou l'homologie dans la configuration des relations dans les deux générations successives. Soit la génération des parents vue d'abord en elle-même, et ensuite du point de vue des enfants. Si l'on prend soin de séparer (fig. 23) les germains de même sexe et leurs conjoints (relations parallèles) en *a*, des germains de sexe opposé et leurs conjoints (relations croisées) en *b*, on voit clairement en *c* et *d* qu'aux premiers correspond un des couples de termes pour la génération des parents, et aux seconds l'autre couple. En ce sens *yaman-renan* sont les «parallèles» de la génération supérieure, et *memen-avan* les «croisés».

Le seul fait qui rompe la symétrie est l'exclusion hors relation pour Ego masculin du conjoint de la soeur de l'épouse, tandis que Ego féminin inclut parmi ses parents l'épouse du frère de son mari (fig. 23a). Cette exclusion ne se répercute pas à la génération supérieure où ce type de parent est qualifié de *yaman*, en tant qu'époux de la soeur de la mère (fig. 23c).

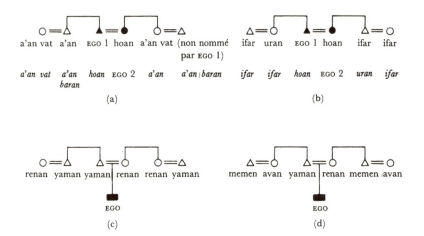

Note: pour (a) et (b), les termes utilisés par Ego 2
féminin sont en italiques.

Fig. 23. Configuration à l'intérieur d'une génération (a, b) et configuration correspondante
pour la génération suivante

L'expression *yaman a'an* (qui qualifie la relation entre deux
maisons à l'intérieur d'un *ub* et que nous avons traduite pour
simplifier par «oncle paternel») désigne au sens premier le frère
aîné du père, le «père aîné», et à la suite tous les hommes de la
lignée paternelle, les pères et les aînés.

Il n'y a pas de terme correspondant à *yaman a'an* qui classerait
toutes les mères en une lignée maternelle. Nous avons souligné
par contre que l'ensemble de la parenté était désigné par
l'expression «mères et grand-mères» qui ne permet pas de
distinguer une lignée d'une autre puisqu'elles sont alors toutes
confondues.

A la génération supérieure, on utilise aussi les termes *yaman* et
renan pour désigner le père et la mère du conjoint (beau-père,
belle-mère d'Ego masculin ou féminin), mais en y ajoutant deux
termes qui agissent comme déterminants, *turan* et *te*; ce sont des
termes honorifiques employés par ailleurs pour s'adresser à des
étrangers ou à des gens qui ont une fonction importante ou à toute
personne à qui l'on veut marquer le respect.

De nos jours, *memen* et *avan* sont de moins en moins employés;
on les remplace par *yaman* et *renan*. Dans certains cas, cependant,
on les utilise sous la forme d'expressions spécifiques comme par

exemple *yamang-memeng*, mes «pères et oncles», c'est-à-dire tous les hommes de la génération supérieure, ou *renang-avang* mes «mères et tantes», toutes les femmes de la génération supérieure (le suffixe *ng* marque la première personne du singulier).

On dit encore: *renang-avang Toknil-Masbaït, yamang-memeng Welav-Farfar*, pour désigner l'ensemble des anciens du village, vivants ou morts, qui sont la société de Tanebar-Evav, en référence aux deux noms féminins et aux deux noms masculins qui caractérisent le village dans les chants et les récits par opposition aux autres villages de Kei (cf. p. 49).

La génération des enfants

La génération inférieure n'a qu'un seul terme de base, *yanan*, «enfant». Voilà encore un trait «hawaïen». Par rapport au système lui-même, d'après ce que nous en savons dans les deux générations supérieures, l'absence de distinction de sexe (absolu) ne surprend pas. On remarque davantage l'absence de distinction entre les enfants de deux sortes de couples mariés que distinguait la génération d'Ego (cf. fig. 23 a et b), mais nous avons déjà rencontré ce trait à propos de la classification de tous les cousins ensemble, qu'ils soient enfants de germains parallèles ou croisés. En somme, la combinaison de sexe relatif et d'aînesse qui caractérise le système est à l'oeuvre dans la génération centrale et se répercute uniquement vers le haut, dans la génération des parents. Il y a là une différence majeure avec la distinction classique entre parallèles et croisés qui caractérise les systèmes à mariage des cousines croisées et qui, elle, se reproduit identiquement dans les trois générations centrales à tout le moins.

Il existe cependant une distinction secondaire, qui n'altère pas l'unité de la catégorie des «enfants». Si l'on veut préciser qu'il s'agit de neveux ou de nièces, on peut ajouter au terme de base *yanan* le déterminant *duan* et dire *yanan duan*; cette expression peu employée, apparaît surtout pour désigner une relation marquée par un échange de prestations entre maisons par exemple; de même que l'on justifie telle prestation par une relation d'affinité, on dit que telle autre s'effectue au titre de *yanan duan*. En dehors de ces occasions où l'on veut marquer le lien particulier entre deux partenaires, les neveux et nièces sont couramment appelés *yanan*.

Duan peut se traduire par «maître», «seigneur», ou parfois «gardien»; il qualifie celui qui a la garde de quelque chose ou de quelqu'un, qui veille sur, qui protège, qui a une relation particulière à la chose ou à la personne protégée et quelquefois un droit particulier sur elle. On commentera plus longuement l'expression *yanan duan* dans la conclusion de ce chapitre.

A la génération des enfants, les déterminants déjà rencontrés *turan* et *te* sont accolés à *yanan* (*yanan turan*, *yanan te*) pour désigner un gendre ou une bru.

Par rapport à l'ensemble des *yanan duan*, l'un d'entre eux pourra changer de statut au cours de son existence et transformer sa relation vis-à-vis du frère de sa mère. Puisque la coutume prescrit le mariage de l'aîné du lignage avec la fille du frère de sa mère, de *yanan duan* il deviendra *yanan turan*, c'est-à-dire gendre, tandis que ses frères cadets resteront *yanan duan*. Ainsi, l'opposition entre *yanan turan* et *yanan duan* renvoie à une hiérarchie entre un aîné qui contracte un mariage prescrit et des cadets que ce mariage laisse dans une plus grande dépendance par rapport à leur oncle maternel et à leur aîné.

Les autres générations

A partir des grands-parents et des petits-enfants, et pour quatre générations successives, on n'a plus chaque fois qu'un seul terme réciproque, c'est-à-dire que le vocabulaire indique seulement la distance entre générations, sans préciser la direction (ascendants et descendants) ni le sexe. L'identification du petits-fils au grand-père est renforcée par le fait que l'on donne souvent à un enfant le nom de son grand-père.

Pour les grands-parents, on ajoute parfois les déterminants honorifiques *turan* et *te*: *ubun turan* le grand-père, *ubun te*, la grand-mère.

2. L'adresse

Au niveau de l'adresse, tous les hommes de la classe d'âge du père sont appelés *mam* ou encore parfois *bab* – ce dernier terme vient de l'indonésien; les femmes et surtout les grands-mères sont appelées *nen*, quelle que soit la relation de parenté particulière que l'on a avec elles. Les grands-pères sont appelés *ubun* ou par un terme diminutif de *ubun*, *bu* par exemple, suivi de leur prénom. Les enfants s'adressent à leurs cadets, quel que soit leur sexe, par le terme *ul*, et les aînés sont appelés par leur prénom. Après la naissance de leur premier enfant, on s'adresse au père ou à la mère par le nom de l'enfant suivi de *yaman* ou *renan*, «père d'un tel», «mère d'un tel». Si l'enfant meurt en bas âge, on utilisera le nom du deuxième enfant. Une fois grand-père, l'homme est encore appelé du nom de son premier-né par les hommes de sa classe d'âge; mais les générations plus jeunes l'appellent par le terme de grand-père suivi de son nom. On porte souvent aussi des diminutifs, ou des surnoms liés à certains événements de sa propre vie ou à certaines caractéristiques personnelles. Un petit-fils portant le nom de son grand-père sera appelé par le surnom qu'on avait l'habitude de donner à ce grand-père, même s'il n'a pas les caractères correspondants. Les hommes d'un certain âge, ou remplissant des fonctions importantes, sont souvent appelés par le terme *turan*, terme de respect, suivi de leur prénom.

Ces termes d'adresse, pas plus que les termes d'appellation d'ailleurs, n'impliquent en quelque manière une référence à des attitudes ou comportements spécifiques vis-à-vis de la parenté de chacun. La familiarité dans les rapports quotidiens est fonction de la plus ou moins grande proximité de résidence. Si l'on vit chez son oncle maternel, on se montre familier avec lui comme avec son propre père. Un frère de père vivant dans un quartier éloigné du sien sera traité avec plus de respect et de déférence qu'un oncle maternel qui habite la même maison. Les parents sont très proches de leurs enfants, et il n'y a pas de rapports tendus entre père et fils. Le père prend la parole le premier, le fils doit écouter, et l'inverse est considéré comme un manquement aux usages. Cette attitude est celle que l'on attend des plus jeunes envers toutes les personnes des générations supérieures. Les anciens ont la parole d'abord, les plus jeunes ensuite, quelle que soit leur fonction. Les vieilles femmes ont autorité sur les plus jeunes d'une manière générale, et pas seulement les belles-mères sur leurs belles-filles. Les relations dépendent aussi de la personnalité de chacun et de la proximité relative de la résidence, davantage que d'un code qui serait uniquement déduit de la relation de parenté. C'est la communauté de résidence qui crée les liens les plus forts au point que l'on dit que les enfants élevés sous le même toit ne peuvent se marier, même s'il s'agit d'un mariage conforme à la règle (avec la cousine croisée matrilatérale, par exemple).

3. Conclusion

On peut, au stade présent, envisager les relations du vocabulaire avec d'autres aspects de la parenté ou de l'organisation sociale en général, en faisant référence aux chapitres précédents, et à l'occasion en anticipant sur ce qui va suivre.

Sur un point, on a déjà pris la liberté de rapprocher un détail de vocabulaire d'une donnée extérieure: le fait que les épouses de deux frères disposent d'un terme pour se désigner réciproquement, tandis qu'il n'y en a pas pour les maris de deux soeurs, a été mis en rapport avec la résidence des deux femmes dans la même maison. La désignation était du reste obtenue par ce qu'on peut bien appeler une extension.

Il faut également sortir du vocabulaire pour saisir les implications et le sens de l'expression *yanan duan*. Que signifie en effet cette distinction, à côté de la catégorie des «enfants», d'une catégorie des «neveux»? Répondre à cette question c'est nous inviter d'abord à renverser la perspective et à nous placer dans la position de *yanan duan* vis-à-vis de tous les parents qui les désignent ainsi. Ensuite nous verrons comment la génération supérieure réussit à confondre les descendants de ceux qu'elle avait garde de distinguer.

On peut être en situation de *yanan duan* par rapport à quatre couples de parents dont deux se nomment *yaman-renan* et les deux autres *memen-avan*. A chacun de ces couples correspond l'existence d'une maison et parfois des liens de mariage avec la maison du *yanan duan*.

Une première relation avec un *yaman* et une *renan* son épouse, unit dans une même maison ou un même *rin*, des enfants de frères qui dépendent tous de l'aîné du lignage, chef de la même maison. Tous les oncles ont des responsabilités en tant que membre aîné ou cadet de la même maison et sont appelés *yaman a'an* ou *yaman warin*, «père aîné» ou «cadet». Les relations entre oncles et neveux dépendent de l'aînesse à la génération supérieure. Le lien *yanan duan–yaman a'an* qualifie les relations internes d'un même groupe patrilinéaire et à coup sûr d'une même maison. On se souvient que cette expression qualifie les relations entre maisons d'un même *ub*, comme si celles-ci faisaient partie d'un même groupe patrilinéaire. De plus *yanan duan* désigne pour un noble ses esclaves domestiques qui font partie de la même maison sans qu'ils participent de son groupe patrilinéaire. *Yanan duan* marque donc essentiellement ici la dépendance à l'intérieur d'une même maison, conformément au modèle hiérarchique aîné–cadet.

Une seconde relation unit des gens de lignages et de maisons différents: elle relie des neveux à un *memen*, frère de mère, et à son épouse, *avan*. Ce *memen* a des droits et des devoirs particuliers en tant que membre de la maison dont la mère est issue; cette relation, que l'on verra par la suite caractérisée par plusieurs autres expressions, est essentiellement une relation vis-à-vis des donneurs de femmes appartenant à une maison différente, c'est-à-dire une relation d'affinité; là aussi il y a une relation de dépendance vis-à-vis du frère de la mère, mais elle est hiérarchisée par l'affinité et non plus par l'aînesse. Une troisième relation est celle qui unit les neveux à la soeur du père, *avan*, mariée elle aussi dans une autre maison, où réside le preneur de femme, *memen*; là encore il y a relation privilégiée, caractérisée par d'autres expressions relatives au mariage, et la hiérarchie est inversée, les preneurs étant inférieurs aux donneurs.

Enfin, une quatrième relation unit les neveux à la soeur de la mère, *renan*, et à son conjoint, *yaman*, appartenant à une maison distincte des trois précédentes. Cette relation répond aux mêmes principes que la première, fondée sur des liens entre parents parallèles hiérarchisés selon l'aînesse. Ce *yaman* appartient à une maison avec laquelle il n'y a pas de mariage possible (descendants de deux soeurs) et il peut être classé comme un assimilé consanguin (assimilé aux frères du père). Cette relation semble souvent insignifiante en ce sens que la maison du père et celle de l'époux de la soeur de la mère n'ont aucune relation et que les deux hommes ne se nomment pas dans la terminologie de parenté; mais précisément, la relation aux neveux crée des liens entre ces deux maisons qui sans cela n'en auraient point; pour chaque maison, l'autre est en position de *yanan duan*, elle contient les descendants d'une soeur; la relation par les *yanan duan* est la seule qui puisse justifier l'existence de prestations entre ces deux maisons; on dit en effet quelquefois que telle prestation est faite par les *yanan duan*; c'est le seul cas où l'emploi de ce terme est nécessaire pour expliciter une relation, puisque dans les autres relations entre oncle ou tante et neveux, un vocabulaire spécifique qualifie ces relations (soit celui de l'appartenance à la même maison, soit celui de l'affinité).

Nous avons été contraints de déborder le cadre de la terminologie pour donner tout son sens au terme *yanan duan*, qui porte aussi sur des relations plus vastes comme celles avec les esclaves, celles de la société face à Hukum, à Adat et aux initiés[5]. Alors qu'au niveau de la terminologie, le terme marque une distance par rapport aux descendants directs *yanan*, nous avons pu préciser, en ayant recours au niveau plus général des maisons, que dans deux cas la relation est hiérarchisée par l'aînesse (dans une même maison ou entre deux maisons) et dans deux autres cas par l'alliance entre deux maisons. Autant dire que tous les *yanan duan* ne sont pas équivalents entre eux. Que signifie donc leur regroupement sous une même dénomination?

Du point de vue de la génération supérieure, ces «neveux» sont confondus, on dirait presque ramenés à la variété-type de *neveux d'une même maison hiérarchisés par l'aînesse au niveau de leurs pères*. Ce système semble réduire ainsi deux variétés de neveux, l'une hiérarchisée par l'alliance, l'autre par l'aînesse au niveau de leur mère.

Nous sommes parvenus à un point où les relations qui nous apparaissent relever de l'affinité sont recouvertes, non pas par la filiation mais par la distinction d'âge (notamment des parents de la génération supérieure). En général, dans les générations égale et supérieure, l'affinité est subordonnée à la distinction de sexe relatif entre consanguins; elle est ainsi résiduelle et ne se transmet pas de haut en bas puisque les enfants des germains croisés sont confondus avec ceux des parallèles. Ce point est important, car ce n'est pas ce que l'on pourrait attendre d'un système de parenté qui connaît une règle de mariage entre cousins croisés.

En d'autres termes la distinction de génération et la hiérarchie d'aînesse englobent tout cela et ramènent tout au modèle d'une

5. Rappelons que la société de Tanebar-Evav est, en tant que *haratut*, qualifiée comme les «enfants» du dieu soleil-lune, et en tant que *lór*, de «neveux» des esprits Adat et Hukum, venus de l'extérieur. Cette distinction signale la position différente de la société vis-à-vis de ces instances.

seule maison. C'est comme si le rapport entre une génération et celle qui la suit faisait fi de la séparation entre maisons pour ne plus connaître qu'une seule communauté de descendants d'un même ensemble de frères et de soeurs. C'est en cela précisément que la société se conçoit, à un niveau idéal et mythique, sur le modèle d'une «maison» de frères soeurs confondus et seulement ordonnés par le principe de l'aînesse qui semble abolir en cela la distinction des sexes.

On a déjà noté un aspect de désaccord entre le vocabulaire et le mariage avec la cousine croisée matrilatérale au sens restreint, qui est de règle pour l'aîné de maison ou de *rin*. Un tel mariage provoque des changements profonds dans la désignation des parents; d'abord l'épouse, qui était appelée *uran*, «soeur», devient *hoan*; la soeur de l'épouse, qui était aussi *uran* devient alors *a'an vat* ou *warin vat*, suivant son âge par rapport à l'épouse; elle entre du même coup dans la catégorie des non-épousables. Le frère de l'épouse, qui était *a'an* ou *warin*, «aîné» ou «cadet» devient *ifar*: il passe de la catégorie des «frères» à celle des affins. A la génération supérieure à Ego, l'oncle maternel était classé dans une catégorie différente de celle des «pères», mais une fois l'alliance renouvelée, il devient un «père» par alliance, *yaman turan*. Ego lui-même ne change pas radicalement de catégorie pour son oncle: il était *yanan duan*, «neveu», il devient «gendre», *yanan turan* (fig. 24).

Si l'on considère les déterminants juxtaposés aux termes de parenté simples, on s'aperçoit que la plupart – hormis *duan* dans *yanan duan* – signalent l'affinité. Ce sont d'abord la paire *turan* et *te* qui s'applique aux beaux-parents (beau-père et belle-mère d'un homme ou d'une femme) ou au gendre et à la bru, et précise pour des petits-enfants, le sexe de leurs grands-parents (*ubun turan*, grand-père, *ubun te*, grand-mère). En spécifiant *turan* et *te* les petits-enfants semblent marquer le fait que leurs grands-parents sont aussi les beaux-parents de leurs propres parents. Ici, la catégorie du sexe désigne plus spécialement les liens créés à partir du mariage.

Il en est de même pour les déterminants *baran* et *vat* qui, associés à *a'an* et *warin*, permettent de rattacher des affins aux consanguins parallèles.

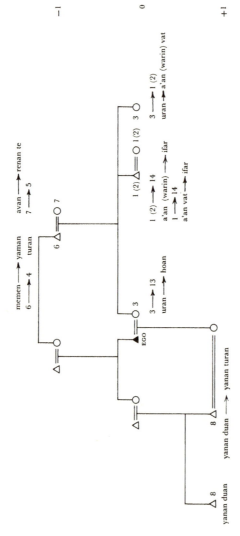

Fig. 24. Changements de désignations dans le cas de mariage matrilatéral (Ego masculin).
Note: les chiffres renvoient à la liste des termes étudiés dans le texte, pp. 128–32.

On voit qu'il se pose ici une question grave: selon toute apparence, nous sommes en présence d'une hétérogénéité foncière entre vocabulaire et règle de mariage (voir chap. 5). Rien en effet dans la terminologie ne laisse prévoir l'existence d'un système d'alliance asymétrique: par exemple, le beau-père et le frère de la mère ne sont pas confondus et appartiennent au contraire à des classes différentes; l'épouse préférentielle n'est pas distinguée des soeurs et le neveu utérin est classé comme les autres neveux. L'affinité est peu marquée contrairement à ce que l'on s'attend à rencontrer dans une société où l'alliance asymétrique est pratiquée: deux termes spécifiques (*ifar* et *hoan*) et des dérivés des catégories de parenté simples auxquelles on ajoute un déterminant (*turan, te, baran, vat*). Par ailleurs, bien que ce type de mariage soit préféré pour les aînés, on considère que «le sang est chaud», c'est-à-dire qu'on est aux limites de l'inceste: pour effacer la faute on doit offrir un paiement symbolique à l'esprit Hukum. Non seulement la terminologie à ce niveau ne laisse pas pressentir la règle d'alliance mais celle-ci est ressentie comme contraire à l'ordre universel.

Nous avons trouvé le principe du vocabulaire pour les trois générations centrales dans une stricte combinaison d'aînesse et de sexe relatif. La grande affaire est le classement de tous les germains et cousins de même sexe en aînés et cadets. La distinction de sexe relatif est dans l'ensemble subordonnée à la distinction d'âge, car, tandis que les germains et cousins de sexe opposé ne sont pas classés en aînés/cadets, les germains de sexe opposé le sont bel et bien en relation avec leurs enfants de même sexe pour permettre à la génération suivante le classement de *tous* les cousins de même sexe selon l'âge.

Le résultat de cette combinaison complexe est l'existence de trois catégories fondamentales: aîné de même sexe, cadet de même sexe, frère–soeur; cette dernière catégorie porte ce que le système admet d'affinité (*ifar*) au-delà des époux eux-mêmes (*hoan*).

En somme, le vocabulaire nous prépare à trouver dans l'organisation sociale deux paires fondamentales: aîné–cadet, et frère–soeur. Or, c'est précisément ce que l'étude des groupes nous a appris: la hiérarchie aîné–cadet structure la maison et le lignage et au-delà elle constitue le modèle de toute hiérarchie. L'opposition aîné/cadet introduit une hiérarchie dans la relation entre des éléments en quelque sorte identiques, dont l'un est alors subordonné à l'autre; essentiellement, c'est la complémentarité entre les éléments qui est ainsi marquée et que la hiérarchie ordonne, fournissant un modèle pour organiser les relations entre hommes ou entre groupes. Par rapport à l'opposition de génération (père–fils) marquée par une filiation sociologique ou symbolique, l'opposition aîné/cadet est une structure plus souple, à la limite de la filiation, qui permet de mettre en relation des éléments divers tout en conservant l'idée hiérarchique (ainsi, les deux *rin* d'une maison, les relations entre nobles et gens du commun, entre donneurs et preneurs de femmes).

5 | Les relations cérémonielles formalisées

1. Introduction; les règles de mariage

Après avoir montré la nature de toutes les unités en présence et les différents niveaux de la structure, nous entrons dans l'univers de la relation; c'est là que se situe essentiellement le dynamisme de la société dont seule la charpente a été observée jusqu'alors. Il faut étudier à présent les différents liens qui assemblent les éléments: quelles sont les relations à l'intérieur des niveaux, entre les niveaux, à quels échanges donnent-elles lieu? Tel sera l'objet de ce chapitre.

Quand nous employons le terme de relation, nous n'envisageons pas seulement les relations matrimoniales, mais aussi celles dont le contenu sociologique permet à tous les groupes de se situer les uns par rapport aux autres, c'est-à-dire les relations rituelles, politiques, historiques. Outre les liens créés par l'alliance matrimoniale, il y a des liens fondés sur l'entraide, d'autres sur la dépendance.

Les deux types d'alliance qu'utilise cette société s'opposent par le fait que le premier, construit sur le modèle de l'échange généralisé, implique une hiérarchie entre les partenaires et une orientation de l'échange. Chaque *rin* (ou maison) se détermine par rapport à deux autres au moins, l'un qui lui donne des femmes à épouser (le *rin* ou la maison des donneurs de femmes, que, pour simplifier, nous identifions comme les «donneurs») et qui est supérieur, l'autre qui en reçoit en mariage (les «preneurs»), qui est inférieur. Ce système implique que ces deux *rin* (ou maisons) ne peuvent être confondus: on ne donne pas de femmes au *rin* qui vous en donne; l'échange est donc orienté.

Le second type d'alliance suppose au contraire un échange

149

réciproque de femmes entre deux *rin* (ou maisons); c'est dire que l'on peut à la fois donner des femmes à un *rin* et en recevoir. A la différence du premier, ce mode d'échange est très peu utilisé de nos jours et représente plutôt un type idéal de relations. Cet échange réciproque implique l'égalité de statut des partenaires.

Lorsque l'on parle d'alliance entre deux maisons, on évoque une relation continue, ouverte à l'origine par un mariage; maintenue de génération en génération par de nouveaux mariages, elle est renforcée par l'échange de prestations cérémonielles; on l'appelle *yan ur–mang oho*, du nom attribué à chaque partenaire, celui qui reçoit une femme en mariage et celui qui la donne.

En dehors du mariage, les maisons peuvent être liées par deux autres relations qui répondent aux mêmes modèles, l'un égalitaire, l'autre hiérarchique. La première, appelée *baran ya'an war* est fondée sur l'entraide et le soutien réciproque entre deux partenaires égaux en statut. La seconde, *ko-mardu*, crée un lien de dépendance hiérarchique entre un «maître» et ses «petits»; l'un a des droits et des responsabilités, les autres ont des devoirs et des obligations.

Cet ensemble tisse autour de chaque maison[1] une sorte de réseau dans lequel sa position est variable, tantôt supérieure, tantôt égale, tantôt inférieure; une maison n'a donc jamais une position absolue par rapport aux autres lorsque l'on considère la totalité des relations au niveau global du village. A travers les problèmes de l'échange, nous allons retrouver le balancement entre le deux et le trois qui marque, comme nous l'avons vu tout au long de l'analyse, la structure de l'espace, des groupes et des fonctions; à trois ou à deux partenaires, les relations entre maisons offrent un modèle explicatif de l'une des caractéristiques de la structure de cette société. Nous verrons dans la suite par l'étude des prestations échangées au cours des cérémonies comment chaque maison marque sa relation avec une autre maison et sa position dans un rapport de hiérarchie ou d'égalité. Les fêtes cérémonielles les plus importantes sont le mariage, les funérailles, la construction de la maison et la pose du toit, la construction et le lancement du voilier.

1. Dans la suite du chapitre, on utilisera de préférence le terme «maison» pour simplifier et éviter de dire chaque fois maison ou *rin*. Certaines maisons n'ont parfois qu'un seul *rin* et la maison est alors l'unité d'échange; quand il y a deux *rin*, le *rin* est l'unité d'échange. Les relations dont nous parlons ici n'interviennent pas entre les deux *rin* d'une même maison mais toujours entre *rin* de maisons différentes.

L'aîné de chaque *rin* (ou maison) doit en principe répéter le mariage de son père et épouser la fille du frère de sa mère. C'est la seule règle positive exprimée, elle indique qu'à chaque génération un nouveau mariage doit renouveler le lien existant entre deux maisons alliées. En dehors de la cousine croisée matrilatérale, aucune autre cousine germaine n'est permise; il semble cependant qu'une cousine croisée patrilatérale au troisième degré, c'est-à-dire l'arrière-petite-fille de la soeur de l'arrière-grand-père puisse être épousée. En ce qui concerne les cadets de lignages ou de maisons, on ne fait valoir que les règles négatives. Ils ne peuvent cependant pas choisir une épouse dans n'importe quelle maison, comme nous allons le voir par la suite.

Les ordres sont endogames, et les nobles ne doivent pas se marier avec des gens du commun ou des esclaves. Cela peut arriver cependant, auquel cas les enfants ont toujours le statut du parent inférieur. Si la femme est de rang supérieur, le mari doit payer une compensation pour la «perte de rang» qu'il fait subir à son épouse; si l'homme est de rang supérieur, il ne perd que la moitié de son statut (voir p. 122).

Par rapport aux règles positives et négatives de mariage énoncées ci-dessus, on observe des écarts en fonction de l'ordre auquel on appartient. Chez les gens du commun, le mariage avec la cousine croisée matrilatérale est parfois respecté, mais on remarque aussi des mariages avec la cousine croisée patrilatérale, parfois avec les cousines parallèles, comme si les limites de l'inceste étaient plus étroites. Il n'y a pas de règles exprimées pour les esclaves. A Tanebar-Evav, les lignages de gens du commun sont peu nombreux et il est difficile de reconnaître une règle au niveau empirique; les généalogies donnent des cas de mariages avec les cousines patrilatérales et surtout de nombreux mariages à l'extérieur de l'île. De nos jours et quel que soit le rang, les règles sont de moins en moins respectées, mais on cherche à maintenir au minimum, d'une manière ou d'une autre, les alliances avec certaines maisons.

Deux frères ne peuvent épouser des femmes appartenant au même *rin* ou à la même maison. Les généalogies montrent cependant plusieurs cas de mariage de ce type, mais ce redoublement de l'alliance est sanctionné par un paiement, cette faute étant classée dans la catégorie des incestes.

La polygynie était fréquente autrefois et les épouses provenaient alors de plusieurs maisons ou *rin* différents. La polyandrie n'existe pas, mais le divorce n'est pas rare pour les femmes qui, comme le montrent les généalogies, peuvent avoir successivement deux ou trois époux. L'échange des prestations est alors très complexe et implique qu'une partie du prix de la fiancée versé dans l'ancien mariage soit rendue à l'ancien époux puis remplacée par un paiement du nouvel époux. Ainsi, le réseau des alliances et des mariages est compliqué par les unions multiples de l'homme ou de la femme; s'il y a des enfants à chaque union, le tableau devient plus complexe encore. Le concubinage existe mais n'est pas institutionnalisé; s'il n'est pas transformé en mariage, les enfants appartiennent à la maison de la mère.

2. La relation hiérarchique d'alliance

Rappelons pour commencer que la maison, généralement composée de deux *rin*, constitue l'unité exogame et définit ainsi de manière négative un ensemble de gens avec lesquels il n'est pas possible de se marier. Ces femmes non épousables sont d'abord les cousines parallèles patrilatérales, mais aussi les femmes appartenant au lignage de l'autre «côté» avec lesquelles on ne peut tracer de lien généalogique; sans être des «soeurs», *uran*, elles participent d'une même unité sociologique, la maison, dont les deux *rin* sont considérés comme aîné et cadet. Si la maison est l'unité exogame, le *rin* est l'unité d'échange; c'est entre *rin* que sont établies les relations dont nous allons parler. Le *rin* équivaut à un lignage, comprenant parfois plusieurs segments.

Les donneurs et les preneurs de femmes

Tout mariage détermine une relation particulière entre *rin* de deux maisons du village, dont l'un reçoit une femme en mariage tandis que l'autre la donne. Cette relation entre un preneur de femme et un donneur s'appelle *yan ur–mang oho*. *Yan ur* désigne la maison des preneurs de femmes; c'est une contraction de *yanan uran*, «enfants soeurs», soit les soeurs données en mariage et leur descendance, implicitement opposées aux enfants de frères qui restent dans le lignage. Les donneurs de femmes sont appelés *mang oho*, les «gens du village»; cette expression semble indiquer que les femmes étaient données en mariage à des gens venus de l'extérieur ou bien à d'autres villages. A Tanebar-Evav, le village est presque endogame, mais c'est par mariage que la plupart des lignages immigrants ont été intégrés peu à peu dans le village jusqu'à constituer l'ensemble de maisons actuel.

Chaque mariage met donc en jeu deux partenaires formant un couple *yan ur–mang oho*, un preneur et un donneur. Mais comme la règle veut que l'on ne donne pas de femmes à la maison dont on les reçoit, chaque *rin* est d'un côté preneur, de l'autre donneur; on doit ainsi admettre l'existence d'une relation entre trois maisons au minimum: la maison sujet, celle qui lui donne des femmes, celle à qui elle en donne; A donne à B et reçoit de C. Les mariages devraient se répéter à la génération suivante et lient les maisons par une relation d'alliance; chaque *rin* (ou maison) possède en fait plusieurs partenaires *yan ur* et *mang oho* avec lesquels la relation a été nouée au début par un mariage. Ce lien durable entre maisons est marqué par l'échange de prestations et par des devoirs et des obligations réciproques: suivant les circonstances, un *rin* peut faire appel à ses preneurs ou à ses donneurs de femmes qui sont dans l'obligation de répondre à cet appel. Chaque occasion cérémonielle importante réunit ainsi autour d'un *rin* ses partenaires, dont les prestations marquent le statut relatif par rapport au *rin*. En effet, dans ce système d'échange à trois partenaires, les donneurs de femmes sont considérés comme supérieurs; on les appelle «aînés»; les preneurs sont inférieurs et appelés «cadets»; sur le modèle du rapport entre un aîné et son cadet, on est en droit de demander quelque chose à son *yan ur* mais on offre à son *mang oho* aide et respect. Cette hiérarchie se traduit par le type de prestations offertes qui n'est pas du même ordre pour l'un ou l'autre des partenaires. On dit encore que les *mang oho* sont *itaten*, c'est-à-dire les «anciens», tandis que les *yan ur* sont *kako*, les «enfants». Ces expressions classent les partenaires dans la position hiérarchique où le respect et le droit à la parole donnent autorité aux anciens sur les enfants, aux aînés sur les cadets, aux donneurs sur les preneurs.

Un donneur de femmes est idéalement représenté par le lignage du frère de la mère. Souvenons-nous ici des remarques faites à propos de la terminologie de parenté: les deux relations essentielles, aîné–cadet d'une part, frère-soeur (relation entre *uran*) d'autre part sont marquées l'une par la hiérarchie, l'autre par la différence de sexe. Lorsque l'on envisage ce type d'alliance, cette seconde relation devient hiérarchisée à son tour puisque le donneur de femme, le frère de la mère (*memen*) est dans une position supérieure par rapport au preneur *yan ur*, le lignage des enfants de sa soeur. Il y a donc une supériorité accordée au côté maternel, accentuant le couple frère–soeur, et de plus, exprimée à son tour en termes d'opposition aîné/cadet. Ce qui distingue les *memen* des *yaman* est essentiellement une différence de statut soit en supériorité (le frère de la mère) soit en infériorité (le mari de la soeur du père).

Ce schéma général du premier type d'alliance rencontré à Tanebar-Evav montre les principales caractéristiques d'un système d'échange généralisé: l'existence de trois partenaires au minimum, l'impossibilité de renverser le sens de l'alliance, les donneurs ne pouvant être confondus avec les preneurs, la supériorité des premiers sur les seconds, l'échange continu de prestations entre les partenaires. De plus, nous verrons par la suite que, quel que soit le type de mariage envisagé, les groupes échangistes sont toujours classés en donneur, *mang oho* et preneur, *yan ur*.

Mais si tous les mariages répètent ou créent une alliance, celui des aînés est en principe différent de celui des cadets, et certaines alliances sont plus valorisées que d'autres.

La relation archétypale

La relation d'alliance entre deux maisons est parfois énoncée par l'expression *mang oho itin kān–vu'un* qui représente le modèle idéal de la relation. Selon cet archétype, chaque maison devrait avoir à ses côtés une maison «donneur» et une maison «preneur» avec lesquelles elle aurait noué une relation fondamentale correspondant au mariage de l'aîné avec sa cousine croisée matrilatérale et de l'aînée avec son cousin croisé patrilatéral; cette relation privilégiée, commencée par un mariage, et renouvelée à chaque génération par le mariage des aînés, distinguerait ainsi un *mang oho* parmi tous les partenaires donneurs, et un *yan ur* parmi tous les partenaires preneurs, et se conformerait ainsi au modèle idéal de l'alliance asymétrique.

Le donneur privilégié est désigné par l'expression *mang oho itin kān* ou *mang oho tu'ar tom*. *Itin* traduit le «pied» d'un arbre, le «fondement des choses», la «base»; *kān* désigne la tige de millet une fois que l'épi est vide de ses grains. *Itin kān* représente la maison de la «base», le pied du lignage, l'origine, la maison qui a donné la femme lors de l'inauguration de la relation; l'expression évoque l'image de la tige de millet vide, ce qui reste une fois que les grains ont été donnés en nourriture ou semés pour produire du nouveau millet; la maison s'est vidée de ses femmes, données en mariage, pour fonder par leur descendance de nouvelles maisons et de nouveaux lignages. Il faut noter que l'expression s'emploie avec des suffixes pronominaux, comme les termes de parenté et les noms désignant les parties du corps humain; on dit ainsi *itir kār* pour «leurs *itin kān*»; ce fait souligne la personnalisation de la relation qui est aussi fondamentale que la relation au père ou à la mère ou à la tête et aux jambes; l'expression *mang oho* est invariable et, en ce sens, moins forte. *Itin kān* ainsi employé implique la relation à un tout dont fait partie chaque individu; on comprend mieux ici la position hiérarchiquement supérieure du donneur par rapport au preneur.

L'expression complémentaire *tu'ar tom* a une signification très proche; *tu'ar* désigne aussi le pied d'un arbre, et le manche d'un couteau ou d'un outil; *tom* peut être traduit par «mythe» ou «histoire» et se différencie de *sarit* qui qualifie plutôt les récits, de guerre ou d'aventures; *tom*, c'est l'histoire des origines, l'ensemble des mythes et des histoires qui sont à l'origine de la société. *Tu'ar tom* désigne donc la base de l'histoire, le début de l'histoire, le pied de «l'arbre généalogique», l'acte fondateur, c'est-à-dire le premier don d'une femme en mariage grâce auquel une maison a été fondée. Comme *itin kān*, *tu'ar tom* est une image, moins métaphorique, qui traduit l'origine de la société ou le début de l'histoire par la fondation des maisons et le don des femmes en mariage.

Le *mang oho itin kān* (littéralement: les gens du village considérés comme le pied de la tige de millet vide de ses grains) devrait représenter la maison avec laquelle une relation d'alliance a été commencée par les ancêtres, unissant ainsi les deux maisons plusieurs générations auparavant.

L'expression *vu'un* (ou *va'un*) désigne la maison du preneur de femme appartenant à cette relation privilégiée. *Va'un* n'est qu'une déformation du premier mot. *Vu'un* a deux sens différents, tous deux donnés comme explication de la relation avec les preneurs; ce mot signifie d'abord une «jointure», une «articulation», poignet ou cheville par exemple, et aussi un «noeud» dans le bois; on conçoit alors le groupe des preneurs comme une articulation, cheville ouvrière de la relation. Mais *vu'un* est aussi une contraction de *vu'ut ulun*, «tête de poisson»; on explique cette appellation par le fait que les preneurs de femmes doivent des prestations de poisson à leurs donneurs quand ils réussissent une pêche abondante; ils offrent alors la tête, considérée comme le morceau de choix; dans ce dernier sens, les preneurs sont définis par un terme qui exprime leurs obligations envers leurs donneurs, confirmant ainsi leur position inférieure dans la hiérarchie.

Logiquement, on s'attend à trouver une maison particulière qualifiée de *vu'un*, celle qui aurait reçu en mariage une femme au début de la relation d'alliance; dans la relation d'alliance idéale à trois partenaires, elle serait le symétrique du *mang oho itin kān*, puisque l'expression complète mentionnant la relation archétypale donneur–preneur contient les deux termes et puisqu'une maison reçoit des femmes d'un côté et en donne de l'autre. Cependant, jamais une maison n'en qualifie une autre de *vu'un*, comme «preneur» à l'origine de préférence à d'autres preneurs, comme c'est le cas pour l'*itin kān*, premier donneur. Ce trait est cohérent avec le double fait que seul un petit nombre de maisons furent les premiers «donneurs» de toutes les maisons successivement intégrées à la société du village (c'est-à-dire que chaque *itin kān* a plusieurs *vu'un*, ayant donné des femmes à plusieurs lignages), et que d'autre part le donneur occupe une position hiérarchiquement supérieure au preneur et que l'on se souvient davantage de la relation la plus importante. C'est donc la place de l'*itin kān* dans l'idéologie et dans la réalité de l'alliance qui va nous occuper maintenant puisque seul ce partenaire de la relation est souligné par la société elle-même.

Deux phases de l'enquête ont permis de comprendre peu à peu la signification de l'*itin kān*. Dans un premier temps, nous avons demandé à chaque maison de nommer ses partenaires, *itin kān*, donneurs «ordinaires» et preneurs. Dans un deuxième temps, nous avons comparé cette liste avec les généalogies et avec les observations faites au cours des cérémonies; c'est en ces occasions en effet que les relations entrent en action et les gens disent alors que telle prestation est offerte par un donneur, ou par un *itin kān* ou par un preneur, ou par un neveu, etc.

Les *itin kān* mentionnés en premier lieu sont ceux de l'origine ou ceux que l'on croit être à l'origine. On constate alors que presque toutes les maisons nommées comme *itin kān* (il y en a neuf souvent citées, et trois ne sont citées qu'une seule fois) font partie de deux *yam*, les *yam* Rahakratat et Rahanmitu; dans ces deux *yam*, douze *rin* sont considérés comme *itin kān* par toutes les autres maisons; dans le troisième *yam* une seule maison avec ses deux *rin* est mentionnée. Ce nombre de donneurs *itin kān* semble une bien faible proportion pour un village de trente-sept *rin* mais montre que l'histoire des origines se concentre essentiellement autour de neuf maisons, les premières à avoir donné des femmes en mariage à toutes les autres. Ce fait peut expliquer l'orientation hiérarchique des relations entre maisons; il y a idéologiquement neuf maisons supérieures, « donneurs » de femmes, qui s'opposent hiérarchiquement à toutes les autres, réduites à un rôle de preneurs. Huit maisons appartiennent aux deux *yam* associés aux deux principaux mythes d'origine de l'île (celui du « nombril de l'île » et celui de la montagne Masbaït); la neuvième, appartenant à l'autre *yam*, est la maison Fitung, associée au mythe du « nombril de l'île ». Les donneurs sont donc en rapport étroit avec l'origine du village et l'existence des *itin kān* prend alors tout son sens: elle signifie la création, par le moyen des femmes données en mariage, de liens hiérarchiques avec des lignages étrangers, ainsi intégrés au village. On se souvient que les maisons du *yam* E Wahan sont presque toutes d'origine étrangère; nous en avons la confirmation ici car aucune d'entre elles (sauf Fitung) n'est citée comme *itin kān*; elles sont donc en position de preneurs. Le petit nombre de maisons *itin kān* représente donc les maisons originaires de l'île qui ont, par le don de femmes, rassemblé progressivement autour d'elles d'autres maisons.

Ainsi, par cette première liste, doit-on considérer l'alliance *itin kān* davantage comme une relation fondamentale unissant les maisons entre elles que comme un système d'échange de femmes et de mariage. A la question directe: quel est votre *itin kān*, les gens se réfèrent en premier lieu à la relation originaire qui, sous la forme d'un mariage, a permis à leur maison d'occuper une certaine place dans le village. Les maisons citées comme *itin kān* sont elles-mêmes *itin kān* les unes pour les autres; ceci donne à penser que ces maisons échangeaient des femmes entre elles, formant une sorte de circuit d'alliance relativement fermé.

Si l'on considère maintenant les faits, on s'aperçoit d'abord que dans les généalogies l'ancêtre initiateur de la relation *itin kān* n'est pas toujours le fondateur de la maison ou du *rin*; d'autre part, les mariages réalisés avec le donneur privilégié sont dans l'ensemble plutôt rares. Il y a une discordance marquée entre ce que l'on peut appeler l'idéologie de l'alliance avec l'*itin kān* et la fréquence des mariages réellement conclus dans ce sens; lorsqu'il y a concordance, l'alliance n'est jamais répétée plus de deux fois consécutives; parfois, la généalogie signale des intermariages successifs avec un *mang oho* qui n'est pas l'*itin kān*; ailleurs elle donne un seul mariage très ancien avec l'*itin kān*, quelquefois elle n'en indique aucun. Lorsque l'on demande l'explication des prestations observées, on obtient parfois le nom de plusieurs maisons citées comme *itin kān*; il semble qu'il y ait confusion entre l'*itin kān* le plus éloigné, dont on ne voit pas la trace dans la généalogie, et une relation avec un donneur plus récent, la maison qui a donné l'arrière-grand-mère par exemple; c'est alors l'alliance avec ce donneur qui est répétée, en vertu de la règle de mariage avec la cousine croisée matrilatérale.

Pour comprendre cela, il faut bien sûr tenir compte des lacunes possibles dans l'enquête elle-même et de la faible mémoire généalogique des informateurs; de plus, en raison des variations démographiques, des procédures sont parfois nécessaires pour pallier l'absence d'épouse disponible dans le *rin* privilégié et la remplacer par une autre femme: en ce qui concerne les générations éloignées, les informateurs ne se souviennent généralement pas des conditions dans lesquelles le mariage a été réalisé et ne savent pas s'il s'agit d'une épouse prescrite ou de remplacement. D'autre part, après segmentation des lignages importants, le segment de lignage cadet peut avoir un *itin kān* différent de celui du segment aîné et représenté par la maison qui a donné une femme au segment cadet à son origine, soit il y a trois ou quatre générations; ce segment cadet doit assumer alors non seulement les relations avec son propre *itin kān* mais soutenir aussi celles du segment aîné; c'est ainsi que plusieurs *itin kān* peuvent être cités pour une même maison.

Mais cet usage disparate du terme appliqué à plusieurs relations témoigne cependant d'un phénomène important; la relation appelée *mang oho itin kān* est avant tout une relation d'alliance; si, à l'origine, il y a réellement eu un mariage, pour diverses raisons (entre autres sans doute le fait que neuf maisons ne peuvent matériellement fournir, à chaque génération, des épouses aux vingt-trois maisons du village) des relations d'alliance se sont créées avec d'autres maisons, ont été maintenues par des mariages répétés, et sont considérées comme des alliances fondamentales; une sorte de régulation des échanges s'est opérée entre les maisons du village jusqu'à ce qu'elles aient toutes des partenaires donneurs et preneurs, plus ou moins fixes: l'un ou l'autre de ces donneurs est alors considéré comme l'*itin kān*. Il ne faut donc pas s'étonner des prestations faites au titre de l'*itin kān* au *rin* du frère de la mère, par exemple, qui avait aussi donné l'arrière-grand-mère; il y a une valorisation de cette relation par rapport aux relations avec d'autres maisons «donneurs» qui n'ont fourni parfois qu'une seule épouse.

Dans les généalogies, on constate que vingt-deux *rin* sur trente-sept ont effectué au moins une fois un mariage avec le donneur *itin kān* mentionné dans la première liste, mais jamais plus de trois fois sur cinq générations. La proportion des mariages avec les neuf maisons citées est donc très faible. Cette alliance n'est pas toujours le fait de l'aîné et elle est parfois effectuée par un segment cadet. Il semble donc que le nombre de mariages effectivement réalisés compte peu, tandis qu'il est essentiel de se souvenir de l'existence de la relation fondamentale, même si un donneur plus récent est appelé *itin kān* parce qu'il a fourni plusieurs épouses.

Le réseau des alliances

Si la règle de mariage et l'existence de l'*itin kān* laissent supposer que chaque maison a une relation privilégiée avec une maison «donneur» de femmes, il existe en outre, autour de chaque maison, tout un réseau d'alliances constitué par les maisons qui ont donné ou reçu des femmes en mariage.

On voit d'abord que si l'aîné respectait toujours la règle de mariage avec sa cousine croisée matrilatérale (qui appartiendrait idéalement à la maison du donneur *itin kān*) on trouverait une relation fortement hiérarchisée entre deux maisons ou deux *rin*; les donneurs sont en effet toujours dans une position de supériorité. Si l'alliance était répétée à chaque génération, toutes les maisons ou *rin* du village seraient reliées par paires en une relation définitivement hiérarchisée, où chacune serait toujours inférieure par rapport à la maison du donneur traditionnel. Comme les maisons *itin kān* sont peu nombreuses, il s'ensuivrait que ce petit nombre de maisons serait dans une position supérieure absolue par rapport à toutes les autres; le village serait divisé en deux parties, d'un côté les donneurs supérieurs, de l'autre les preneurs inférieurs.

Le schéma théorique d'un tel système montrerait que les maisons *itin kān* ne reçoivent de femmes d'aucune autre maison que des *itin kān* et les échangent donc entre elles tandis qu'elles en donneraient aux maisons de l'autre groupe, les preneurs (qui ne leur en donnent pas, et donc échangent aussi des femmes entre elles). Ainsi ces deux groupes de maisons auraient pour caractéristiques d'être fortement endogames et d'être hiérarchisés par le fait que les femmes circulent dans un sens seulement, du premier vers le second groupe.

Ce schéma ne correspond pas à la réalité pour plusieurs raisons. Nous avons déjà souligné les confusions entourant l'emploi du terme *itin kān*. La règle de l'alliance avec l'*itin kān* qui serait toujours la maison du frère de la mère n'est pas rigoureusement observée; de plus, la situation serait statistiquement impraticable, neuf maisons ne pouvant pas être les donneurs privilégiés de vingt-trois maisons à chaque génération; enfin, d'autres relations viennent compenser l'inégalité des relations créées par l'alliance entre maisons. La réalité empirique se développe comme si elle essayait de surmonter les contradictions inhérentes aux principes théoriques qui président aux règles de l'échange; d'abord pour anéantir une hiérarchie duelle fixe en créant de nombreuses relations hiérarchisées qui atténuent les effets d'une seule relation; ensuite pour élargir le cercle des donneurs, qui, étendu à toutes les maisons du village, permet à celles-ci d'être plusieurs fois en position de donneur et de preneur, les mettant de fait dans une situation égalitaire dès lors que l'on suppose que le cercle se boucle. La relation à l'*itin kān* demeure la plus importante; mais cependant, son rôle s'efface devant celui du lignage du frère réel de la mère, avec lequel il ne se confond pas toujours.

La règle de mariage qui concerne l'aîné suppose que les cadets font des mariages de moindre importance et ne nouent pas d'alliance. La structure de la maison composée de deux côtés, aîné et cadet, permet d'entrevoir un modèle idéal dans lequel le *rin* aîné réaliserait l'alliance de la maison, tandis que le mariage des cadets ne serait pas soumis à des règles particulières; le schéma des échanges entre maisons du village répondrait alors à un système plus rigoureux, chacune ayant un partenaire reconnu.

La réalité observable de nos jours correspond à un système plus souple dans lequel il reste essentiel qu'un certain nombre de relations soient honorées sans que soit parfaitement appliquée la règle de mariage. En effet, l'importance de l'aîné se situe actuellement davantage au niveau de ses fonctions à la tête du *rin* et de la maison qu'à celui de la règle matrimoniale qu'il ne respecte pas toujours. Si un fils unique n'épouse pas sa cousine croisée, son propre fils sera peut-être obligé d'honorer l'alliance à sa place; quoi qu'il en soit, *la relation demeure* et les prestations continuent d'être échangées, *même s'il n'y a pas un nouveau mariage.* Lorsqu'il y a plusieurs fils, il arrive que l'aîné épouse sa cousine croisée matrilatérale réelle qui n'appartient pas à la maison *itin kān*, tandis qu'un frère cadet renoue à sa place l'alliance privilégiée avec l'*itin kān*. Les frères cadets ont théoriquement le choix pour leur propre mariage, à condition qu'ils ne s'adressent pas à un ancien preneur de femmes, c'est-à-dire à une maison à laquelle leur maison a déjà donné une femme; ils peuvent par contre s'adresser à des *mang oho*, des maisons qui ont donné une femme à la leur autrefois. Ainsi, le réseau des *mang oho* n'est jamais clos, et il est toujours possible de contracter une nouvelle relation par un mariage avec l'une ou l'autre des maisons du village; tout mariage crée une relation qui, renouvelée ou non par d'autres mariages, est renforcée par l'échange continu de prestations; ces nouvelles alliances sont fréquentes lorsque les mariages ne sont pas arrangés par les anciens du village et résultent d'un enlèvement par exemple; le règlement se fait a posteriori et la maison du frère de la mère aura alors un rôle à jouer à la génération suivante.

D'autre part, du fait des accidents démographiques, la maison du donneur de femmes ne peut pas toujours répondre à la

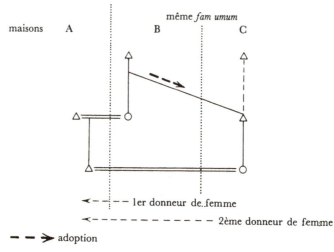

Fig. 25. Solidarité du *fam umum* pour fournir une épouse

demande de son preneur; le donneur fait alors souvent appel à la solidarité de la maison ou du *ub*, demandant à un autre *rin* de fournir l'épouse à sa place.

Dans l'exemple ci-dessous, la maison B est *mang oho* de la maison A; à la seconde génération, elle n'a pas de femme à offrir à son preneur, elle fait alors appel à la maison C du même *fam umum* pour la remplacer; dans ce cas, la situation est compliquée par le fait qu'un homme B a été adopté par C pour continuer le lignage et qu'il se trouve ainsi être l'oncle maternel direct de l'homme de A (fig. 25).

Dans d'autres cas, une maison du même *ub* peut aider à trouver une épouse; si par exemple la maison Tokyar du *ub* Rahanmitu (maisons Korbib, Hernar, Sokdit, Tokyar) doit donner une femme, la maison Sokdit peut en donner une à sa place; le *ub* agit alors comme un groupe de frères dont les soeurs seraient interchangeables en tant qu'épouses potentielles pour leurs partenaires preneurs (mais il n'est pas interdit pour autant de se marier dans son propre *ub*).

Chaque fois, ce processus crée une nouvelle alliance avec une maison différente de celle du frère de la mère; cette relation devrait alors être respectée à son tour et renouvelée par des mariages; elle sera parfois plus favorisée que l'alliance initiale. La maison Sokdit peut continuer à donner des femmes jusqu'au jour où Tokyar reprend son rôle d'*itin kān*, tandis que Sokdit continue de recevoir des prestations en tant que donneur.

Il faut bien comprendre cette complexité du réseau au niveau empirique des mariages. La règle semble ne pas être respectée, mais néanmoins elle l'est souvent par des voies détournées. Le réseau des alliances est ainsi en perpétuel mouvement puisque, de par ses propres règles, il crée de nouvelles alliances qui, à leur tour, devraient en principe être répétées. Ce n'est plus seulement l'alliance de l'aîné qui compte mais chaque mariage des cadets, créant ou répétant une alliance; celle-ci ne concerne pas le cadet ou le segment cadet seul, mais chaque fois toute la maison ou le *rin*, puisque les relations se font de *rin* à *rin* ou de maison à maison.

L'extension du réseau n'est bien sûr pas infinie; elle est limitée par les possibilités démographiques, mais aussi par le fait que l'alliance initiale reste prépondérante et que l'on préfère renouveler des alliances en cours afin de renforcer des liens déjà existants. On voit bien par ailleurs comment la politique des mariages donne une réalité nouvelle aux différents groupes dont fait partie la maison (*ub, yam, fam umum*); au moment du choix du conjoint, plusieurs possibilités sont offertes, d'abord auprès des donneurs traditionnels, puis dans les réseaux de relations des maisons du *ub*, parfois du *yam*. Les mariages sont l'occasion de renforcer des relations, de faire un choix parmi celles qu'il est temps de renouer, ou de négliger celles que l'on préfère laisser tomber dans l'oubli. L'option est limitée par les possibilités réelles, c'est-à-dire l'existence d'épouses potentielles, mais elle détermine une certaine politique de relations entre les maisons. Le problème est plus aigu s'il s'agit d'un fils unique, ou encore si tous les frères se sont mariés un peu partout et qu'il n'en reste qu'un pour répéter une alliance importante que l'on ne veut pas repousser cette fois encore à la génération suivante. Le choix d'un conjoint, dans un réseau de plusieurs alliances, est toujours crucial.

Le rôle particulier du frère de la mère

Si les donneurs de femmes sont supérieurs et aînés, ils sont aussi les représentants d'une catégorie de morts particulièrement craints, les *duad-nit*, les «morts-dieu»[2], ancêtres de leur lignage. Ainsi, les preneurs de femmes n'honorent pas seulement leurs alliés, mais aussi les morts de leurs alliés; à chaque mariage, et en diverses autres occasions, ils leur apportent des offrandes qui sont déposées dans la maison des donneurs. Il n'est pas rare de désigner les donneurs eux-mêmes par le terme *duad-nit* réservé à cette seule relation.

Parmi ces *duad-nit* comme parmi les donneurs, certains sont respectés plus que d'autres, mais les morts du lignage du vrai frère de la mère, qu'il soit ou non l'*itin kān*, pèsent encore plus lourd dans la vie de tous les jours. Ils représentent une instance punitive vers laquelle on se tourne à chaque problème ou à chaque faute. Une sorte de plaisanterie consiste à dire: «attends un peu que les *duad-nit* te frappent» (si tu fais telle bêtise). On peut donc être familier avec ses *duad-nit* parce que les questions quotidiennes les concernent, mais on leur marque cependant un grand respect. Si tous les neveux sont appelés sans distinction *yanan duan* par leurs oncles, l'un de ceux-ci, l'oncle maternel, est distingué en tant que *duad-nit*; la relation à cet oncle est donc soulignée par la relation nécessaire à ses morts.

L'oncle maternel participe à de nombreuses décisions de la vie courante; sa soeur prend conseil auprès de lui et il a autorité sur ses neveux (rappelons que le lignage des preneurs de femmes est dénommé par rapport à cette relation, *yan ur*, «enfants soeurs»). Il est toujours consulté pour le mariage de ses neveux; en principe, il devrait donner sa fille en mariage à l'un d'entre eux et recevoir en échange le prix de la fiancée; si le neveu ne veut pas épouser cette cousine, il doit une compensation à son oncle; si l'oncle n'a pas de fille à proposer, il doit lui-même chercher pour son neveu une épouse parmi ses proches, ceux de la maison, du *ub* ou du *yam*.

Ce rôle particulier du frère de la mère est connu sous le nom de *tul den* ou *vav u*, littéralement «dire le chemin» ou «porter en avant»; (*vav* désigne l'action de porter sur son dos, une charge ou un enfant). Ces termes expriment exactement la position du frère

---

2. *Nit* désigne les morts, *duad* est le mot pour dieu, comme dans l'expression *duad ler vuan*, le «dieu Soleil-Lune»; on peut aussi dire *duang*, «mon dieu». Les *duad-nit* sont des morts en quelque sorte divinisés et la traduction approximative en est «les morts-dieu».

de la mère et de sa maison par rapport à celle de son neveu utérin; donneur de femmes, il est à la tête, par-devant, le premier et le principal dans la relation. Cette position est comparable à celle des initiés *dir u ham wang* avec les capitaines *ankod*, comme chefs à la tête de la société (*dir u*, se tenir debout en avant). Cette similitude de position permet de mettre en parallèle les deux usages du terme *yanan duan* «neveu», appliqué d'une part aux enfants de soeurs, appartenant aux maisons des preneurs de femmes, d'autre part aux gens du village face à leurs chefs, les initiés (chap. 2). On a déjà noté que les donneurs de femmes étaient classés comme aînés; ici, leur position supérieure se confirme par l'homologie avec celle des chefs du village.

Un exemple peut illustrer cette «mise en avant» de l'oncle maternel dans la recherche d'une épouse pour son neveu. Un homme de la maison A a pour donneur *itin kān* les deux *rin* de la maison B, sa mère vient de B₂. Mais le côté B₂ n'a pas de fille à lui donner en mariage, et les descendants du côté B₁ doivent fournir l'épouse pour la maison A. Toutes les soeurs de *b₁* refusant chacune d'être ainsi mariées, celui-ci aurait pu faire appel à son propre donneur si ce dernier avait des filles mariables; ce n'était pas le cas; il s'adressa alors à son preneur de femmes, de la maison C, à qui il avait donné une de ses soeurs; celle-ci était

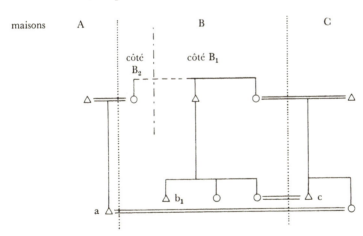

B: maison de l'oncle maternel

Fig. 26. Le rôle de l'oncle maternel

d'ailleurs plus ou moins considérée comme responsable du refus de l'autre soeur car elle l'aurait mal conseillée (fig. 26).

Dans cet exemple, le donneur demande un service à son preneur et se met lui-même dans la position de preneur. Tandis que b_1 devrait recevoir de la maison A le prix de la fiancée en échange de sa soeur, à l'inverse, puisqu'il devient preneur intermédiaire, il doit contribuer au prix de la fiancée pour acquérir la soeur de son propre preneur c. Quant à celui-ci, c, une certaine responsabilité incombant à son épouse, il dut proposer sa soeur pour régler les problèmes de ses alliés et satisfaire les esprits qui commençaient à manifester leur colère.

Le cas est particulièrement intéressant car il s'agit de maisons importantes dans le village; elles ont un rôle politique et rituel de premier ordre et sont particulièrement responsables du respect des règles dans le village. Le chef de la maison A, un initié, avait déjà fait plusieurs mariages en dehors de ses donneurs traditionnels, il n'avait pas d'enfants et tombait souvent malade. Il sentit que le moment était venu de mettre de l'ordre dans sa maison et de renouer avec son *itin kān* afin de s'assurer une descendance. Un mariage comme celui-ci concerne tout le monde, car si la règle était trop mal respectée, la sanction des *duad-nit* pourrait non seulement tomber sur une maison, mais s'étendre par la suite à tout le village.

Dans l'exemple ci-dessus, il se trouve que l'oncle maternel de l'épouse est aussi l'oncle maternel classificatoire de l'époux. Le cas est rare. Mais à chaque mariage, deux oncles maternels sont concernés: celui du garçon (qu'il donne sa fille ou non) a un rôle primordial dans le choix de l'épouse de son neveu; celui de la fille tient aussi une place particulière en tant que *duad-nit* qu'il faut honorer à chaque mariage: il reçoit une part importante du prix de la fiancée parce qu'il est le donneur des donneurs.

Lorsqu'il y a mariage avec la cousine croisée matrilatérale, les prestations concernent trois lignages essentiellement, celui du preneur qui offre le prix de la fiancée, celui de l'oncle maternel du garçon (père de la fille) qui le reçoit, et celui de l'oncle maternel de la fille (fig. 27a). Dans les autres cas, les prestations concernent quatre lignages: le lignage preneur, celui de l'oncle maternel du garçon qui reçoit une compensation tout en con-

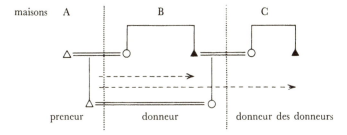

(a) Mariage avec la cousine croisée matrilatérale

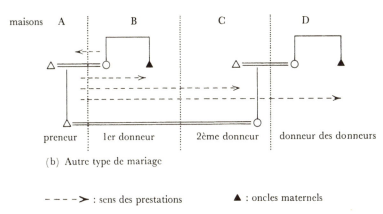

(b) Autre type de mariage

- - - -➤ : sens des prestations   ▲ : oncles maternels

Fig. 27. Sens des prestations suivant le type de mariage

tribuant pour une faible part au prix de la fiancée, le lignage donneur et celui de l'oncle maternel de la fiancée qui reçoit une partie du prix (fig. 27 b).

Dans tous les cas, les prestations aux oncles maternels sont destinées aux *duad-nit*, c'est-à-dire aux morts des maisons donneurs de femmes à la génération précédente; elles sont essentielles car on craint particulièrement leurs sanctions.

On voit ainsi un trait essentiel: quelle que soit l'alliance que l'on a choisi de renouveler, la maison importante au moment d'un mariage ponctuel reste celle du dernier donneur de femmes, celle qui a donné la mère; même si l'on continue à honorer des alliances plus anciennes par des prestations, la relation la plus importante d'un homme est celle qui le lie au frère de sa mère, donneur, aîné, supérieur, *duad-nit*; relation particulière que nous avions déjà remarquée lors de l'étude de la terminologie de parenté: sur deux générations, elle se traduit par trois termes, *uran* (relation frère–soeur), *ifar* (relation entre beaux-frères, le père et le frère de la mère) et *memen* (frère de mère ou mari de la soeur du père). Plus que toute autre, la relation unissant un frère et une soeur se transforme en une relation forte entre un neveu et son oncle maternel.

Conclusion

Nous voilà apparemment devant un paradoxe: nous tendions, en accord avec la théorie générale de l'alliance asymétrique, à dégager un modèle tripartite, une relation idéale à trois partenaires, la maison, son «donneur» et son «preneur». Or, nous avons été amenés à insister plutôt sur le donneur privilégié *itin kān* qui est primordial au niveau idéologique. Comment se fait-il qu'on ne trouve pas symétriquement aux donneurs une série de preneurs privilégiés? Pour tout le village, les donneurs primordiaux se réduisent à neuf maisons, grossissant du même coup le nombre des preneurs. On ne distingue pas tel ou tel preneur en tant que *vu'un*. Le terme lui-même tombe en désuétude au point qu'on l'applique désormais au donneur: au lieu de dire «c'est mon donneur, je suis donc son *vu'un*», on dit «c'est mon *vu'un*», comme si les deux pôles de la relation s'exprimaient par un seul terme en référence au seul donneur.

En fait, nous avons découvert pour la première fois le terme *vu'un* lors d'un mariage où le garçon épousait sa cousine; on disait: «il fait un mariage *vu'un*», signifiant par là qu'il renouait l'alliance avec son donneur traditionnel. C'est seulement par la suite que nous avons rencontré l'expression complète de la relation: *itin kān–vu'un*. La moitié des personnes du village fait la confusion et désigne le donneur par le terme *vu'un*. Cette transformation de l'usage des termes est significative de l'importance du donneur. De plus, il ne faut pas oublier qu'en réalité il y a plusieurs *vu'un* pour chacun des neuf *itin kān*. Chaque preneur a un donneur initial *itin kān*, tandis que les donneurs procurent des femmes à plusieurs maisons et n'ont pas de preneur plus privilégié que les autres[3].

---

3. Il faut noter au niveau de l'idéologie que l'*itin kān*, la « base », « l'origine », est toujours conçu comme un *mang oho*, c'est-à-dire un donneur de femmes; le terme n'est utilisé que dans cette acception-là. Or, il arrive que la maison citée comme *itin kān* ne soit pas

Cette confusion des termes qu'on vient de signaler souligne aussi le sens de la relation et la position des partenaires. Elle semble indiquer que la relation est conçue comme un échange entre deux partenaires dont seul l'un des deux est marqué; elle insiste ainsi sur l'asymétrie hiérarchique selon laquelle le donneur est supérieur au preneur; il existe un seul donneur primordial tandis que les preneurs sont tous confondus. Ceci est confirmé au niveau des généalogies; en effet, si pour chaque maison on compte le nombre de femmes données et reçues et si l'on fait le total sur l'ensemble des maisons du village, on devrait retrouver le même nombre de femmes dans chaque colonne; or, on trouve plus de femmes reçues que de femmes données (27 en trop); cela signifie que dans la mémoire des maisons, on sait de qui on a reçu des femmes (on se souvient de la maison d'origine des femmes reçues en mariage dans sa propre maison) tandis qu'on oublie certaines soeurs données en mariage à d'autres maisons (le souvenir des soeurs ayant quitté la maison est effacé, on a oublié les preneurs). Sur un total de 359 mariages pendant une moyenne de cinq générations, ce chiffre est important et montre bien que l'on continue d'honorer de prestations son donneur de femmes (le pôle supérieur de la relation) tandis que la relation au preneur des soeurs est parfois oubliée.

Au niveau empirique cependant, où chaque maison fait face à des donneurs et à des preneurs, ce type d'échange répercuté à travers toutes les maisons du village crée des réseaux de relations. Ces relations, si l'on considère l'ensemble, ne montrent pas de hiérarchie entre les maisons; la hiérarchie est duelle, elle n'est pas transitive. Si en effet, au niveau de l'*itin kān*, il semble que les donneurs, regroupés en neuf maisons, proviennent presque tous de deux *yam* et réduisent le troisième à un rôle unique et inférieur de preneur, en réalité le réseau multiple des relations matrimoniales supprime cette division en deux (les donneurs d'un côté, les preneurs de l'autre, les uns supérieurs, les autres inférieurs) et crée

---

donneur de femmes, mais donneur d'hommes, ayant offert un homme en adoption pour remédier à l'absence de descendance dans une autre maison; l'adoption crée ici une relation de même type qu'un mariage initial. Ce cas n'est pas fréquent, mais il est significatif pour comprendre la nature de la relation *itin kān* dans son rapport à l'origine des maisons et à leur permanence. Cette relation suppose un don de femme, mais elle peut cacher le fait plus rare du don d'un homme substitué en quelque sorte à la femme, sans que la position hiérarchique du donneur en soit altérée.

des couples hiérarchisés qui finalement se neutralisent lorsque le cercle des échanges se referme. Ainsi, la pratique de cet échange, si elle crée un réseau de relations hiérarchiques élémentaires à deux partenaires entre les maisons, n'entraîne pas une hiérarchisation transitive des unités prises ensemble; elle empêche même toute possibilité de hiérarchie entre elles dans le cadre général du village. La relation qui lie les maisons entre elles est hiérarchisée, mais ne crée pas de groupes hiérarchisés au niveau du village.

Enfin, comme nous l'avions remarqué dans le chapitre précédent, la terminologie de parenté ne révèle pas un tel système d'alliance, préconisant le mariage avec la cousine croisée matrilatérale. Par contre, les traits bilatéraux de la génération supérieure signalent la différence entre un père et un oncle maternel ou un mari de soeur du père; ces deux derniers appartiennent respectivement aux maisons du donneur et du preneur de femmes; ainsi, la terminologie est en accord avec le lien d'alliance qui unit les maisons; c'est en tant que donneur de la mère que la maison de l'oncle maternel a autorité sur celle de ses neveux; c'est en tant que preneur de la soeur que la maison de l'oncle (mari de soeur) a des devoirs et des obligations envers ses neveux; il s'agit essentiellement d'une relation entre maisons, tandis que la règle de mariage semble surimposée. Le quatrième oncle, appelé *yaman*, «père», appartient à une maison avec laquelle il n'y a pas de relations en dehors de ce lien de parenté unissant les deux soeurs; cet homme semble être considéré comme un frère de père, quelqu'un avec lequel il n'y a pas de relation d'alliance possible, le mariage entre descendants de deux soeurs étant interdit. A l'inverse, la relation frère–soeur est celle qui permet de créer des liens entre les maisons et elle est ainsi la plus importante.

On peut finalement, à propos des *itin kān*, proposer une interprétation au niveau du modèle de l'alliance.

Comme nous l'avons souligné ci-dessus, les maisons nommées comme *itin kān* sont peu nombreuses, et elles sont donc évidemment *itin kān* les unes pour les autres. On peut distinguer trois catégories de maisons: celles qui sont *itin kān* entre elles et pour les autres, celles qui sont *itin kān* pour les maisons qui ne sont pas *itin kān*, et toutes les autres, qui ne sont pas *itin kān*, et que nous laisserons de côté ici. Une seule maison tombe dans la seconde

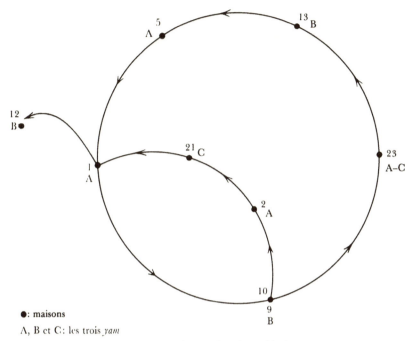

●: maisons

A, B et C: les trois *yam*

Fig. 28. Circulation des femmes entre les neuf maisons *itin kān*

catégorie, comme étant *itin kān* de celles qui ne le sont pas (fig. 28).

La première catégorie livre une circulation orientée des femmes. On trouve d'abord un cycle principal de cinq maisons, deux du premier *yam*, deux du second, et une qui appartient à la fois au premier et au troisième. Deux maisons, du premier et du troisième *yam*, créent un cycle secondaire plus court.

Les deux premiers cycles sont formés par huit maisons dont cinq sont des maisons aînées de *ub*; la sixième n'est pas aînée, mais a un rôle fondamental dans le rapport à l'origine; les septième et huitième sont des maisons cadettes mais si fortement associées à leur aînée qu'on les cite toujours ensemble; le plus souvent elles remplissent les obligations de l'aînée quand celle-ci n'y peut faire face.

Selon ce modèle, on remarque donc que les maisons aînées (ou équivalentes à l'aînée) des *ub* échangent des femmes entre elles. Six *ub* seulement sont présents ici et l'on constate que les trois *ub* manquants sont dépendants de la maison fondatrice de leur *yam*, et pour l'un d'entre eux, de la maison aînée du *fam umum*, toutes présentes dans le cycle.

Prenant le *ub* dans sa totalité, on peut ainsi dire que les maisons aînées des *ub* sont en relation d'alliance, tandis que les maisons cadettes ne font qu'assister leur aînée lorsque celle-ci effectue le mariage avec son *itin kān*. On reproduit ici au niveau du *ub* le modèle théoriquement en vigueur à l'intérieur des maisons avec la règle de mariage de l'aîné reproduisant l'alliance initiale. Tandis que les maisons aînées des *ub* assument l'alliance avec l'*itin kān*, les maisons cadettes jouent en quelque façon le rôle de *yanan duan* vis-à-vis de cet *itin kān* (le rôle des neveux cadets qui ne peuvent se marier dans la même maison que leur aîné).

Cette interprétation permet d'entrevoir, au niveau du modèle, une nouvelle articulation à l'intérieur du *ub*. On sait déjà que certaines maisons sont *yanan duan* «neveux» (tandis que d'autres sont *yaman a'an* «oncle paternel»). On les voit à présent doublement «neveux»;, non seulement au regard d'une filiation fictive, mais au regard de l'alliance, vis-à-vis des *itin kān* des maisons aînées du *ub*.

3. La relation égalitaire d'alliance

Une autre relation, conçue comme une alliance, exprime la réciprocité immédiate entre deux partenaires en relation symétrique et s'oppose ainsi au modèle de l'échange généralisé. Dans l'analyse faite par Van Wouden (1968: 12) à partir des informations de Geurtjens (1921a: 294) ce type d'échange est lié au système des ordres, en ce qu'il serait réservé aux gens du commun et aux esclaves tandis que les nobles pratiqueraient l'échange généralisé. Les observations faites sur le terrain ne confirment pas cette vue; elles montrent qu'un système d'échange réciproque existe à Tanebar-Evav dans les relations entre maisons nobles; il semble qu'il se pratique aussi dans les villages d'autres îles où il y a davantage de maisons de gens du commun, mais nous n'avons encore pu vérifier par une enquête approfondie. Notre analyse ici se limite donc à la situation rencontrée dans un seul village composé essentiellement de nobles.

La relation duelle

Ce rapport égalitaire entre deux maisons est conçu d'abord comme une relation d'alliance; son origine n'est pas toujours un échange de femmes mais parfois un accord intervenu entre les deux maisons ou les deux *rin* à un moment de leur histoire; par exemple, une maison a cédé à l'autre le droit d'exercer un rituel à sa place (notamment celui de la construction des voiliers) ou bien l'a chargée d'une fonction et du culte d'un esprit; par la suite, une femme a été donnée en échange de la prérogative obtenue pour sceller l'accord, et sans contre-prestation. En fait, si quelques cas sont historiquement reconnus, l'origine de la relation reste très souvent inexpliquée ou est oubliée; parfois encore, on la confond avec celle de la relation égalitaire d'entraide (voir ci-dessous, pp. 177–80). La relation se prolonge au cours des générations, le plus souvent par une suite d'échanges différés de femmes, très rarement par un échange simultané (qui serait un échange de soeurs).

Cette relation est appelée *yan ur–mang oho sivelek*; les termes *yan ur* et *mang oho* font référence aux deux groupes toujours présents lors d'un mariage, les preneurs et les donneurs de femmes. *Sivelek* traduit l'idée d'échanger quelque chose de même nature; ce terme est synonyme de *slalin*, «échanger», et s'oppose à *lalin* «changer», «remplacer» employé plus généralement pour l'acquisition de quelque chose moyennant une contre-prestation; l'addition du *s*, procédé fréquent pour les verbes, indique l'idée de réciprocité; dans *sivelek* et *slalin*, les objets de l'échange sont égaux et de même nature, il n'y a pas de contrepartie escomptée sous forme monétaire; la valeur des choses échangées est la même. L'idée sous-jacente est celle d'un échange mutuel permanent, ouvert, tandis que dans le cas de *lalin*, une séquence de l'échange prend fin une fois donnée la contre-prestation. Cette relation *sivelek* est parfois expliquée par une métaphore: on dit que la relation *nla'a lór enmav* «rampe comme les citrouilles et les patates douces»; en évoquant ces plantes rampantes qui s'étirent sur le sol et font des détours pour revenir à leur point de départ, on pense aux femmes qui vont et viennent entre deux maisons.

Dans cette relation, deux maisons ou deux *rin* se donnent réciproquement des femmes sans attendre de contre-prestations en retour, ni de paiement de la compensation matrimoniale; généralement, une maison donne une femme à une génération, elle en reçoit une en échange à une génération suivante. C'est une relation duelle, parfaitement égalitaire, puisque chaque maison est tour à tour créditrice ou débitrice vis-à-vis de l'autre. L'échange des soeurs, c'est-à-dire l'échange de femmes à la même génération est rare; cependant, les généalogies en montrent quelques cas; encore s'agit-il de soeurs classificatoires ou assimilées, comme les femmes de l'autre *rin* de la même maison.

Le mariage est marqué par le paiement symbolique d'un bijou, le plus souvent un bracelet appelé *mas*, «or», de faible valeur. On n'échange aucune des nombreuses prestations de la compensation matrimoniale; on sait qu'à la génération suivante on est en droit de réclamer une femme dans les mêmes conditions. La relation n'est jamais terminée, même si deux femmes ont déjà été échangées; on peut recevoir une femme, puis en demander une après plusieurs générations. Les deux types de prestations, celles qui caractérisent les preneurs comme celles qui caractérisent les donneurs, peuvent être échangées simultanément; dans cette relation, elles ne révèlent pas la position relative des partenaires. Cette relation implique d'autre part la possibilité de demander l'aide de son partenaire *sivelek* sans que celui-ci en attende une contrepartie; cette demande s'appelle *tul mas*, «dire l'or», et indique, par le don initial d'un petit bijou, que l'on est dans le besoin. Chaque partenaire de la relation peut à son tour faire appel à l'autre, cette possibilité est incluse dans la règle de l'échange.

Idéologie et réalité empirique

Toutes les maisons n'ont pas de partenaires *sivelek*; la relation est fortement valorisée chez certaines (surtout celles qui connaissent son origine), chez d'autres elle est au contraire ignorée, tombée en désuétude; souvent elle n'est même pas observable dans les généalogies où l'on ne note aucun échange de femmes entre les deux maisons. D'une manière générale, il semble que la relation existe comme une potentialité, rarement concrétisée par des mariages, mais plutôt par des demandes d'aide et de prestations cérémonielles. Elle offre aussi une sorte de possibilité de contre-balancer l'autre système d'alliance, soulignant l'égalité absolue des partenaires par opposition à la hiérarchie et à l'orientation des échanges (impliquées par le mariage avec la cousine croisée matrilatérale); en ce sens elle pourrait être utilisée dans les cas extrêmes où il est impossible de trouver une femme ailleurs, ou encore lorsque l'on n'a pas les moyens nécessaires pour payer la compensation matrimoniale; nous pensons par exemple au mariage des cadets: lorsque l'aîné a épousé sa cousine croisée et renouvelé l'alliance avec le partenaire privilégié, ce type d'échange *sivelek* pourrait permettre de marier les cadets à moindres frais tout en s'assurant des relations avec d'autres maisons sur un pied d'égalité; à Tanebar-Evav nous pensons aussi aux mariages des gens appartenant aux lignages de rang inférieur: il leur est difficile de trouver une femme et l'échange *sivelek* est le plus commode pour eux (ce qui viendrait renforcer l'idée que ce type de mariage est lié aux ordres inférieurs de la société). Mais ces propositions sont à mettre au second plan si l'on pense avant tout qu'on a affaire à un système combinant nécessairement un modèle hiérarchisé, à trois partenaires, et un autre égalitaire et symétrique à deux partenaires.

Si l'échange était conduit régulièrement entre deux maisons ou deux *rin*, en commençant par un échange simultané, c'est-à-dire un échange de soeurs, il y aurait mariage avec la cousine croisée bilatérale et formation d'un système d'échange restreint avec classes matrimoniales, puisque les maisons ont parfois plusieurs partenaires *sivelek*. Le mariage avec cette cousine cadrerait avec la bilatéralité de la terminologie de parenté à la génération supérieure, l'oncle maternel étant confondu avec le mari de la soeur du père; toutefois, il ne permet pas de comprendre pourquoi les parallèles et les croisés sont confondus à la génération d'Ego. L'échange de soeurs n'est pas interdit, mais il est rare, et surtout il n'est pas répété à la génération suivante: on se souvient en effet des règles de mariage qui interdisent la cousine croisée patrilatérale jusqu'à la troisième génération. La combinaison d'un échange de soeurs et d'un interdit de mariage entre leurs descendants serait plus conforme à la terminologie; mais elle n'expliquerait pas non plus pourquoi la cousine croisée matrilatérale est autorisée, puisqu'elle est classée avec sa symétrique patrilatérale.

Cet échange pourrait aussi prendre la forme du mariage avec

la cousine croisée patrilatérale si une femme était donnée dans un sens à une génération puis rendue à la génération suivante; cela briserait à nouveau l'interdit de mariage qui frappe cette cousine, tout en laissant imaginer un schéma théorique d'échange généralisé dans lequel les femmes circuleraient dans un sens entre toutes les maisons *sivelek* à une génération, et dans l'autre sens, à la génération suivante.

En fait le problème ne se pose pas ainsi; les gens considèrent ce système davantage comme une potentialité que comme un type d'alliance réellement pratiquée; selon les généalogies, ou bien le retour d'une femme a lieu après plusieurs générations (la cousine est alors permise), ou bien il est effectué par un segment différent d'un même *rin* ou par des *rin* différents d'une même maison; ou bien encore le partenaire est remplacé par une autre maison de son *ub*: ici encore, on voit jouer la solidarité des relations à l'intérieur des maisons et des *ub* pour aider l'une d'entre elles à répondre à la demande de son partenaire. Finalement, le système *sivelek* semble souligner l'importance d'une relation réciproque entre deux maisons qui se sont fourni l'une à l'autre des femmes plutôt qu'un type d'alliance ou une règle de mariage; l'échange a lieu très rarement, et il est encore plus rare qu'il soit effectué au moyen de la cousine croisée patrilatérale, mais les prestations circulent en toutes occasions. Si la relation *sivelek* semble impliquer des contradictions au niveau de l'interdiction de l'inceste et de la règle d'alliance, elle les surmonte parce qu'elle ne constitue pas une prescription, mais vise le maintien de la relation entre deux partenaires, maisons ou *rin*. Tandis que dans le système *itin kān–vu'un*, le mariage avec la cousine croisée matrilatérale est préférentiel, dans le système *sivelek* on ne mentionne pas de règle de mariage sous la forme du choix de telle ou telle cousine; l'intermariage semble être la conséquence (et non plus la condition) du lien qui unit deux maisons. Nous sommes obligés de conserver l'idée d'une relation d'alliance puisque le système *sivelek* s'exprime d'abord dans les termes de l'alliance asymétrique (*yan ur–mang oho*), mais force est de constater que cette relation ne répond pas exactement aux définitions de l'alliance de mariage et que ce rapport égalitaire entre deux partenaires véhicule une autre idéologie.

On est ainsi frappé par le contraste entre la conception de

l'échange matrimonial inclus dans cette relation, qui comporte une réciprocité entre deux partenaires, et l'autre, qui indique un échange orienté dans un seul sens; d'un côté il y a réciprocité et égalité, de l'autre, orientation et hiérarchie. Ces conceptions définissent deux modèles contradictoires et leur cohabitation peut sembler surprenante. Nous avons proposé une explication au niveau des modèles, ceux des mariages différents pour les aînés et pour les cadets. Mais ce n'est pas ainsi que les deux systèmes sont conçus et présentés par les gens du village. Il s'agit dans un cas d'un renversement de la hiérarchie qui permet d'obtenir une relation égalitaire entre deux partenaires individuels et ne nécessite pas la mise en relation de toutes les maisons du village; dans l'autre, le système est totalisant, et si, lorsque le cercle se referme, aucun donneur n'est supérieur aux autres, chaque partenaire est pourtant lié par une relation d'inférieur à supérieur à un autre partenaire pour trouver une épouse; il se trouve donc toujours dans une relation à trois même si le système ne s'exprime que par deux termes. Dans le système *sivelek*, la relation créée par le mariage est duelle, égalitaire et se suffit à elle-même.

4. La relation égalitaire d'entraide

Les deux relations que nous abordons maintenant ne font plus référence à des types d'alliance matrimoniale mais correspondent cependant aux mêmes modèles. Elles sont fondées sur des liens historiques et politiques entre plusieurs partenaires, généralement des maisons ou des *rin*, mais aussi, en ce qui concerne la seconde, entre des groupes de maisons et parfois des villages. Nous étudierons en premier la relation égalitaire, qui ressemble par bien des aspects à la relation *sivelek* et se confond quelquefois avec elle.

Cette relation s'appelle *baran ya'an war*; on retrouve dans cette expression des mots déjà étudiés dans la terminologie de parenté: *baran* signifie «homme», «garçon»; *ya'an war* est synonyme de *a'an–warin*, «aîné–cadet»; on dit *hir ru ya'an war*, «ce sont deux frères». *Ya'an war* indique davantage la relation fraternelle entre deux hommes que l'opposition de leurs âges exprimée par *a'an* et *warin*. La langue n'a pas de terme pour «frère» et ne peut fournir d'équivalent qu'en totalisant les deux relations aîné et cadet. On note du reste une petite différence dans la forme linguistique qui correspond à cette conjonction particulière des deux catégories. On dirait que l'expression est conjonctive; «aîné-et-cadet», et non relationnelle (aîné/cadet ou aîné–cadet). Il s'agit d'une relation entre partenaires considérés comme «frères», dans laquelle l'aînesse n'est pas pertinente.

Une expression synonyme traduit encore mieux cette idée; c'est *rahan dek afwar*. *Rahan* est la «maison», *dek* vient de *dadek*, «jumeau», *af* signifie «appeler», et *war* vient de *warin*: littéralement «maisons jumelles appelées cadets». C'est une relation entre frères, mais entre frères «jumeaux»; c'est dire que l'essentiel de la relation entre frères, l'opposition entre un aîné et un cadet, disparaît pour faire place à ce qui se rapproche le plus de l'équivalence–identité, l'égalité des jumeaux. Il y a élision de la notion d'aînesse. Ainsi, l'expression marque la fraternité entre les maisons en rejetant la relation d'opposition ou de subordination. En cela, les partenaires *baran ya'an war* ressemblent aux partenaires *sivelek* qui ne sont pas hiérarchisés. De même, les prestations échangées sont toutes du même ordre, sans orientation de la relation. On peut même, dans certains cas, préciser que telle maison est l'aînée et l'autre la cadette, sans que cela affecte leur égalité dans la relation.

Les origines de ces relations sont variées et on y retrouve des explications déjà évoquées à propos du système *sivelek*. A la suite d'un événement particulier, deux maisons ont décidé de se considérer comme des «frères»; cet événement peut être mythique, parfois il apparaît dans un récit de guerre: une maison a soutenu l'autre contre un ennemi commun et elles ont alors scellé leur entente par cet accord; parfois un rituel a été partagé ou confié à la garde d'une maison ou d'un *rin*; ainsi, toutes les maisons du *ub* Rahanmitu sont en relation *baran ya'an war* avec la maison Tokyar qui effectue pour elles le rituel de construction et de vente des voiliers; mais la même maison Tokyar est en relation *baran ya'an war* et *sivelek* avec la maison Marud pour la même raison. Certaines origines de la relation se réfèrent à l'histoire de l'arrivée des immigrants: les gens de la maison Sirwod auraient été accueillis par la maison Yelmas et auraient contracté la relation en souvenir de cet accueil.

Il n'y a pas d'interdiction de mariage entre les partenaires d'une relation *baran ya'an war* comme pourrait le laisser supposer son nom. Il existe des intermariages, mais peu de maisons sont citées à la fois comme *yan ur* (preneur) ou *mang oho* (donneur) et *baran ya'an war*; ces relations ne sont pas confondues sur le plan de l'échange, mais, de fait, les mariages se font parfois avec des partenaires *baran ya'an war* sans que personne y trouve à dire; au contraire, un mariage renforce le lien entre deux maisons.

La relation entre maisons «frères» est d'abord conçue comme une entraide réciproque; elle se concrétise surtout par des prestations lors des cérémonies dont l'un ou l'autre des partenaires est responsable: ainsi lors d'un mariage, une maison fait appel à son partenaire *baran ya'an war* pour l'aider à recevoir ses invités ou à réunir le prix de la fiancée; il participe aux réunions et discussions préliminaires tout comme un aîné soutient son cadet lors du mariage de ce dernier. Parfois, pour faire honneur au partenaire, une partie de la cérémonie se déroulera dans sa propre maison. Les prestations et contre-prestations sont de même nature (on donne puis on reçoit des tissus), soit simultanées, soit différées. Mais les échanges sont toujours marqués par la parfaite égalité des partenaires qui se doivent aide et assistance réciproque, tandis que, même s'il est aidé par son aîné, un cadet reste soumis à ce dernier.

La relation *baran ya'an war* unit généralement deux maisons – plus rarement deux *rin* – mais peut aussi prendre des formes différentes: ainsi lie-t-elle parfois les deux côtés d'une même maison pris ensemble avec deux maisons d'un même *ub*; ailleurs encore, toutes les maisons d'un même *ub* suivent la maison aînée du *ub*; mais la relation est toujours conçue comme un lien entre deux partenaires. Par exemple, la maison Meka (n° 2) est en relation avec les maisons Sokdit et Tokyar (n°s 15 et 16); ce ne sont pas trois maisons liées ensemble mais une d'un côté et une paire de l'autre.

Il semble que ce genre de relations soit plus fréquent à l'intérieur d'un *ub*, comme un renforcement du lien déjà existant, ou à l'intérieur d'un *yam*; l'inverse paraît se produire pour la relation *sivelek*, les partenaires *sivelek* se trouvant le plus souvent dans des *ub* ou des *yam* différents. On peut ici formuler une hypothèse théorique qui serait intéressante si les données concernant les partenaires de chaque maison étaient plus précises; mais les gens confondent les relations, oublient les plus anciennes et, dans un village où la population est si peu nombreuse, ils trouvent toujours un lien quelconque permettant de rapprocher deux maisons sans pour cela que la relation réelle les unissant soit connue.

On pourrait en effet concevoir la relation *baran ya'an war* comme une expression égalitaire du rapport entre maisons «frères» d'un même *ub* (rapport qui est autrement hiérarchisé en aîné–cadet ou oncle paternel–neveu) tandis que la relation *sivelek* serait l'expression égalitaire de l'alliance unissant les maisons appartenant à des *ub* et des *yam* différents. Certains aspects du *ub* permettent de comprendre une tendance à voir le *ub* comme exogame, de même que la relation entre «frères» *baran ya'an war* supposerait le même interdit de mariage. Ainsi, le souci d'égalité entre partenaires se traduirait par la transformation des deux relations fondamentales: aîné–cadet et preneur–donneur, pour établir d'un côté, à l'intérieur des *ub*, des relations réciproques entre maisons « jumelles », de l'autre l'échange mutuel de femmes entre *ub* différents. Cette hypothèse n'est pas vérifiable par nos informations présentes, mais elle peut aider à mieux comprendre au niveau théorique l'imbrication des relations entre maisons à l'intérieur de la structure immuable des *ub* et des *yam*.

5. La relation de dépendance

Nous n'avons pas trouvé de traduction plus exacte de l'expression *ko-maduan* ou encore *ko-mardu: ko* vient de *kako* et désigne d'une manière générale les enfants au sens de «les petits»; *mardu* ou *maduan*, comme *duan*, signifie soit le « maître », soit le « propriétaire » ou encore celui qui «s'occupe de», qui «veille sur»; nous avons déjà rencontré ce mot dans les expressions *nuhu duan*, les «maîtres de l'île», c'est-à-dire les habitants, *yanan duan*, les «neveux» et dans son dérivé *duad* le «dieu». Littéralement, *ko-maduan* signifie «les petits le maître» et évoque la relation entre un père et ses enfants, un maître et ses esclaves ou un seigneur et ses sujets. Le mot *kako* qui désigne les tout petits enfants incapables de subvenir à leurs propres besoins suggère réellement une relation d'étroite dépendance, tandis que le mot *maduan*, traduit par «maître», évoque la subordination des dépendants; l'un des partenaires a des devoirs envers l'autre qui, en contrepartie, est soumis à des obligations; «obligation» étant entendu ici comme une contrainte et, à la fois, au sens propre, comme une dette. Van Wouden (1968: 12; Geurtjens 1921a: 301) conçoit cette relation comme celle d'un débiteur à son créancier. Le mot «protecteur» pourrait aussi exprimer la relation dans une certaine mesure: à l'origine, l'un des partenaires a obligé l'autre qui, en reconnaissant sa dette, se place alors sous sa protection. Ailleurs encore, le seul fait pour un lignage d'avoir été autorisé à résider dans le village l'a mis en position de débiteur vis-à-vis du village tout entier. Parfois, la contrainte est clairement manifestée: une maison est accusée par le village voisin d'avoir volé tous les harpons du village; celui-ci l'oblige sous la menace d'une guerre à entrer dans la relation *ko-maduan*.

Une autre expression explique la relation: on dit que le petit *nafdu maduan*, «se met sous la protection du maître»; celui-ci a des devoirs envers son protégé qui, en retour, doit honorer sa dette. Ce terme est employé dans deux autres cas: celui de l'époux qui n'a pas achevé de payer la compensation matrimoniale et doit résider et travailler chez son beau-père; si cette situation dure trop longtemps, certains enfants pourront appartenir à la maison de son épouse. L'autre cas est, à Tanebar-Evav, celui de la maison qui a déchu de son rang noble parce que l'un de ses membres avait eu des relations sexuelles avec une esclave; les autres maisons voulaient expulser le lignage coupable, mais une maison s'y opposa et le prit sous sa protection; depuis, la maison déchue lui doit des prestations cérémonielles et des services rituels. Ainsi, il y a non seulement une opposition hiérarchique entre les partenaires, mais une forte subordination du plus faible envers son protecteur; mais le «petit», le *ko*, peut demander le soutien de son maître en lui donnant un bijou de faible valeur; cette prestation est appelée *mas u*, «l'or en avant»; ce menu don est mis «en avant» pour obtenir une contrepartie importante.

La relation *ko-maduan* peut unir différentes sortes de partenaires: soit deux maisons, soit une maison et un *fam umum*, ou un *yam* ou encore tout le village pris comme *haratut*; on trouve un *rin* en relation avec tout un *yam*, ou avec tout le village, ou bien avec une maison d'un autre village; enfin toute la société *haratut* de

Tanebar-Evav peut être unie soit à une maison d'un autre village soit à un village entier[4]. Toutes les combinaisons sont possibles, par-delà les limites des *ub*, des *yam*, du village et même des ordres: l'une des maisons de Tanebar-Evav, par exemple, est le *ko* de toute la population du village de Ur, composé seulement d'esclaves. Certaines maisons sont les *ko* de la société *haratut*; elles sont sous sa protection et peuvent demander l'aide de toute la société sous forme de travail ou de prestations monétaires. Dans ces cas-là, la réunion de *haratut* rassemble tous les initiés et les anciens du village et se déroule dans la maison Korbib (n° 13), maison de la coutume dont le rôle particulier encore mal expliqué a été évoqué plus haut (chap. 3).

Il y a trois variétés de relation *ko-maduan*: la forte, la moyenne et la faible; elles sont classées ainsi selon le nombre et le poids des obligations des partenaires. Un *maduan* est toujours dans l'obligation de répondre à une demande d'aide, quelle qu'elle soit. Une relation «faible» entraîne des prestations presque symboliques, et seulement dans les grandes occasions. Une relation «forte» est plus lourde à soutenir; le *ko* doit de nombreux services et le *maduan* a toutes les responsabilités, entre autres, celle de payer le prix des sanctions encourues par le *ko* ou bien la compensation matrimoniale lors de son mariage; en cela, cette relation s'apparente à celle du noble avec ses esclaves, dont celui-là répond en toutes occasions comme de ses propres enfants[5].

Les prestations accompagnant cette relation sont semblables à celles de l'alliance matrimoniale, entre un preneur inférieur et un donneur supérieur; elles portent les mêmes noms et sont orientées: le *ko*, comme le preneur de femmes, donne certaines prestations, tandis que le *maduan* comme le donneur de femmes, répond par

4. Ces relations entre villages sont différentes de la relation *teabel* évoquée ci-dessus (p. 69); celle-ci, appelée aussi *pela* dans les Moluques du Centre, implique l'égalité des partenaires. A Kei, son origine est liée à l'histoire de la tortue-lyre. La population de chaque village peut «débarquer» chez son partenaire et dévaster tout sur son passage, ramasser tout ce qu'elle trouve, les noix de coco comme les volailles. Chez leur partenaire, les gens sont comme chez eux. De nos jours, ceci se déroule sur le ton de la plaisanterie; quand l'arrivée des partenaires est annoncée, chacun se dépêche de ramasser son bien et de le cacher chez soi de peur qu'il ne soit détruit par ces «amis». Il y a interdiction de mariage entre les membres des villages en relation *teabel*.
5. D'après le dictionnaire de Geurtjens (1921b: 68, 105) le nom de *yanan duan* (épelé *janan duan*) est donné «à des enfants sur lesquels on a du pouvoir en raison de la contribution apportée à la compensation matrimoniale de leur mère» (ma traduction). L'auteur ne mentionne pas que *yanan duan* signifie « neveu », nom qui, à Tanebar-Evav, est donné aux enfants de frères et de soeurs, et aux esclaves.

des prestations d'une autre nature. Dans le cas d'une relation forte, la plus lourde, le *maduan* demande à son *ko* de travailler pour lui, de l'aider à construire sa maison ou son voilier; lorsqu'il arrive, le *ko* doit toujours apporter certaines nourritures et marquer son respect par des offrandes rituelles; il doit être présent à toutes occasions importantes marquant la vie de la maison du *maduan*, naissance, mariage, funérailles, etc. En cela encore, et pour la relation forte seulement, ces prestations de service rappellent celles des esclaves envers leur maître.

L'homologie des modèles créditeur–débiteur et donneur–preneur, et le fait que les prestations portent le même nom et sont semblables, sont les seuls traits qui rapprochent la relation *ko-maduan* et l'alliance matrimoniale; toutes deux sont hiérarchisées, mais la première souligne une forte dépendance qui n'existe pas dans la seconde. Là s'arrête la comparaison: la relation *ko-maduan* n'est pas une relation d'alliance. Il n'y a pas d'interdit de mariage entre les partenaires, mais il n'y a pas non plus de tendance à rechercher une épouse chez son *ko* ou son *maduan*. Dans la relation forte, le *maduan* doit payer la compensation matrimoniale pour son *ko*, et il a des droits dans le choix de l'épouse; ceci n'implique pas qu'il ait des droits sur l'épouse; il est plutôt dans la position de l'oncle maternel qui cherche une femme pour son neveu et contribue alors au paiement du prix de la fiancée. D'une manière générale, on ne peut réduire le rôle du *maduan* à celui du donneur d'épouse comme semble le faire Geurtjens (1921a: 332).

Le parallélisme entre les deux relations, *ko-maduan* d'une part et *yan ur–mang oho* de l'autre est cependant frappant quant à la nature des prestations, la position des partenaires, les chants communs qui les évoquent; n'oublions pas non plus que la relation donneur–preneur est parfois appelée *itaten-kako*, «les anciens et les petits». Mais la relation *ko-maduan* est isolée, complète, avec ses deux partenaires, tandis que la relation *yan ur–mang oho* est un élément duel découpé dans le tissu des alliances matrimoniales qui, pour être complètes, exigent un minimum de trois partenaires. De plus, l'homologie entre ces deux relations permet de traduire la position du preneur de femmes comme celle d'un débiteur et de comprendre ainsi plus complètement sa relation particulière à l'oncle maternel et l'importance des *duad-nit* au niveau de la sanction; si le système de l'alliance avec l'*itin kān* était parfaitement suivi – c'est-à-dire si chaque maison n'avait qu'un seul partenaire *itin kān* – on pourrait dire qu'elle est uniquement dépendante de ce donneur de femme pour trouver une épouse, un peu à la manière du *ko* vis-à-vis du *maduan*.

6. Conclusion

Au terme de cette analyse des quatre relations cérémonielles entre maisons, on peut les ordonner de façon contradictoire et essayer d'éclairer ainsi le foisonnement continuel des échanges. Ce faisant, nous serons obligés de tenir compte d'une relation moins formalisée mais extrêmement vivace, celle qui relie naturellement les maisons d'un même *ub* entre elles.

Du point de vue global tout d'abord, deux relations semblent également pertinente en ce qu'elles impliquent une référence à la société dans sa totalité. La première est la relation d'alliance qui, dans sa version originelle *itin kān–vu'un*, comme dans sa version générale *yan ur–mang oho*, imprime aux échanges matrimoniaux une courbure circulaire idéale où chaque maison tient une place égale à toutes les autres en même temps qu'ordonnée hiérarchiquement dans le face à face dyadique avec son donneur ou son preneur. Cette relation se construit sur une chaîne de paires frère–soeur dont on a vu l'importance terminologique en parenté, et qui se double ici pour les maisons d'une série de preneurs et de donneurs.

A cette image totalisante chaque fois confirmée par le cérémoniel du mariage répond une autre relation entre maisons, moins formalisée et marquée par la hiérarchie aîné–cadet, celle qui classe les maisons d'un même *ub* en aînée et cadettes; cette solidarité entraîne un flux de prestations qui semble culminer lors d'un mariage impliquant l'une des maisons du *ub*, et en particulier la maison aînée.

Ainsi, la chaîne idéale des alliances est-elle nourrie par la relation de solidarité interne à chacun des *ub*. On voit donc à l'oeuvre de façon conjointe ces deux relations fondamentales, dont l'une est hiérarchique dans le cadre dyadique mais égalisée par l'ensemble, et l'autre au contraire, irrévocablement hiérarchique. Il semble qu'à ce niveau des relations entre maisons tout au moins, la relation d'alliance, indissociable de la relation d'aînesse, lui soit cependant supérieure. Ceci s'explique si l'on se réfère ici à la société *haratut*, société particulière, englobant provisoirement, à ce niveau précis de référence aux relations entre maisons, la relation d'aînesse, plus universelle mais servant ici de simple appui.

Du point de vue particulier, trois autres relations unissent deux à deux des maisons et semblent court-circuiter la courbure globale dont on vient de rendre compte. Si étrangères qu'elles soient à cette globalité, elles y font pourtant référence dans leurs expressions mêmes et sont comme autant d'exceptions qui confirment et soutiennent la règle.

Ainsi, à l'alliance circulaire s'oppose l'échange de femmes mutuel et répété entre deux maisons, *sivelek*, forme idéale de raccourci dyadique qui rappelle le mariage avec la cousine croisée patrilatérale cependant interdite. Cette forme d'alliance, parfaitement égalitaire, contredit sans doute l'alliance des aînés; elle semble répondre à des contraintes différentes (démographiques ou monétaires, par exemple) et pourrait aider au mariage des cadets. Mais elle apparaît surtout comme une sorte de complément de la relation égalitaire duelle dont il va être question, *baran ya'an war*.

La relation *baran ya'an war* contredit de son côté la hiérarchie aîné–cadet en ce qu'elle implique une parfaite égalité des échanges réciproques entre deux maisons. Son nom indique une mise à égalité des frères (cadets) ou des «jumeaux» dans les échanges et dans l'entraide; elle rappelle la situation des maisons «cadettes» à l'intérieur du *ub* toutes équivalentes face à la maison «aînée», mais modifie précisément cette ordonnance hiérarchisée puisque des maisons «aînées» deviennent alors des «jumelles» de leurs cadettes. Elle profite ainsi à une paire de maisons que l'histoire contingente a rapprochées. ,

Enfin, la relation *ko-maduan* manifeste le renversement du principe d'égalité généralisé entre toutes les maisons et institue des liens de dépendance. Elle utilise le vocabulaire de l'alliance et de l'aînesse comme un masque puisqu'elle contredit à la fois l'une et l'autre. C'est une sorte d'accident dans la structure, dû à l'histoire, et qui concerne parfois des unités plus vastes que la maison, quelquefois hors du village.

Ainsi mises en perspective, les quatre relations principales et la relation interne aux *ub* montrent combien les maisons, comme personnes morales, sont les véritables acteurs du système. Les maisons avec leurs deux côtés, unités d'échange, sont des entités sociales plus souples et plus élaborées que des lignages patrilinéaires; les relations concernent d'abord les *rin* mais profitent aux maisons qui forment un corps solidaire; ces relations qui semblent contredire l'alliance comme principe de circularité et l'aînesse comme principe d'organisation, sont des diversions nécessaires qui font place à l'accident et à l'histoire et, ce faisant, laissent intact le modèle.

De toutes ces relations dyadiques, seule l'alliance suppose trois partenaires, au moins, et implique une ouverture; toutes les autres relations se ferment sur la bipolarité. Ainsi peut-on entrevoir une double conception, déjà présente dans les chapitres précédents, celle d'abord de l'unité faite de deux partenaires, et celle de la totalité ensuite, refermée sur trois partenaires. La paire et la triade s'articulent ici et le système, grâce à la figure minimale de la triade, perpétue sa forme et son contenu, appuyé sur la seule hiérarchie aîné–cadet.

6 | L'adoption

Nous étudions dans ce chapitre deux institutions que nous avons classées ensemble sous le nom «d'adoption».

La première a pour rôle de venir en aide à une maison ou à un *rin* sans postérité en lui fournissant un héritier mâle. Elle permet à une maison de se perpétuer en recevant un enfant moyennant une compensation. On pourrait étudier l'adoption en même temps que les autres formes de l'échange, dont l'intermariage, et mettre ainsi en parallèle une circulation des hommes avec la circulation des femmes; l'adoption fournit en effet, plus sûrement que le mariage, l'enfant nécessaire à la descendance. Mais pour comprendre le jeu de l'adoption, il fallait d'abord connaître les relations qui, unissant les maisons, les autorisent à y chercher les futurs adoptés; c'est pourquoi nous abordons seulement maintenant cette institution. L'adoption utilise le réseau des relations de la maison, renforçant parfois ainsi d'une façon significative les liens déjà existants. Lorsqu'elle implique des maisons détenant des fonctions importantes, le choix de la personne à adopter peut tenir du calcul politique pour le contrôle de la fonction et créer des conflits. Une adoption est toujours un acte important.

La seconde institution est un don d'enfant en paiement d'une faute commise contre la coutume.

On peut se demander si l'on est fondé à grouper ensemble les deux types «d'adoptions» qui semblent relever de principes tout différents et qui sont désignés par des termes distincts dans la langue. Mais d'une part, les gens du village les mentionnent ensemble, et de l'autre il y a dans les deux cas transfert d'un enfant d'une maison à une autre, accompagné d'incidences semblables. Ce sont là justifications suffisantes pour rapprocher ces deux institutions et pour ce faire nous utiliserons le terme commun d'adoption. Nous espérons que l'analyse une fois achevée, l'unité sous-jacente apparaîtra plus clairement.

Comme on peut s'y attendre, l'adoption a des conséquences sur les réseaux d'alliance, mais aussi sur les relations hiérarchiques entre les maisons, qu'elle peut inverser ou renforcer. D'où l'intérêt particulier de son étude.

1. L'adoption par achat

Dans cette structure immuable, avec ses maisons, ses *ub* et ses *yam*, l'adoption est le seul moyen permettant aux unités d'échange d'assurer leur continuité et de maintenir immuable la composition du village. Sans elle, les fluctuations démographiques feraient très vite disparaître certaines maisons et avec elles, les fonctions et les rituels qu'elles détiennent. Dans un système de filiation patrilinéaire, le fils doit succéder à son père; s'il n'y a pas de fils, ou si ceux-ci sont inaptes à la succession – problème posé davantage de nos jours par les conversions à l'une ou l'autre des trois grandes religions –, il faut chercher un homme de remplacement pour assurer la continuité de la maison. Si un lignage s'éteint, un sang nouveau vient le ranimer pour occuper la maison, les fonctions, cultiver les relations et les terres qui appartiennent à la maison. L'individu adopté ne conserve pas avec lui les obligations et les charges de sa maison d'origine; au contraire, il abandonne tous ses droits sur son ancienne maison, ses jardins et ses relations (il ne garde que ses relations de parenté; il devra toujours du respect à son oncle maternel, mais ne lui devra plus de prestations). En échange, il endossera le réseau entier des relations de sa maison d'adoption et s'intégrera dans la généalogie de son parent adoptif, au point que les interdits de l'inceste devront être assumés par ses descendants: ceux-ci ne peuvent épouser les femmes interdites à la maison adoptive, même s'ils n'ont aucun lien de consanguinité avec elles.

On observe de rares cas d'adoption dont la cause n'est pas un «vide» dans une maison, mais le défaut de paiement de la compensation matrimoniale. Les enfants de la soeur sont alors récupérés. Il en existe très peu d'exemples à Tanebar-Evav, et encore s'agit-il de mariages irréguliers.

La procédure d'adoption par achat[1] s'appelle *ndok holok* ou *ndok lalin*. *Ndok* est un verbe marquant l'état et veut dire aussi «s'asseoir»; *holok* signifie «remplacer», «changer»; c'est l'une des deux opérations de l'échange, remplacer une chose par une autre de nature différente, donner une compensation. *Lalin* a le même sens que *holok*, «remplacer» et s'oppose à *slalin*, «échanger» (quelque chose de même nature comme ci-dessus dans le mariage *sivelek*). Dans l'adoption comme dans le mariage, on donne une personne contre une compensation; celle-ci s'appelle aussi *velin* comme le prix de la fiancée; de l'adopté, on dit «qu'ils l'achètent à la place d'une femme», *ra faha fo vavat*. De même encore, la relation entre les partenaires est inégale, si l'on peut dire, le «preneur» reste débiteur envers son «donneur». Pourtant la différence n'est pas aussi marquée car l'adoption, à l'inverse du mariage n'implique pas son renouvellement. La relation créée par l'adoption se maintient au-delà de l'échange proprement dit par des prestations cérémonielles mais ne se répète pas par de nouvelles adoptions.

Il est rare que l'on choisisse un homme au même endroit où l'on choisit des épouses, c'est-à-dire parmi ses alliés donneurs de femmes. L'adoption utilise plutôt les autres relations d'une maison, soit le *rin* alterne, ou encore les maisons du *ub* ou du *fam umum*, parfois la maison «jumelle» de la relation *baran ya'an war*, parfois enfin les maisons alliées preneurs de femmes. Il n'y a pas d'ordre préférentiel ou de règle favorisant le choix dans telle maison plutôt que dans telle autre; on remarque cependant une tendance statistique à choisir de préférence parmi les membres de son *ub*. Quelques exemples d'adoption permettront à la fois d'en comprendre le mécanisme en l'absence de toute règle impérative et d'en analyser les conséquences.

Adoption indépendante des intermariages

Les cas les plus simples concernent les deux *rin* d'une même maison. Lorsque l'un des côtés vient à s'éteindre, si l'autre côté est pourvu de plusieurs frères, l'un d'entre eux change de côté

---

1. Sur les termes «paiement», compensation, «acheter», etc. et sur les prestations échangées, voir ci-dessous chapitres 7 et 8.

moyennant une compensation minime. Les deux *rin* ne sont pas toujours unis par des liens généalogiques, mais ils ont tendance à agir comme des frères; on a vu à propos du mariage un *rin* se substituer à l'autre comme donneur de femmes.

Deux maisons agissant par paires à l'intérieur d'un *ub* suivent les mêmes principes; par exemple Fator et Sirwod (n°s 9 et 10), de même Teli et Meka (n°s 1 et 2). Ainsi, les deux côtés de la maison Sirwod ont été par trois fois renouvelés par des hommes de la maison Fator, dite «oncle» de la paire; depuis, on a d'ailleurs tendance à considérer ces deux maisons comme une seule ou comme deux aspects de la même réalité. Leur origine et leur histoire sont pourtant distinctes, leurs fonctions sont différentes, mais elles sont solidaires dans un même *ub* et l'adoption répétée les a liées encore plus étroitement.

Le *fam umum* aussi fournit des adoptés. Bien qu'appartenant à des maisons porteuses des fonctions les plus diverses, les lignages d'un *fam umum* se conçoivent comme une sorte de «famille étendue» et pratiquent l'entraide. Il en est ainsi chez les Levmanut; la maison Marud a donné un homme à la maison Reng et quelques générations plus tard, celle-ci à son tour a donné un de ses enfants au côté gauche de la maison Marud (n°s 5 et 7). La compensation offerte n'est pas considérable; elle est avant tout destinée à prévenir l'esprit *mitu* de la maison que l'un de ses membres change d'appartenance et sacrifiera désormais à un autre *mitu*.

L'exemple de la maison A (fig. 29) est particulièrement typique. Chargée de l'une des plus lourdes fonctions de la coutume, elle s'est trouvée sans descendants pendant quatre générations de suite, ce qui a entraîné quatre adoptions successives; il semble qu'une malédiction s'attachait à cette maison. Aux deux premières générations, on fit appel à la maison B, du même *ub* et portant le même nom de lignage (ces deux maisons se considèrent comme trois *rin* mais «une seule maison»). A la troisième génération, on choisit chez un allié des origines, preneur de femmes, d'un autre *yam* et d'un autre *ub*, la maison C. Ici, l'histoire se complique. Un homme de la maison D (maison «neveu» de C dans le même *ub*) enleva la femme de l'adopté (dont l'unique enfant mourut en bas âge). Ce rapt fut chèrement puni, en effet son auteur tomba très malade et fut contraint à deux paiements, l'un à l'esprit Adat de

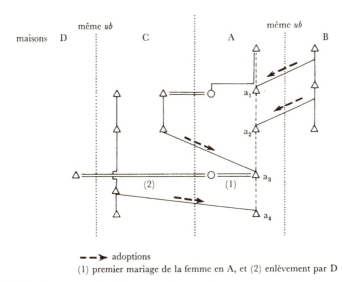

- - ▶ adoptions
(1) premier mariage de la femme en A, et (2) enlèvement par D

Fig. 29. Adoptions successives dans une même maison

la maison A (les femmes de cette maison sont en effet presque sacrées, car elles appartiennent à l'esprit le plus important du village), l'autre au chef de la maison C, moralement responsable, en tant qu' «oncle», des fautes de ses «neveux». La maison C s'engageait à compenser par le don de l'un de ses propres enfants le vol de l'épouse du chef de la maison A; le prix de l'enfant fut versé par D à C, puis l'enfant de C fut remis à A: celui-ci a de nos jours une très nombreuse descendance et sa succession semble assurée.

L'histoire a l'intérêt de montrer comment fonctionne le *ub* en tant qu'unité solidaire: une maison «oncle» du *ub* donne son enfant pour effacer la faute de la maison «neveu», coupable de l'enlèvement d'une femme appartenant à une maison sacrée. Des deux paiements, le premier règle l'adultère (et dans le cas de la maison A, aurait dû être payé par le don d'un enfant, voir ci-dessous section 2), le second est le prix de l'adoption, mais n'est pas payé par celui qui adopte, parce qu'on lui a volé sa femme et supprimé ainsi toute possibilité de descendance. Le choix de l'adopté à la quatrième génération chez un allié preneur de femmes n'est pas bien expliqué; il est vraisemblable que le prix de la fiancée n'avait pas été complètement payé et que le preneur se trouvait donc encore débiteur En résumé, A prend deux fois chez B, qui fait partie de son *ub* et de son *fam umum* et deux fois chez C, son preneur de femmes et le co-responsable d'un enlèvement. Seule la dernière adoption a donné lieu à une compensation élevée.

Adoption associée à l'intermariage

Si le donneur de femmes n'a pas d'enfant mâle pour lui succéder, il peut conclure un accord avec son futur gendre; celui-ci ne paiera pas la compensation matrimoniale et soit lui, soit l'un de ses enfants issus du mariage sera donné en échange pour remplacer le chef de la maison donneur; dans le premier cas, toute la descendance du gendre appartient à la nouvelle maison, dans le second, seul l'un des enfants change de maison. Lorsque le mariage a lieu avec la cousine croisée matrilatérale, l'adopté remplace son oncle maternel, le propre père de son épouse. Les preneurs de femmes sont ici transformés par l'adoption en donneurs d'hommes. Dans le premier cas, la transformation a lieu à la première génération, dans le second, l'échange a lieu sur deux générations.

Un premier exemple (fig. 30) concerne trois maisons et illustre deux cas d'adoption. Il y a deux frères a_1 et a_2 dans la maison A. Le second se marie selon la coutume avec une fille de la maison B du même *yam* dont il a des enfants a_3. Par la suite, les autres enfants de la maison B meurent sans laisser de descendance; b_1 décide alors d'adopter le mari de sa fille, a_2, son propre gendre. Cette fille meurt ou divorce (nos informations manquent de précision), toujours est-il que a_2 devenu b_2 par son adoption se remarie; de ce second lit naît un fils (qui sera de la maison B, soit b_3, puisque son père y a été adopté). L'histoire se développe car l'aîné a_1 de la maison d'origine A se trouve sans descendance. En donnant sa soeur en mariage à une maison C d'un autre *yam*, il conclut un accord selon lequel un fils de cette union lui sera donné pour le remplacer à la tête de la maison A. Le mari de la soeur, *c*, accepte et ne paye pas la compensation matrimoniale; il a trois fils, dont l'un est donné à la maison A et devient sur notre schéma a_4.

Cet exemple montre que le fils a_3 issu d'un lignage cadet aurait pu remplacer son oncle paternel à la tête de la maison, si un accord n'avait été conclu auparavant avec la maison C, lui demandant un fils pour perpétuer la lignée aînée de la maison A. On peut

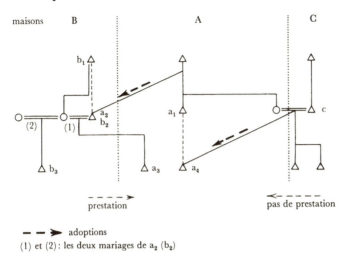

maisons B A C

prestation

pas de prestation

- - ➤ adoptions
(1) et (2): les deux mariages de a_2 (b_2)

Fig. 30. Adoptions associées au mariage

cependant se poser la question de savoir dans quelle mesure un fils de soeur (du groupe des alliés) est préféré à un fils de frère cadet (donc d'un même groupe patrilinéaire) pour succéder à un aîné privé de descendance. Nous n'avons pas de réponse dans ce cas-ci, mais d'une manière générale, cela dépend du contexte et de l'intérêt immédiat de chaque partenaire.

Un autre exemple (fig. 31) a l'intérêt de montrer des adoptions de personnes appartenant à des ordres différents, entre trois maisons d'un même *yam*, A, B et C. Le lignage de la maison A est noble, mais l'un de ses membres ayant épousé une femme de rang inférieur de la maison C, ses enfants sont des gens du commun; le lignage de la maison C a perdu son statut de noble depuis quelques générations, après une faute; les deux côtés X et Y de la maison B sont nobles. Le côté X de la maison B allant s'éteindre, X décide d'adopter un homme de la maison A, du même *fam umum*; A lui donne en adoption contre une compensation l'un des hommes de rang inférieur, dont le père avait fait une mésalliance; nous appellerons cet adopté x_1. Le lignage du côté X de la maison B devenait donc de fait inférieur. L'adopté x_1 eut des fils, x_2, qui, devenus chrétiens, ne pouvaient prétendre remplir les fonctions rituelles de leur père. x_1 adopta alors l'un de ses gendres, x_3, issu de la maison C et de rang inférieur. Par le jeu de la première adoption, il se trouvait que ce gendre était en même temps le

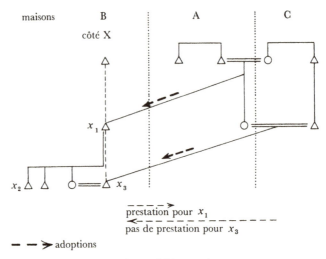

Fig. 31. Adoptions s'accompagnant d'une différence de rang

neveu utérin de x_1, la soeur de x_1 ayant épousé un homme de C. Lors de la seconde adoption, celle de x_3, il n'y eut pas de compensation, puisque l'adopté remplaçait son oncle maternel à la tête du lignage et ne versait pas de compensation matrimoniale.

Le lignage du côté X de la maison C fut donc déclassé par la première adoption d'un homme de rang inférieur de la maison A; les descendants de l'adopté durent alors épouser des conjoints de même rang qu'eux. On voit que l'adopté ne conserve pas seulement ses liens personnels de parenté (en ce qui concerne l'inceste par exemple), mais aussi son statut dans la hiérarchie des ordres, qui fixe celui de ses descendants. On peut penser que l'adoption d'un homme de rang noble pour perpétuer un lignage inférieur aurait pour conséquence de relever le statut de ce lignage; nous n'en connaissons pas d'exemple dans le cas présent, mais c'est une possibilité.

On voit bien en effet ici, au moins en ce qui concerne Tanebar-Evav, que le statut marque les lignages et les individus et non pas les maisons. Celles-ci sont marquées par leur place dans la structure du village, par leurs relations d'alliance et d'entraide qui ne tiennent pas compte, dans le principe, du statut des hommes qui les occupent; les relations cérémonielles appartiennent à la *maison*, non aux hommes. Les relations de parenté et l'appartenance à l'un des trois ordres marquent au contraire les *individus* et par suite les lignages, et ne concernent pas la maison; ainsi les deux côtés d'une même maison peuvent appartenir à des ordres différents. L'individuel et l'événementiel liés à *lór* (chap. 3) s'opposent clairement ici à la structure totalisante des maisons, immuables, chacune à sa place; dans ce cas-ci où la perte de statut est due à une faute, la place de la maison ne change pas. Pourtant, selon le rang affecté au lignage qui l'occupe, la maison pourra ou ne pourra pas respecter ses relations d'alliance (du fait de l'endogamie des ordres). Ainsi, ce fait individuel peut avoir des conséquences temporaires sur la structure et les réseaux de relations; les prestations continueront d'être échangées, mais il n'y aura pas de mariage possible tant que l'éventuelle adoption d'un noble n'aura pas relevé le statut du lignage. Il va de soi que de très nombreuses pertes de statut finiraient par provoquer des bouleversements profonds dans la structure. Notre propos n'est pas ici de le montrer mais de souligner seulement les diverses implications de l'adoption.

Adoptions sur deux générations: échange d'hommes

Une autre forme de l'adoption équivaut à un échange d'hommes sans paiement lorsque la relation, au lieu de s'achever après une première adoption, s'inverse à la génération suivante. Un enfant est adopté selon les principes énoncés ci-dessus (parmi les relations de *ub*, de *baran ya'an war* ou parmi les alliés) mais sans aucun paiement, ou seulement un paiement partiel. L'accord prévoit en effet qu'un fils de l'adopté sera donné en échange pour remplacer son père dans sa maison d'origine.

La maison A (fig. 32) s'adresse à son preneur de femme B pour adopter un enfant; la maison B, n'ayant pas d'enfant à donner, se tourne vers la maison C du même *ub*; celle-ci accepte de donner un enfant à condition qu'à la génération suivante, un fils de l'adopté lui soit rendu. L'absence de compensation dans ce cas est caractéristique: il s'agit d'un échange d'hommes, un homme équivaut à un autre homme et l'offrande purement symbolique, marque seulement l'accord entre les trois maisons.

Ce type d'échange différé connaît une variante qui montre bien l'importance des accords passés entre les maisons. Dans ce second exemple, un enfant de la maison A fut adopté par la maison B

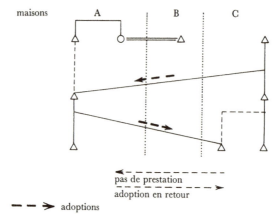

Fig. 32. Double adoption sans prestations

en échange de sa mère. A la génération suivante, la maison A n'a pas de descendants; elle s'adresse alors à la maison B pour reprendre l'enfant donné en adoption. La maison B accepte à condition qu'un fils de l'ancien adopté lui soit rendu en compensation. L'adopté revenu dans sa maison d'origine A, se maria, garda son premier fils afin d'assurer sa propre succession; sa femme étant morte sans lui donner d'autres enfants mâles, il se remaria, et de ce second lit eut plusieurs enfants, dont un fils fut donné à la maison B: l'échange, ouvert depuis trois générations, se trouvait enfin refermé (fig. 33).

Certaines adoptions non payées entraînent ainsi à la génération

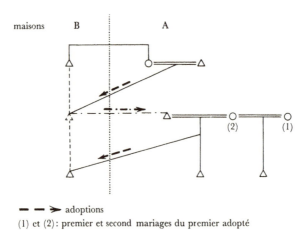

(1) et (2): premier et second mariages du premier adopté

Fig. 33. Tractations successives d'adoption entre deux maisons

suivante des adoptions compensatoires dont le but n'est plus d'assurer une descendance. Le règlement de la dette est seulement différé, puis réalisé par le retour d'un enfant. Cela rappelle la forme d'alliance *sivelek*, où l'échange reste ouvert jusqu'au retour d'une femme. Il n'y a pas de paiement compensatoire, ni pour l'adoption ici, ni dans cette forme de mariage.

Les conséquences de ce cycle en retour montrent bien la différence avec l'autre mode d'adoption: au lieu que l'adopté devienne un chef de maison en remplacement de son père adoptif, il devient le cadet adopté de plusieurs frères qui continuent d'exercer leurs droits dans leur propre maison; l'adopté n'est qu'un frère de plus, soumis à l'autorité de l'aîné de sa maison d'adoption; il dépend de l'aîné pour cultiver des terres, se marier, etc.

2. L'adoption en paiement d'une faute

Le second type d'«adoption» est une compensation rituelle pour une faute grave commise contre la coutume. On ne dit plus alors «remplacer», mais «payer la dette», *vear mat; mat* signifie «dette» et, comme verbe, «mourir». Ce paiement répond à la transgression de l'un des interdits protégeant l'espace à l'arrière du village, *oho mirin*, demeure de l'esprit Adat. Cet espace bordé par deux chemins est sacré: il est défendu surtout d'y avoir des relations sexuelles, que ce soit avec sa propre épouse ou avec toute autre femme. En cas de transgression d'un interdit mineur (ramasser du bois, par exemple), de l'argent ou un bijou est offert comme paiement à l'esprit Adat et donné à son officiant, le chef de la maison Sulka. En cas de transgression sexuelle, un enfant est donné en «adoption» à la maison Sulka. Ici, loin que la maison adoptive ait à donner une compensation, c'est l'autre, celle qui s'est rendue coupable d'une trangression, qui doit se défaire d'un enfant sans contrepartie. L'enfant donné paye la dette ouverte par la faute commise, non contre les hommes, mais contre les esprits; un paiement monétaire accompagne souvent le don de l'enfant. Le coupable donne généralement l'une de ses *filles*; il perd tout droit sur elle et elle appartient désormais à la maison Sulka. Lors de son mariage, la compensation matrimoniale sera entièrement versée à la maison Sulka qui, le plus souvent, a élevé l'enfant jusqu'à l'âge adulte.

Ainsi la maison d'origine perd une fille, et une éventuelle compensation matrimoniale; elle perd peut-être aussi la possibilité de répondre à la demande de ses alliés preneurs de femmes et, obligée de chercher de l'aide dans ses relations pour satisfaire cette demande, se trouvera en position de preneur au lieu d'être normalement donneur de femme; au lieu de recevoir la compensation matrimoniale, elle y contribuera sans doute, selon la procédure étudiée ci-dessus (chap. 5). Donner une fille en paiement d'une faute équivaut à subir une perte lourde de conséquences pour l'équilibre des échanges matrimoniaux.

La maison coupable peut aussi donner un fils. Par là, elle prend le risque de se priver de descendance si d'autres enfants ne parviennent pas à donner de successeur à leur père; peut-être sera-t-elle alors contrainte d'adopter un enfant en remplacement.

Une faute grave commise contre l'esprit Adat à l'arrière du village ne peut être effacée que par une double amende, sous forme de paiement et de don d'un enfant; il en est de même lorsque la faute touche directement la maison Sulka, adultère ou enlèvement d'une femme (comme dans l'exemple cité ci-dessus, section 1).

Il semble que ce «paiement de dette» puisse être effectué pour le même genre de fautes envers les autres maisons; nous n'en avons relevé aucun cas dans les généalogies et nos informations n'ont jamais été très claires là-dessus.

On emploie aussi l'expression *vear mat* pour les enfants nés hors-mariage et laissés à la maison de leur mère. Ce n'est pas réellement une adoption ni un échange; en effet, l'échange n'a pas été ouvert puisqu'il n'y a eu ni mariage ni paiement de compensation matrimoniale, mais plutôt faute contre la coutume. Le géniteur est privé de son descendant, et ne peut le revendiquer que s'il conclut un mariage avec la mère.

3. Adoption et alliance

L'adoption parallèle au mariage

La circulation des hommes, l'adoption, supplée la circulation des femmes, l'échange matrimonial, lorsque celui-ci n'a pas rempli son but et procuré une descendance à la maison. Dans tous les cas, il s'agit d'assurer la continuité des maisons.

Cette circulation des individus entre les unités échangistes est l'expression d'une certaine souplesse qui fait contraste avec la rigidité apparente de la structure en maisons. Dans le cas du mariage, la possibilité d'un choix parmi les alliés n'est pas infinie, mais elle existe cependant; ce choix répond alors à un souci de satisfaire tel ou tel partenaire selon les circonstances.

Dans le cas de l'adoption, les choix sont plus étendus, puisqu'il n'y a pas de règle, pas d'orientations des échanges, pas d'interdiction de telle ou telle maison; l'adoption tire partie des solidarités de *ub*, de *yam*, de *fam umum*, des maisons «jumelles», des alliés. En cela elle se distingue des autres relations car elle est surimposée à des liens déjà tissés; la demande d'un enfant ne crée pas une nouvelle relation, mais exploite un passé acquis et profite d'une circonstance favorable. De plus, elle n'est en principe pas renouvelée.

Cependant, l'adoption est conçue comme un mariage; on dit en effet *ra'faha fo vavat*, «ils achètent (l'homme) comme une femme». La compensation porte le même nom et le plus souvent comprend la série des mêmes monnaies: un canon «remplace» (*holok*) le corps de l'enfant comme il remplace celui de la fille donnée en mariage.

Si les procédures de l'une et l'autre transactions sont très voisines, la comparaison ne saurait être poussée plus loin; on ne saurait en effet dégager un «système» de l'adoption comme on a trouvé un système d'alliance. Il semble que l'adoption soit un phénomène sortant de l'ordinaire qui, pour répondre à un accident, en crée un autre; on ne peut l'ériger en système.

Mariage uxorilocal et filiation utérine?

Si l'on compare les faits d'adoption avec le système des alliances, deux questions se posent: la première concerne l'uxorilocalité, la seconde, les modifications dans les réseaux d'alliés.

Lorsque le donneur de femmes manque de descendance masculine, il peut adopter son gendre en renonçant à la compensation matrimoniale, ou il peut lui demander un enfant à naître du mariage en échange de sa fille. Dans le premier cas, le gendre fait un mariage uxorilocal; il hérite de son beau-père en perdant ses droits sur sa propre maison. Dans le second, il y a un chaînon de filiation utérine puisque les enfants remplacent des descendants agnatiques et appartiennent à la maison du père de leur mère. Cela contredit la règle générale du mariage virilocal et la filiation patrilinéaire en créant une forme de mariage différente pour ceux qui, après accord, ne payent pas de compensation matrimoniale.

Ces faits ne permettent cependant pas de définir à proprement parler un type de mariage au plan général; le cas est rare et n'est provoqué que par un besoin, l'absence effective de descendance; en aucun cas, le mariage ne prend cette forme lorsque le beau-père a des fils pour lui succéder. Il y a une possibilité légitime, donc une règle, mais seulement dans ce cas particulier. L'adoption n'est pas comme dans d'autres sociétés d'Indonésie (Berthe 1961) une alliance déguisée ou un palliatif au mariage impossible.

La rupture de l'alliance

L'adoption entraîne parfois des bouleversements réels du réseau d'alliance si elle se produit chez des alliés, car elle interdit pour plusieurs générations, entre les deux maisons, la reprise des mariages conformes à la règle.

On comprend aisément les raisons de cette rupture provisoire de la relation: la maison A est donneur de femmes à la maison B, et en principe une femme de A se marie avec un homme de B à chaque génération. Si A donne un enfant en adoption à B, et puisque l'enfant doit continuer les relations de sa maison d'adoption, il s'ensuivrait qu'il devrait prendre une épouse chez son donneur A, donc à la même génération épouser sa propre soeur, ou à la génération de son fils, demander une cousine parallèle patrilatérale. Les deux solutions sont impossibles et la maison B doit provisoirement s'adresser à d'autres donneurs (et en principe jusqu'à la septième génération s'il est vrai qu'alors une cousine parallèle patrilatérale devient épousable). Dans le cas d'une adoption chez un preneur de femmes, le même phénomène se produit: la fille de cet adopté qui suivrait la règle de mariage épouserait alors son cousin parallèle patrilatéral.

Ainsi l'alliance est interrompue pendant sept générations entre les deux maisons qui doivent alors utiliser les autres partenaires de leur réseau d'alliance pour trouver des épouses. On comprend la préférence marquée (20 cas sur 31) pour l'adoption dans des maisons plus proches, celles de son *ub* ou de son *fam umum*, qui sont plus rarement en même temps des maisons alliées, ou encore dans l'autre *rin* de la même maison. Mais l'adoption peut alors entraîner des modifications significatives dans les rapports hiérarchiques aîné–cadet ou « oncle–neveu » existant entre maisons d'un même *ub* ou d'un même *fam umum*.

4. Les modifications du statut; les conflits

Au niveau global du village, la différence de statut entre deux partenaires de la relation d'alliance, donneur et preneur, tend à disparaître dès lors que l'on considère la totalité des échanges. Il n'en est pas de même dans la relation d'adoption qui ne concerne jamais que deux partenaires; le donneur, qui reçoit une compensation en échange de l'enfant, a une position supérieure. Il y a pourtant un cas où la relation d'adoption semble égalitaire, lorsqu'au lieu d'une compensation, un enfant est donné en retour à la génération suivante; cet «échange» d'enfants rappelle l'échange de femmes *sivelek*: dans les deux cas, la relation est duelle et les objets de l'échange sont de même nature. La comparaison s'arrête là, car dans le mariage *sivelek*, on emploie l'expression *slalin*, «échanger deux biens de même nature», dans le cas de l'adoption, on dit *lalin*, «remplacer» une chose par une autre de nature différente.

L'observation des faits montre que l'adoption peut avoir des implications diverses modifiant le statut des individus au-delà des positions formelles créées par la relation donneur–preneur.

En premier lieu, l'adoption est l'occasion unique pour un cadet de devenir aîné à son tour (hormis la mort de l'aîné) et de se voir chargé d'un rôle que sa naissance seule ne pouvait lui valoir. Devenu indépendant de son aîné, il peut, s'il le veut, prendre une place prépondérante dans la vie du village.

Mais à l'inverse cependant, lorsque A donne l'un de ses frères à B pour prendre la tête de la maison B, A «sauve» B, et par l'intermédiaire de ce cadet donné en adoption, peut exercer un certain contrôle sur la maison B; l'adopté en B peut pendant une certaine période continuer à dépendre de son aîné; celui-ci peut en quelque sorte étendre son pouvoir au-delà des limites de sa maison, tendant ainsi à accroître son influence à l'intérieur d'un *ub* ou d'un *yam*.

Enfin, lorsque l'adoption provoque le don d'un enfant en retour à la génération suivante, celui-ci se trouve en rivalité directe dans sa maison d'adoption avec les fils du frère de son père; il est en position relativement inférieure vis-à-vis de ses frères adoptifs dont il dépend entièrement. La concurrence est toujours forte entre des frères, et bien plus encore entre des frères adoptifs. Il existe de nombreux cas de conflits dus à cette situation dramatique.

Ainsi, dans un sens ou dans l'autre, on voit bien comment l'adoption peut modifier le statut des individus, soit faire d'un cadet un aîné, soit renforcer la position d'un aîné à la fois par l'influence qu'il peut exercer sur une autre maison et par le gain d'un frère cadet supplémentaire soumis à son autorité. On est ainsi amené à considérer l'adoption non seulement sous la forme d'un échange formel entre deux maisons mais aussi sous l'angle de la compétition, de la recherche de prestige et de pouvoir, parce que, plus encore que le mariage, elle implique des choix individuels et à la différence du mariage, ces choix sont moins formalisés. L'adoption provoque d'ailleurs bien souvent des conflits.

Une histoire relativement récente permet de le montrer. Héritier unique des deux *rin* de sa maison A, un homme se retrouva sans descendance et décida d'adopter d'une part son petit-fils (le fils de sa fille) et d'autre part un fils de la maison B du même *ub*. Mais, sans doute à la suite d'une querelle (dont nous ignorons la cause) avec le chef de la maison B, il changea d'avis; il résolut d'adopter le fils de la seconde épouse de son gendre (sa fille était morte entre temps), c'est-à-dire son petit-fils classificatoire. La maison B réagit violemment et peut-être A ne put-il affirmer suffisamment sa volonté. Après sa mort, le conflit continua. La maison B refusait d'admettre l'adoption du second petit-fils (le fils du gendre), prétendant que la volonté du grand-père n'était pas respectée, que seule comptait sa première décision. L'affaire n'est pas terminée car l'adopté n'est encore qu'un enfant et n'a pas été initié. Le conflit est d'autant plus acharné qu'il met en jeu l'une des fonctions les plus importantes, celle de chef de la coutume. L'histoire que nous évoquons dure depuis une dizaine d'années et la tension se manifeste par des querelles entre factions toutes les fois que le village est assemblé.

5. Conclusion

«L'adoption» en paiement d'une faute est à rapprocher de «l'adoption» en vue de la perpétuité de la maison car dans les deux cas il y a transfert d'un enfant d'une maison à une autre, perte de ses droits sur sa maison d'origine, perte pour ses parents de leurs droits sur lui; la transaction s'accompagne chaque fois d'un paiement, mais tandis que l'un est donné en échange de l'enfant, l'autre accompagne l'enfant. La première tend à maintenir stable le nombre des maisons, la seconde répare les manquements à la loi et rétablit l'ordre.

Ainsi, aux accidents, infécondité ou faute sexuelle, la société répond par un expédient, l'adoption; celle-ci n'a ni le sens ni la portée d'une règle structurale comme celle de l'alliance; c'est une procédure. L'infécondité est compensée par la venue d'un homme «acheté comme une femme», dont on espère faire un géniteur; la faute sexuelle est compensée par la perte d'un enfant offert à l'esprit gardien de la loi.

Tandis que l'idéologie de l'alliance crée une structure totalisante fondée sur la relation maintenant la permanence des maisons, l'adoption, qui ne suit pas de règles précises, dépend de choix individuels pour maintenir vivante la structure. Même quand elle va à contre-courant du système, interrompt les relations d'alliance et utilise la filiation utérine, elle garantit le principe fondamental, l'existence des maisons; en quelque sorte, elle sauve l'alliance et la filiation patrilinéaire en agissant à leur encontre. Elle semble être l'articulation entre *lór* et *haratut*, *lór*, la référence à l'extérieur et à l'événementiel qui permet aux hommes de se différencier, *haratut*, la référence à l'intérieur et à la configuration inaltérable des maisons.

On se souvient que tout au long des chapitres précédents, *lór* qualifie la société dans les rapports que les personnes entretiennent avec un universel extérieur à l'île. Ainsi, tandis que les ensembles *ub* et *yam* se réfèrent à *haratut*, les ensembles *fam umum* rappellent une histoire qui déborde le cadre structuré de l'île, les ordres, qui marquent les individus et les lignages et non les maisons, répètent les divisions respectées dans les archipels voisins. De même, ici, l'adoption fait place aux individus, à leurs choix, à leur histoire. Ainsi, l'anecdotique, l'historique, l'accidentel de l'adoption semble la placer du côté de *lór*, mais en même temps ses résultats ponctuels confirment la société *haratut* dans l'essentiel, la pérennité des maisons et la continuité des relations. Ainsi, l'adoption par achat semble être le point où s'articulent subtilement les valeurs différentes de *lór* et de *haratut*.

Le don d'un enfant en paiement d'une faute à la maison Sulka est une sanction frappant l'individu coupable et par là, elle se place du côté de *lór*. Mais contrairement à la majorité des sanctions, celle-ci ne concerne pas l'esprit Hukum, mais l'esprit Adat, lui aussi venu de l'extérieur, porteur d'une loi étrangère, mais à la fois esprit et ancêtre Ubnus; arrivé au village, il a reçu la garde de la montagne sacrée au centre, celle qui contient les valeurs de *haratut*. Sa demeure, l'espace sacré à l'arrière du village, est une zone intermédiaire entre le village et l'extérieur. Y transgresser un interdit est une atteinte à l'ordre de toute la société représenté par Adat, celui qui est à la jonction des deux lois, celle de *haratut*, de la montagne, dont il est le gardien, celle de *lór* qu'il a apportée.

Ainsi, dans ses deux modalités, l'adoption renvoie à la fois à *lór* et à *haratut*, dont elle semble être l'une des articulations; mais tandis que l'adoption par achat est au service de la perpétuité des maisons, l'adoption en paiement est au service des règles et des valeurs transcendentales.

7 | La circulation des biens: la monnaie

Notre analyse de la société de Tanebar–Evav serait incomplète si elle ne s'intéressait à la circulation des biens qui accompagne celle des femmes et des hommes. En effet les relations, qu'elles soient formelles ou non formelles, se manifestent très concrètement par des échanges de prestations où l'on voit apparaître les positions respectives des partenaires. Nous voulons décrire les règles générales du jeu des échanges et les diverses procédures qu'empruntent les unités sociales pour exprimer leurs relations.

A travers l'échange, non seulement la société laisse voir son organisation, mais elle montre aussi les liens qui l'unissent aux ancêtres et au monde surnaturel. La circulation des biens semble rendre solidaires les vivants, les morts et les esprits. C'est pourquoi, en terminant, nous aborderons brièvement les relations avec le monde surnaturel et la série des prestations qui lui sont offertes.

Mais tout d'abord quels sont les objets servant de monnaie et quel est le vocabulaire en usage dans les échanges? Nous parlerons de monnaie, car à défaut d'un autre mot il faut recourir à celui-là pour désigner ce qui mesure l'échange, donne valeur aux objets et n'a pas en soi-même de valeur d'usage. A Tanebar-Evav, la monnaie mesure la valeur de certains biens – quantités de nourritures par exemple – et place sur une échelle relative les divers événements de la vie cérémonielle – mariages, adoptions, funérailles, construction des maisons et des voiliers –, mais aussi mesure le paiement des fautes commises contre la coutume, comme par exemple un meurtre, le bris d'un interdit, l'inceste ou l'adultère.

On appellera monnaie tous les objets utilisés comme compensation dans les échanges à l'intérieur du village et dans les relations traditionnelles entre villages. Ces objets, à l'exception de la monnaie indonésienne, ne sont pas utilisés pour le commerce à l'extérieur, tels la vente du copra ou l'achat de biens de consommation étrangers. Cette monnaie n'obéit donc pas au système du marché et il faudra se garder sans cesse d'associer la réalité de la monnaie à Tanebar-Evav et à Kei avec les connotations économiques que ce mot ne manque pas d'impliquer aujourd'hui pour nous. Par contre, la monnaie indonésienne, qui participe du système de marché, entre pour une part de plus en plus importante dans l'échange des prestations cérémonielles. De plus, depuis que les sociétés de Kei sont en contact avec des civilisations différentes de la leur, à commencer par la civilisation chinoise, elles ont connu et intégré à leur système les pièces d'argent des monnaies étrangères, chinoise, arabe, portugaise puis hollandaise.

Cette série d'emprunts, et l'emploi de la monnaie indonésienne dans les échanges cérémoniels, font que ce ne sont pas les objets la constituant qui distinguent la monnaie locale mais plutôt leur usage dans le cercle clos des cérémonies et des rituels. Les deux monnaies se réfèrent à deux sociétés, mais tandis que Tanebar-Evav est incluse dans l'Indonésie, c'est la monnaie indonésienne qui fait partie de la monnaie locale, *kubang mas*, et les autres composantes de celle-ci ne sont pas monnaies indonésiennes.

Commençons donc par examiner l'histoire de la monnaie de Tanebar-Evav, puis le vocabulaire des échanges, afin de saisir dans la pensée locale les implications sous-jacentes aux concepts de l'échange[1].

1. Origine de la monnaie

L'un des deux principaux mythes d'origine de l'île, celui de la montagne au centre du village, Vu'ar Masbaït, raconte l'origine de la monnaie: du ciel sont descendus sept frères et une femme; avec eux apparut un arbre sacré, une sorte de banyan très particulier car il était tout entier fait de monnaie; son tronc et ses branches

---

1. Au cours du chapitre, on rencontrera les mots «payer», «paiement», «acheter», «vendre», «prix», «coût», etc. Ces traductions approximatives, utilisées pour éviter de longues périphrases, ne doivent pas cependant nous faire préjuger du sens des mots dans la langue locale; il faut se garder d'y projeter les sens correspondant à une économie de marché.

maîtresses étaient des canons de différentes tailles (*kasber* et *sasad*), ses petites branches étaient des gongs (*dada*), ses feuilles étaient des tissus (*sibo*), ses fruits étaient de l'or et des bijoux (*mas*). Les hommes commencèrent à prendre les feuilles, les tissus, pour se vêtir; alors éclatèrent tonnerre et éclairs, et l'arbre disparut, foudroyé. Il semble que l'arbre de la monnaie ait été anéanti à partir du moment où les hommes ont voulu donner une valeur d'usage à l'une de ses monnaies. Aujourd'hui, les hommes utilisent dans les prestations les différents objets que comportait cet arbre mythique: canons, gongs, tissus, or et bijoux.

Les canons proviennent des occupants portugais et hollandais; ce sont des canons de bronze, dont la longueur peut varier d'un mètre à plus d'un mètre cinquante. Les gongs viennent de Chine, mais aussi de l'ouest de l'Indonésie, Sumatra, Java, Bali; ils ont été apportés par les marchands javanais, bugis ou makassarais qui parcouraient tout le pays à bord de leurs immenses voiliers. Les tissus aussi sont importés; à la différence des habitants du sud-ouest des Moluques et de toutes les îles de la Sonde, les Keyois ne connaissent pas le tissage; peut-être utilisaient-ils les tissus d'écorce mais nous n'en avons pas de preuve. Aux tissus, il faut ajouter les plats et les assiettes, *bingan*, d'abord de fabrication chinoise, puis par la suite européenne (nous avons trouvé des assiettes fabriquées en Belgique et au Luxembourg au siècle dernier). Les tissus et les plats sont toujours associés dans les prestations; on n'offre jamais les uns sans les autres et pourtant les plats ne sont pas cités dans le mythe.

Mas désigne l'or et les bijoux en général; il ne s'agit que très rarement d'or véritable mais plutôt d'alliages légers. Ces bijoux, apportés aussi par les marchands, sont des bracelets, des bagues, des colliers, des boucles d'oreille, des pendentifs orfévrés; suivant leur forme ou leur origine, tous les bijoux portent un nom qui permet de les distinguer; ces noms sont communs à tout l'archipel de Kei et répandus apparemment aussi dans l'archipel de Tanimbar, au sud. Comprises sous le nom de *mas*, on trouve encore les pièces de monnaies étrangères, chinoises, portugaises, hollandaises qui n'ont plus cours aujourd'hui. Le mot traditionnel pour la monnaie métallique ou le papier-monnaie est *kubang* (à l'origine sans doute une petite pièce de monnaie chinoise en or, *kobang*); plus couramment et souvent dans les chants, on emploie

Les monnaies sous la forme de canons, de gong et de bijoux avec des billets indonésiens.

le mot *kepeng* dans le même sens général de monnaie métallique; c'était le nom de la sapèque chinoise. Aujourd'hui, ces mots sont remplacés par *seng* (qui vient peut-être du «cent» hollandais), qui désigne toute espèce de monnaie en pièces ou en billets. Tandis que *kubang* et *seng* restent des catégories générales, *mas* peut être précisé par le nom de chacun des bijoux; mais *kubang* et *mas* sont associés dans l'expression générale *kubang mas* qui désigne un certain type de prestations composées aussi bien de canons et de gongs que de monnaies étrangères, de bijoux ou d'or. Enfin, il faut signaler que *gobang*, une petite pièce de bronze frappée par les Hollandais, est employé dans certains cas à la place de *ref*, «la brasse»; celle-ci est une unité de mesure des longueurs (par exemple celle des canons), mais surtout elle est une mesure abstraite des paiements en réparation des transgressions; les sanctions, elles aussi, sont mesurées selon l'échelle des objets monétaires.

L'ensemble des biens précieux, originaire de la montagne sacrée gardienne des lois, est associé à ce que l'on appelle *karamat* (terme d'origine arabe), le bien sacré du village, symbole de sa force et de sa puissance; on dit que la montagne sacrée Vu'ar Masbaït contient le *karamat* du village; *karamat* est en quelque sorte l'ensemble des lois, des coutumes, des biens qui font la richesse du village par opposition aux autres villages; une fréquente cause de guerre était la compétition au sujet de la vigueur respective des *karamat* de chaque village. Un récit montre comment deux villages s'affrontent: ils décident de disposer bout à bout toutes leurs richesses, depuis le centre du village jusqu'à la mer; et celui qui forme la chaîne la plus longue est le vainqueur.

Ici, on mesure la puissance sacrée de chaque village par la force symbolique de sa monnaie. Au niveau des échanges entre maisons, on ne peut parler de compétition qui engage le prestige, il n'y a pas de confrontation en termes de force respective des monnaies; on ne mesure pas réellement la puissance de la maison aux biens qu'elle possède. Pourtant la circulation orientée de certaines monnaies indique la position hiérarchique des partenaires.

Le mythe d'origine de la monnaie présente un double intérêt. Il montre d'abord que les monnaies apparaissent en même temps que les premiers hommes et participent de la création de la société; il n'y a pas de société possible sans les moyens de l'échange. Il dénote ensuite un paradoxe: nous savons que ces objets sont tous d'origine extérieure à l'île, qu'ils ont été échangés; pourtant, on les conçoit comme inhérents à la société, liés à *haratut*, aux lois positives de l'intérieur de la montagne sacrée, au principe interne. Nous avons là l'un des plus beaux exemples de cette étroite association entre deux univers, celui de l'extérieur et celui de l'intérieur, qui caractérise cette société de Tanebar-Evav. Il y a intégration d'objets extérieurs à l'île qui n'ont pas de valeur d'usage dans cette société, et le mythe explicite leur nouvelle fonction; l'objet venu du dehors est accepté sous forme de monnaie à usage interne et le mythe accrédite cette monnaie comme quelque chose d'inhérent à la société, mais qui la relie implicitement aux valeurs du monde extérieur.

Les objets précieux viennent tous du monde extérieur; ils ont été acquis par les échanges commerciaux, la vente des voiliers de fabrication locale, les guerres – s'il y a des morts à la guerre, les vainqueurs doivent être dédommagés par de la monnaie, et s'ils estiment la réparation insuffisante, par des terres, puis alors par des femmes.

L'or est aussi appelé *mas tom*, ou parfois *tom*. Ce mot signifie d'abord «jaune», c'est donc «l'or jaune»; mais on a rencontré le mot dans le sens d'«histoire», «mythe», dans l'expression *tu'ar tom*, le «pied de l'histoire», à propos de la relation d'alliance originaire. Comme le dit le mythe, l'or – la monnaie – est à l'origine de l'histoire.

On peut se poser la question de savoir ce qui était utilisé avant l'arrivée des canons portugais. Atvul Sarmav, notre assistant, vient de découvrir que les femmes étaient échangées contre un voilier et deux autres produits, classés comme «de mer» et «de terre», poisson et gibier. Que ce type de biens ait été échangé antérieurement ou à la même époque que les autres ne change rien au fait qu'ils présentent tous deux les mêmes caractéristiques: le voilier, fabriqué dans le village et souvent échangé au dehors, représente par excellence la relation à l'extérieur; la nécessité de produits de mer et de terre montre aussi l'étroite association entre les deux univers, celui de l'île, lié à la terre, représenté par la culture et la chasse, celui de l'extérieur, lié à la mer, représenté par la pêche et la guerre.

Mis à part le voilier, de fabrication locale, aucun autre objet local n'est utilisé dans les échanges. La société voisine de l'archipel de Tanimbar connaît le tissage et utilise les tissus dans les échanges cérémoniels; à Kei, les tissus sont tous importés.

Dans les offrandes rituelles au dieu, aux esprits, aux ancêtres, aux morts, on donne, en plus des monnaies, des nourritures dont certaines ne sont pas produites dans l'île; le millet est cultivé à Tanebar-Evav, mais non le riz qui entre dans la plupart des offrandes; il semble n'avoir jamais été cultivé dans l'archipel, et pourtant un mythe de Kei Kecil raconte comment il y a été introduit. Là encore on trouve donc sur le plan du rituel une association entre deux cultures très différentes, celle du riz et celle du millet.

2. La monnaie et les échanges à travers le langage

Reprenant la démarche suivie dans l'étude des unités sociales, nous commencerons par dégager les différents niveaux de l'échange à travers les termes les plus couramment employés.

On a déjà rencontré le verbe «payer», *vear*. Si l'on va au marché dans le bourg de Tual, on «paye» en monnaie métallique; dans les échanges cérémoniels, on utilise la monnaie traditionnelle. Lorsque l'on dit *vear mat* «payer la dette», on inclut aussi bien les dettes consécutives à un achat courant que la réparation d'une faute grave; on l'a vu dans une forme de l'adoption, et à défaut d'enfant on peut «payer» la dette avec un canon. On emploie aussi *vear mat* lorsque l'on construit et vend un voilier en paiement de certaines transgressions.

Pour les fautes rituelles seules, on dit aussi *fetar*; le premier sens du mot désigne un pieu en bois utilisé dans la clôture des jardins; le second sens, «payer», s'applique à la réparation d'une faute lors du rituel de consécration du voilier, ou des transgressions dans certains rituels de la culture du millet, et aussi à la compensation du meurtre du serpent sacré de l'échelle d'accès au village; le premier paiement, pour le voilier, est déposé dans la maison, sur la poutre sacrée divisant la pièce principale et considérée comme la «quille»; il consiste en un petit bijou. Le second consiste en une offrande de millet, le troisième en un don de bijou, *mas*. *Fetar* contient l'idée de réparation – métaphoriquement, c'est redresser la clôture démolie par le bris d'un interdit.

Rappelons que l'idée de dette est aussi incluse dans le verbe *fdu*, «se mettre sous la protection de», employé par l'homme qui, n'ayant pas versé encore la compensation matrimoniale, réside chez le père de l'épouse; employé aussi pour le *ko* protégé par son *maduan* et, à Tanebar-Evav, par la maison déchue protégée par une autre maison noble, *fdu* décrit la situation d'un obligé, débiteur.

Faha, qui répond à l'idée «d'acheter», concerne les objets ordinaires obtenus au marché, les femmes reçues en échange de la compensation matrimoniale, les adoptés dont on dit *ra faha fo vavat*, «ils l'achètent à la place d'une femme». La terre, qui souvent accompagne la femme dans l'échange, ne s'achète pas, ni non plus les cocoteraies.

Faha s'oppose à *fed*, «vendre»; on «vend» des poissons, des noix de coco, des produits de la chasse, de la pêche, etc; on vend aussi des voiliers selon un rituel très élaboré qui ressemble par certains côtés à celui de la guerre. On achète et on vend aussi des esclaves. Les prix de la femme, du voilier et de l'esclave sont cités ensemble dans presque toutes les formules des rituels de la culture du millet; l'association de ces trois sortes d'échange est l'une des articulations principales du système social. *Fed* est compris dans l'expression qui traduit l'échange d'une manière générale: on dit *fed-havel; havel* est difficile à traduire car il exprime l'idée «d'échange de retour» (on retrouve là la racine de *sivelek*, échange mutuel de femmes entre deux maisons, et de *velin*, nom de la compensation matrimoniale); *fed-havel* serait «vendre-rendre» ou peut-être «donner contre quelque chose en échange», par opposition à «donner» *fiang*; c'est l'idée de l'échange avec réciprocité.

Tout ce qui est échangé, acheté, vendu, payé possède d'une manière générale un «prix», *enan*, traduit de l'expression *ni enan felbe?* «quel est son prix?»; on pourrait dire aussi le «coût», comme on va le voir. *Enan* est le prix payé pour de la nourriture, des objets d'usage courant; mais il faut aussi entendre ce terme comme signifiant le *résultat* d'un travail, le produit d'un effort, la consé-quence d'une action: un mort est *nger enan*, le «résultat du coupe-coupe»; la récolte, c'est-à-dire l'effet du travail dans un jardin, est *enan*; c'est encore le produit du travail des transactions matrimoniales, des réunions et discussions entre partenaires, des phases de la cérémonie, c'est-à-dire le mariage, la femme donnée, la compensation reçue; ce n'est pas la femme qui a un «prix», mais l'ensemble des échanges indispensables à la conclusion du mariage qui a un résultat, *enan*; ce travail matrimonial porte aussi le nom de *urat yab van*, la fabrication d'une vannerie par l'entrecroisement des fibres, comme un réseau de vaisseaux sanguins (*urat*); le mariage correspond à cette image: c'est le résultat de l'entrecroisement des relations entre maisons. *Enan* s'applique de même à l'échange de voiliers et d'esclaves; de plus, ce coût correspond aussi à la compensation versée à la famille de l'esclave assassiné.

Le coût d'un service s'exprime toujours par des mots évoquant la notion de fatigue. La rémunération d'un travail se dit *reang*, «ma fatigue»; elle est généralement payée en monnaie. Mais plus fréquentes sont les compensations versées en nature pour un travail effectué en commun; on dit alors *rehar*, littéralement «mettre un terme à la fatigue»: on désigne par là les repas offerts au cours de la journée tant que dure le travail. Ces travaux, trop importants pour un seul homme – défricher un jardin, préparer le copra, la chaux, les poutres pour la construction des maisons et des voiliers – font appel à la solidarité de la maison, du *ub* et du *yam*, parfois de tout le village; les participants apportent une contribution aux nourritures nécessaires à la préparation des repas, nourritures qui seront redistribuées en fin de journée s'il y a surplus.

Il existe une compensation pour l'aide apportée à la préparation d'un rituel; lorsqu'il convient d'offrir une tortue aux ancêtres *wadar* du *ub*, une part spéciale de l'animal est réservée aux femmes chargées de sa préparation et de sa cuisson, part appelée *rean* ou *barean*; ces mots viennent de *rabre* «elles sont fatiguées», c'est la «fatigue», le prix de la peine prise pour effectuer le travail.

Parmi ces trois formes de paiement pour services rendus, la seconde est la plus fréquente; il ne se passe pas de semaine que ne soient organisés un ou plusieurs de ces travaux collectifs appelés *maren*; le mot «paiement» est inadapté car il s'agit en fait d'un échange mutuel de services étalé dans le temps; chacun à tour de rôle est le bénéficiaire de cette forme d'entraide et la prestation de nourriture n'est que l'aspect instantané de l'échange.

Reprenons ici les expressions relatives aux échanges entre maisons. La forme de mariage *sivelek* est un exemple de l'expression *slalin*, «échanger des biens d'égale valeur», qui évoque les deux opérations de l'échange. D'autres termes se réfèrent à l'une des deux seulement: *lalin* et *holok*, «remplacer»; les biens échangés ne sont pas de même nature, la femme mariée selon la règle du mariage asymétrique est échangée contre une compensation, *velin*, et de même l'adopté. *Holok* s'emploie aussi pour désigner le prix de l'homme, la compensation pour son meurtre; la même idée domine lorsqu'on emploie le mot dans certaines séquences du rituel du millet, pour désigner l'offrande faite en compensation des destructions opérées dans la forêt et parmi les animaux en ouvrant l'espace des jardins.

Lorsque l'échange répond à l'idée de *slalin*, la monnaie est quasiment absente; un bijou – témoin de l'échange – est parfois offert. S'il s'agit des opérations *holok* ou *lalin*, les principales monnaies circulent – canons, gongs, bijoux, plats et tissus. Chacune de ces monnaies représente une partie du corps, de l'épouse, de l'adopté, de l'assassiné. L'argent et les bijoux, les canons et les gongs circulent dans une direction, les plats et les tissus sont donnés en retour. Lors d'un mariage traditionnel, les prestations des preneurs de femmes vers les donneurs sont appelées *kubang mas*, «argent-bijoux», et incluent les canons et les gongs; les prestations de retour, des donneurs vers les preneurs, sont appelées *bingan sibo*, «plats-tissus» et incluent d'autres objets nécessaires à la tenue d'une maison. Le don de tissus et de plats manifeste aux yeux de tous la supériorité du partenaire qui les offre; la circulation de ces prestations signale toujours la même différence hiérarchique entre les partenaires.

Ainsi, la monnaie se différencie suivant le sens de sa circulation, comme elle était déjà diversifiée dans les différentes parties de l'arbre du mythe. Mais la monnaie présente encore un autre caractère: dans les prières rituelles, la monnaie est parfois désignée sous le nom de *ubrān*; ce mot se décompose en *ub*, la «jarre» et *rān*; *rān* est d'abord une contraction du mot *ralan*, l'«intérieur», le «contenu», mais signifie aussi «signification», «sens»; *ubrān*, la monnaie, c'est «l'intérieur», le «contenu» du *ub*, et aussi la «signification» du *ub*. Rappelons les autres usages du mot *ub*, jarre parfois utilisée pour conserver le millet, mais aussi «grand-père», «ancêtre», «poisson-ancêtre», souvenons-nous de ces récipients qui enferment ancêtres ou hommes (quand les hommes sont pris comme du gibier). Cette métaphore est précieuse en ce qu'elle nous fait comprendre la monnaie par son sens symbolique. Si la monnaie est «le contenu du *ub*», c'est aussi des hommes qu'il s'agit, des vivants et des morts de la société, divisée en un nombre fixe de *ub*. Ces *ub* contiennent les hommes, mais aussi, comme jarres déposées dans le grenier communautaire, le millet recueilli chaque année, témoin de l'effort de chaque habitant du village depuis des générations; ce millet aux grains jaunes d'or (*tom*) symbolise au même titre que les bijoux (*mas tom*), la véritable richesse de la société. Nous avons constaté que la société se définit dans les limites de contenants: la monnaie est, comme le millet, les hommes, les ancêtres, le contenu qui assure l'existence de la société.

8 | La circulation des biens: les prestations

Les prestations cérémonielles sont échangées en de nombreuses occasions: en premier lieu, les cérémonies de mariage qui sont les plus longues et les plus importantes, puis les funérailles, la fin de la construction de la maison (le jour où le toit est posé), le lancement d'un voilier, les cérémonies de départ et de retour au village des membres de la maison. D'autres occasions comme les naissances, les rituels lors des maladies, ne donnent pas lieu à des échanges proprement dits, mais seulement à des dons de nourriture crue ou cuite.

Lorsque les relations sont hiérarchisées, l'orientation des prestations révèle la position des partenaires; ainsi, les canons, les gongs, les bijoux vont de l'inférieur vers le supérieur, les plats et les tissus en sens inverse. Dans les relations égalitaires, toutes les monnaies circulent dans les deux sens.

Les échanges de prestations sont l'occasion de manifester clairement les relations unissant les maisons ou les *rin*. A chaque événement important, la totalité des maisons du village est concernée par le biais de leurs relations à l'un des deux principaux partenaires et c'est ce que rend visible la circulation des monnaies.

Les prestations ne concernent pas seulement la société des vivants mais aussi la relation aux êtres surnaturels, puisque la société ne se conçoit complète que dans son rapport à l'au-delà. Nous aborderons brièvement certains aspects des relations au monde surnaturel dans la mesure où ils complètent ce qui est dit sur les échanges.

1. Les prestations entre maisons

Prestations dans les relations hiérarchisées

Chaque mariage met en présence les partenaires de la relation *yan ur–mang oho*, les preneurs et les donneurs de femme. La femme est échangée contre une compensation matrimoniale appelée *velin*, versée en une ou plusieurs fois. Son montant est décidé après plusieurs discussions entre partenaires, séparément puis en réunions communes. Ainsi, la maison du fiancé réunit ses «frères», alliés, etc. afin d'évaluer le montant qu'elle peut proposer; parfois, la maison de la fiancée fait elle-même une demande soumise alors à la discussion. A Tanebar-Evav, la compensation comporte en général un ou deux canons, plusieurs gongs, une petite somme d'argent et divers bijoux de valeurs différentes. Dans les autres parties de l'archipel, elle semble beaucoup plus lourde, parfois une dizaine de canons et une très grosse somme d'argent; elle est de ce fait beaucoup plus longue à réunir et occasionne souvent des querelles.

Une fois l'accord établi, la compensation est rassemblée avec l'aide des partenaires, et la date des échanges est fixée. La majeure partie de la prestation est destinée au père et à la mère de la fiancée, qui éventuellement en redistribueront une part à leurs propres partenaires envers lesquels ils ont des obligations. L'autre partie est offerte à l'oncle maternel de la fiancée; elle s'accompagne d'offrandes rituelles aux *duad-nit*, les morts de sa maison. (Lorsque le mariage ne s'effectue pas avec la cousine croisée matrilatérale, le fiancé doit une compensation à son propre oncle maternel; ceci ne fait pas partie de la compensation matrimoniale relative à son mariage, mais fait référence au mariage de sa mère; au cas où un tel mariage n'a pas lieu parce que l'oncle n'a pas été en mesure de fournir une épouse à son neveu, il doit aider ce dernier à payer la compensation.)

Les prestations aux donneurs de femmes portent le nom général de *kubang mas*. Lors d'un mariage, elles se décomposent en plusieurs parties. La première, appelée *ngaban tenan*, consiste en un canon; l'expression désigne l'ensemble des pièces de bois – la quille et les premières planches – formant la coque du voilier (*tenan*, la «quille», *ngaban*, «l'épaule», nom donné à l'une des premières planches). On dit que le canon «remplace» (*holok*) le corps de la femme donnée en mariage. La seconde prestation, appelée *hibo ni leat vehe*, comprend les gongs, les bijoux, la somme d'argent; l'expression signifie «les perches et les rames du voilier». On compare métaphoriquement la jeune fille à un voilier prêt au départ; l'analogie ne surprend pas car on a vu au chapitre précédent que la compensation matrimoniale et le prix de vente du voilier sont cités ensemble dans les formules rituelles; de plus, les rituels destinés aux esprits lors du mariage et ceux qui accompagnent la construction du voilier portent le même nom, bien qu'ils ne comportent pas les mêmes offrandes. Enfin, on a noté cette toute dernière information nous apprenant que les femmes étaient autrefois échangées contre des voiliers; l'analogie qui avait surgi de l'analyse se trouve ici confirmée. Il ressort de tous ces éléments que les compensations pour la femme, le voilier et l'esclave sont étroitement rapprochées dans le système rituel en accord avec l'idéologie globale. Seule une étude complète des rituels, des mythes et des récits de guerre permettra d'étendre la présente étude sociologique jusqu'à la synthèse totalisante des croyances les plus profondes. Ce sera l'objet d'un autre ouvrage.

Les troisième et quatrième prestations n'ont généralement pas lieu en même temps que la cérémonie du mariage. Elles sont appelées *sisidak* et *dirtalik*, littéralement le «départ» et la «césure»; composées de bijoux de différentes valeurs (bracelets, boucles d'oreilles, pendentifs), elles sont destinées à la mère de l'épouse en compensation du départ, de l'éloignement de sa fille. En effet, après la cérémonie, les jeunes mariés vont résider d'abord chez les parents de l'épouse pendant une certaine période (qui peut varier de quelques jours à plus d'un an) et ne quitteront cette résidence qu'après le versement de ces deux dernières prestations; la nouvelle épouse va vivre alors dans la maison de son mari après s'être «séparée» de sa mère. A Tanebar-Evav la compensation matrimoniale proprement dite est considérée alors comme accomplie. Il arrive parfois que plusieurs années se passent avant qu'intervienne ce dernier versement; dans ce cas les enfants qui naissent sont élevés avec leurs cousins croisés matrilatéraux; c'est l'un des cas où le mariage préférentiel pose problème, car élevés dans la même maison (résidence) les cousins sont alors considérés comme trop proches pour pouvoir s'épouser. C'est là un fait qui éclaire bien la notion de «maison» et son importance à la fois comme groupe social et unité de résidence.

Une fois la compensation versée, les prestations ne cessent pas pour autant. En toutes occasions cérémonielles (celles que nous avons citées au début de ce chapitre), les preneurs continuent d'honorer leurs donneurs en offrant des monnaies de plus ou moins grande importance suivant l'état de leur dette. Toutes les prestations des preneurs vers les donneurs se nomment *flurut duad-nit*, que l'on peut traduire approximativement par «donner à manger aux morts-dieu», les morts des donneurs. Il s'agit toujours bien sûr de *kubang mas*, le type de prestations ne varie pas. A l'occasion de la cérémonie de la pose du toit de la maison et si la dette est encore grande, les preneurs peuvent offrir un canon alors appelé *ngutun telvunan*, «la fermeture du faîte». A l'occasion de funérailles, des gongs ou des bijoux offerts sont appelés *nit vokan*, «la part du mort». Lorsqu'elles sont moins importantes, les prestations comportent toujours une somme de monnaie et des bijoux. De plus, et là est l'origine de leur nom, *vu'un*, les preneurs honorent traditionnellement leurs donneurs en leur offrant une partie de leur gibier ou des poissons pêchés (*vu'un* ou *vu'ut ulun*, «tête de poisson»). S'il y a des difficultés dans leur maison, les preneurs viennent informer les *duad-nit*, en apportant dans la maison des donneurs un peu de nourriture et la prestation de bétel et d'arec, et parfois du vin de palme.

Les contre-prestations des donneurs vers les preneurs ne sont pas soumises à l'approbation du partenaire; elles s'appellent *bingan sibo*, «plats-tissus». Ce sont réellement des plats, des assiettes de valeur ou des assiettes ordinaires, et toutes sortes de tissus que la maison de l'épouse offre avec beaucoup de cérémonie en accompagnant la jeune femme dans la maison de son mari. Ces prestations sont agrémentées de nos jours d'articles de cuisine et de maison, des poteries, des nattes, des oreillers, et même une fois une machine à coudre. Après le mariage, chaque cérémonie est l'occasion de nouveaux dons de ce type. On dit que les donneurs *fa'an fnolok*, «nourrissent et vêtent» les preneurs *yan ur*, «enfants soeurs». Ils marquent ainsi à la fois leur attitude protectrice envers la descendance de leurs filles et soeurs données en mariage et leur position supérieure.

Il n'est pas rare que le père donne aussi à sa fille une pièce de terre ou une cocoteraie plantée de fraîche date. Cette prestation s'appelle *helek na'a ni yafar*, littéralement «jeter dans sa hotte»; cela évoque la hotte que les femmes portent sur le dos lorsqu'elles vont au jardin et qu'elles remplissent au retour de tubercules, de noix de coco ou de tout ce dont elles ont besoin; c'est un attribut typiquement féminin, la hotte n'est jamais portée par les hommes, sauf par moquerie. Beaucoup de pièces de terres passent ainsi de maison en maison; en faisant le relevé des propriétés, on a pu se rendre compte de l'importance de cette prestation. La terre n'est pas offerte aux preneurs de femmes, mais appartient en propre à l'épouse qui la donnera à sa descendance.

Nous n'aborderons pas ici l'étude des rituels accompagnant la cérémonie du mariage; ils appartiennent à un autre travail. Mais voici résumé en un tableau le déroulement des principaux échanges (fig. 34).

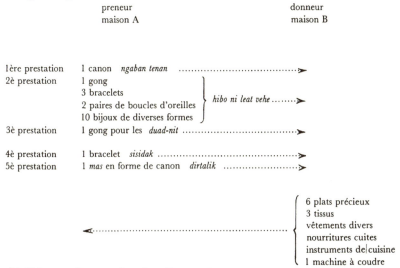

Fig. 34. Echanges de prestations lors d'un mariage

L'adoption est caractérisée par des échanges de même type que ceux du mariage; aux prestations des preneurs «d'homme» répondent celles des donneurs. La compensation porte le même nom, *velin*, et se compose des mêmes monnaies; le canon symbolise le corps de l'enfant; la prestation de bijoux offerte au père et à la mère est appelée *sisidak*, le «départ»; les preneurs offrent *kubang mas* et reçoivent en retour *bingan sibo*.

Nous n'avons pas observé de cérémonie d'adoption, mais seulement les prestations prolongeant la relation à la génération suivante. Un homme de la maison A avait été adopté par la maison

B; son fils *b* reçut des prestations de la part de A lors de la construction de sa maison; les donneurs A offrirent des *bingan sibo* et cette situation était décrite comme *fa'an fnolok* «nourrir vêtir», à l'instar des donneurs de femmes. Bien plus, on précisait qu'il s'agissait là d'une relation avec une *uran*, «sœur», identifiant ainsi la position de l'adopté à celle d'une sœur donnée en mariage aux preneurs *yan ur*, «enfants sœurs». Il est clair que l'on assimile le don d'un homme au don d'une femme et que l'adoption crée une relation identique à la relation de mariage.

Enfin, les prestations de la relation *ko-maduan* sont orientées de la même manière aussi que celles de la relation d'alliance: le *ko* donne *kubang mas* à son *maduan* qui lui offre en retour *bingan sibo*. Mais il y a des prestations supplémentaires, et parfois une inversion de l'orientation quand le *maduan* (comme l'oncle maternel) aide le *ko* à verser la compensation matrimoniale de son mariage.

Les échanges semblent plus formalisés encore: si le *ko* vient lui-même faire appel à l'aide du *maduan*, il apporte les prestations de *tuat wad* et *maneran tabak*, «vin de palme et nourriture carnée», «bétel, arec et tabac»; donner le bétel et le tabac est la manière traditionnelle d'honorer un hôte. Si sa demande est importante, le *ko* offre *bib vav, wear bina*, «les chèvres, les porcs, l'eau et la nourriture végétale». Cette prestation est parfois demandée par le *maduan* lui-même lorsqu'il réclame l'aide de son *ko* pour préparer une cérémonie; le *ko* apporte des nourritures et s'occupe du transport de l'eau, du bois, etc. Ainsi, de même que le preneur de femmes, le *ko* offre des monnaies (canon, gongs, bijoux), et des nourritures. Le *maduan* donne des plats et des tissus en retour et souvent participe à la compensation matrimoniale du mariage du *ko* en donnant bijoux, canons, gongs et somme d'argent.

Nous avons pu observer un échange entre *ko* et *maduan* que nous donnons en exemple ici. Le *maduan* est *haratut*, toute la société de Tanebar-Evav, le *ko* est une maison d'un village voisin situé sur la côte ouest de Kei Kecil. L'occasion est fournie par la cérémonie de la pose du toit de la nouvelle maison du *ko*. Quelques semaines avant l'événement, le *ko* arrive à Tanebar-Evav pour prévenir le *maduan* et fait les offrandes d'usage auxquelles le *maduan* répond par une contre-prestation. Le jour venu, une trentaine de villageois de Tanebar-Evav s'embarquent à bord d'un voilier,

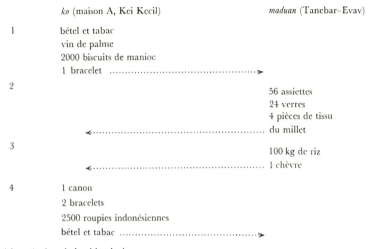

Fig. 35. Echanges de prestations entre *ko* et *maduan*

emportant de la nourriture pour la fête. A leur retour, le *ko* leur offre d'importantes prestations de monnaies. L'ensemble des échanges apparaît ci-dessus (fig. 35).

Les prestations données par le *maduan* sont collectées, au nom de *haratut*, auprès de tous les villageois; les monnaies reçues en échange appartiennent à *haratut* et sont déposées dans la maison de la coutume, sauf un bracelet destiné collectivement à la trentaine de personnes qui ont fait le voyage «en compensation de ce qui aurait pu faire défaut dans le déroulement de la cérémonie». Si l'une des trente personnes a un jour besoin de ce bracelet pour une prestation, elle en fera la demande au groupe, qui décidera.

Le canon reçu changea encore de mains. Un homme d'une maison X de Tanebar-Evav, en position de *ko* vis-à-vis de *haratut*, son *maduan*, avait besoin d'un canon pour finir de verser la compensation matrimoniale pour son épouse (il était marié depuis huit ans); il fit une demande à *haratut* en réunissant dans la maison de la coutume tous les anciens du village; il apporta *tuat wad* et *maneran tabak*, le vin de palme, la nourriture carnée, le bétel et le tabac. L'assemblée répondit favorablement à sa demande, lui laissa le canon, qu'il donna immédiatement au frère de son épouse, puis il offrit fête à tous les habitants du village.

Cet exemple montre bien la circulation des monnaies et

souligne aussi la difficulté qu'il y a parfois à s'en procurer; les canons existent en nombre limité dans le village, et il faut quelquefois attendre longtemps avant de pouvoir disposer de celui qu'on doit donner dans l'échange matrimonial.

Prestations dans les relations égalitaires

Les relations *sivelek* et *baran ya'an war* sont caractérisées par l'échange de prestations identiques, comportant aussi bien des canons et des bijoux que des plats et des tissus.

Nous n'avons pas observé de mariage de type *sivelek* mais seulement entendu dire que les prestations étaient fort simples: on offre un bijou (généralement un bracelet) pour faire connaître à son partenaire le désir de trouver une épouse dans sa maison; cette prestation s'appelle *u tul mas*, littéralement «je dis l'or» ou «le bijou». Ce bracelet tient lieu de compensation matrimoniale. La même démarche est suffisante pour une demande d'aide. Là s'arrête l'échange et le retour est attendu dans un futur indéterminé.

Les prestations échangées entre partenaires *baran ya'an war* s'appellent *fa'an fnolok*, du même nom que celles des donneurs de femmes. Mais elles comprennent aussi celles qui caractérisent les preneurs, c'est-à-dire les canons, les gongs et les bijoux. Elles sont offertes lors des cérémonies déjà citées, lorsque l'un des partenaires marie sa fille ou son fils, construit son voilier, etc. Il reçoit ainsi de l'aide, soit pour rassembler la compensation matrimoniale, soit pour obtenir des nourritures; il rendra cette aide lorsqu'à son tour son partenaire sera dans le besoin. Lors de la construction des maisons ou du lancement du voilier, la contre-prestation est souvent immédiate, et en général l'un apporte des bijoux, l'autre lui donne le même jour d'autres bijoux ou un gong en échange. L'expression *fa'an fnolok* appliquée à leurs échanges montre bien qu'il s'agit d'une relation d'aide et de protection, de soutien d'une maison à l'autre mais, dans ce cas-ci, cette relation est parfaitement réciproque et égalitaire. Chacun à son tour protège l'autre, les deux maisons sont solidaires et s'entraident comme deux cadets.

La relation *baran ya'an war* est tout à la fois moins formalisée, moins dramatique, que la relation hiérarchisée, celle du mariage, par exemple; l'enjeu est moindre. Le mariage est la réaffirmation de liens sociaux, le plus souvent déjà anciens; il met face à face deux groupes qui partagent tout le village, il éveille des intérêts multiples attachés à la terre, aux fonctions rituelles et politiques, il ranime souvent des conflits ou en crée de nouveaux. Le mariage est chaque fois une sorte de drame dont les principaux acteurs sont muets: il suffit de voir l'expression du visage des époux pour se convaincre que l'enjeu du drame dépasse de beaucoup leur simple union; ils portent le poids de toute un société qui résume chaque fois la tradition transmise par ses pères.

Au contraire de l'alliance, la relation *baran ya'an war* n'a pas besoin d'être solennellement confirmée par une cérémonie. Elle dure tout au long des générations et se manifeste dans la simple vie de tous les jours. Le partenaire *baran ya'an war* est présent là, comme sont les frères, les oncles, les gens de la maison. Il vient de lui-même, pour rendre service. Les prestations qu'il offre lui seront rendues plus tard, un jour. La relation est continue, sans conflits, sans accrocs, sans affrontements. Les prestations ne sont jamais aussi nombreuses et lourdes que pour un mariage; surtout, elles sont plus souples, on donne ce que l'on a. Et si l'un des partenaires n'a pas de fils pour lui succéder, adopter un enfant de son *baran ya'an war* est chose naturelle et sans danger.

La circulation rapide des monnaies

Les cérémonies sont pour chaque maison l'occasion d'être mise en présence des partenaires de toutes les relations qu'elle entretient et de compléter, d'inaugurer ou de terminer les échanges relatifs à des événements antérieurs ou futurs. Il est facile de voir alors circuler les monnaies à travers le village et parfois au-delà du village; elles ne restent pas toujours longtemps entre les mêmes mains; on utilise celles que l'on vient de recevoir pour régler des dettes et mettre ses affaires en ordre. En voici un exemple (fig. 36).

C'est le jour du mariage d'un homme de la maison A; il n'épousait pas sa cousine croisée matrilatérale et son oncle maternel (appartenant à la maison B d'un village de Kei Kecil) devait donc recevoir une compensation; a donna donc un bracelet d'une certaine valeur au fils de b venu assister au mariage. Il se trouve que b était le frère classificatoire d'un homme appartenant à la maison C; ce dernier, c, marié et père de deux enfants, n'avait

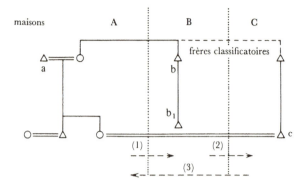

– – – ➤ circuit suivi par le bracelet en un seul jour
(1) compensation pour l'oncle maternel *b*
(2) aide au frère classificatoire *c*
(3) *sisidak* offert au beau-père *a*

Fig. 36. Circulation de la monnaie au cours des échanges

pas encore fini de payer la compensation matrimoniale pour son épouse, issue de la maison A. Le frère classificatoire b_1 proposa à *c* de l'aider à régler sa dette et lui donna le bracelet; *c* offrit le jour même ce bijou au père de son épouse, soit à la maison A, en paiement du *sisidak*, prestation pour le «départ» de la fille. Ce soir-là, *a* recevait le bracelet qu'il avait donné le matin même; par sa circulation, le bijou avait permis le règlement de compensations concernant deux mariages différents, celui du jour même et un autre plus ancien.

On tient toujours un compte de ce que l'on doit et de ce qui vous est dû afin de pouvoir, dès que l'occasion se présente, régler les paiements anciens; on utilisait même autrefois, semble-t-il, des tables de comptes, sorte de planches sur lesquelles étaient gravés les différents objets composant les prestations déjà offertes (Pleyte 1893).

Il arrive en effet que les échanges s'étalent dans le temps; c'est le cas lorsque par exemple un mariage est arrangé par les parents alors que les futurs époux sont encore des enfants; une partie du prix est versé, un gong ou des bijoux, et cette prestation s'appelle «entourer d'un tabou la jeune fille» (comme on entoure les cocotiers d'une palme pour montrer qu'il est interdit d'y grimper). Le père de la future épouse peut alors disposer de cette avance pour offrir d'autres prestations, celles du mariage de son fils par exemple; avant même qu'un cycle soit terminé, les monnaies peuvent ainsi entrer dans d'autres circuits d'échange.

A chaque occasion cérémonielle, toutes les maisons du village sont concernées par le biais de l'une ou l'autre de leurs relations qui les fait se ranger derrière l'un des partenaires de l'échange en cours. La circulation de la monnaie concrétise alors les relations et affirme les liens entre les maisons. Toutes les activités sociales s'expriment par cet échange de biens qui traduit la permanence de la relation et la continuité des groupes.

On voit bien alors comment à chaque mariage les situations peuvent se modifier et les conflits resurgir. Plus que tout autre événement de la vie cérémonielle (plus que le lancement du voilier, la construction de la maison, ou les funérailles, qui n'impliquent qu'un seul des partenaires, le propriétaire du voilier, de la maison, ou la maison du mort), l'échange matrimonial met face à face deux groupes en train de réaliser simultanément les deux opérations de l'échange: le don d'une femme contre une compensation. Puisque toutes les maisons sont impliquées, la cérémonie est une sorte de point fixe dans le temps, un arrêt du temps où l'on peut voir, projeté en un tableau complet, l'ensemble des relations tissées depuis fort longtemps; chaque maison se place, prend position dans sa relation aux autres sur un certain point de la scène: elle est la *baran ya'an war* de l'un des partenaires, mais elle est aussi le *mang oho* de l'autre, à qui elle apporte des tissus, des assiettes; une autre est *itin kān* de l'actuel preneur, une autre a reçu un enfant en adoption. Il faut se souvenir de toutes les relations et ordonner la disposition de chacune de l'un ou l'autre côté.

Là jouent aussi les liens de solidarité du *ub* et du *yam*, et du *fam umum*. Les maisons aînées des *ub* entraînent à leur suite les maisons cadettes dans le règlement de leurs obligations; s'il y a des conflits, ils apparaissent alors; l'une ou l'autre refuse de s'associer ou prend prétexte d'une relation moins importante pour se placer de l'autre côté. Une maison cadette, plus riche en hommes et en biens, peut faire étalage de sa puissance en donnant plus, en parlant plus fort, en conduisant les discussions. Les maisons choisies comme lieu de la cérémonie sont parfois contestées: certains, ayant oublié un lien plus ancien ou le considérant comme moins important, voudraient que la cérémonie se déroule dans une autre maison. Il s'agit réellement d'une mise au point, on s'arrête, on regarde où l'on en est; c'est un moment difficile. On peut parler de totalisation empirique des relations, les unes en face des autres.

Une autre considération fait ressortir la place primordiale de l'échange matrimonial parmi les autres relations et son caractère totalisant.

Si l'on compare les prestations échangées en fonction des diverses relations (fig. 37) on s'aperçoit que celles qui circulent selon la même orientation, du partenaire supérieur au partenaire inférieur (donneur vers preneur, *maduan* vers *ko*, etc.) sont qualifiées par l'expression *fa'an fnolok* «nourrir vêtir». A l'inverse, l'expression *flurut duad-nit* «donner à manger aux morts-dieu» s'applique aux prestations des seuls preneurs de femmes, et non aux autres partenaires en position inférieure: ici la prestation est exprimée par son aspect le plus important, la relation aux morts des donneurs de femmes.

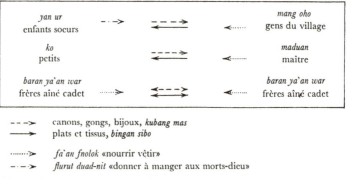

Fig. 37. Tableau récapitulatif des principales prestations

Il n'est pas indifférent que la seule prestation aux morts (c'est-à-dire la relation au surnaturel) soit celle des preneurs de femmes qui honorent non pas les morts de leur patrilignage mais ceux de leurs alliés; ceci sous-entend que ceux-là sont beaucoup moins dangereux que ceux-ci. Faire des prestations aux donneurs, ce n'est pas seulement les dédommager, mais prêter à un geste actuel un sens qui remonte au passé ancestral, c'est «nourrir» le lignage des ancêtres des donneurs. Ce geste n'est pas, comme dans la relation *ko-maduan*, le paiement d'une dette ponctuelle, événementielle, c'est un geste cyclique qui reproduit la société toute

entière; «nourrir» les morts, c'est accomplir l'acte réel et symbolique qui fonde et perpétue la société telle qu'elle a toujours
été et telle qu'elle doit être; on honore le passé, on assure le futur
de la maison et celui de toute la société. Ces morts sont les
plus importants puisque c'est de leurs maisons que viennent les
femmes, nécessaires à la continuité des groupes; ce sont les plus
dangereux et les plus redoutés. La prestation des preneurs aux
donneurs est la seule à sortir du cadre des vivants, à faire
référence au monde surnaturel, celui des morts et de la sanction;
ceci donne une dimension particulière à l'échange matrimonial par
rapport aux autres: la société est concernée dans sa totalité et c'est
en nourrissant les morts que l'on assure la continuité des vivants[1].

D'un point de vue différent, on peut dire ceci: dans l'analyse des
relations formelles, on a souligné l'accent porté sur l'*itin kān*, l'un
des deux partenaires de la relation créée par le mariage; on
observe maintenant, par le fait de cette relation aux morts, la place
particulière de la prestation des preneurs de femmes. On peut dire
que l'axe privilégié des prestations est orienté des neveux utérins
vers les oncles maternels et vers les donneurs des donneurs, qui
tous entrent dans la catégorie des *duad-nit*, les «morts-dieu» (fig.
38). Vers ces morts et vers les donneurs, les prestations «donnent
à manger» des canons, des gongs et des bijoux; en sens inverse,
les morts des donneurs et les donneurs de femmes «nourrissent
et vêtent» d'assiettes et de tissus les *yan ur*, «enfants soeurs»,

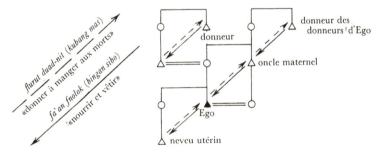

Fig. 38. Axe privilégié des prestations

---

1. Des offrandes faites aux ancêtres et aux morts, on dit *ta piar il*; *piar* vient de l'indonésien
piara «élever», «nourrir», des enfants, des animaux; *il* indique le mouvement de retour:
u ba, «je vais», *u ba il*, «je reviens». *Ta piar il*, «nous nourrissons en retour»; c'est-à-dire
nous soignons en retour, nous élevons les morts, de la même manière qu'ils se sont
occupés de nous, qu'ils nous ont nourris, et qu'ils continuent à le faire en nous assurant
de leur protection; il s'agit d'un échange.

preneurs de femmes, les *yanan duan*, les «neveux». L'axe principal des prestations est orienté en ligne maternelle: l'un des pôles se situe chez les ancêtres maternels, l'autre chez les neveux utérins; mais non pas en une seule ligne d'ancêtres maternels, qui constituerait alors un matrilignage, mais vers tous les ancêtres de toutes les femmes données en mariage, ceux des patrilignages des donneurs anciens ou récents.

2. L'ordre surnaturel

Nous ne voulons pas faire ici un tableau général de l'organisation des croyances à Tanebar-Evav, mais une présentation rapide de certains rituels se référant à ce qui vient d'être dit de l'organisation sociale. Gardons-nous cependant de croire que l'on aura accompli là l'analyse de cette société; celle-ci ne pourra être achevée qu'après l'étude des rituels principaux, dont celui de la culture du millet; seule l'étude du rituel et du système sacrificiel peut nous faire vraiment saisir la totalité inhérente à la société.

Ici, après avoir parlé des êtres qui peuplent le panthéon, nous montrerons leurs rapports au monde des vivants, à travers les offrandes qu'ils reçoivent et les sanctions qu'ils imposent.

Les êtres surnaturels

Le monde de l'au-delà s'organise autour de divers êtres surnaturels ordonnés les uns par rapport aux autres. On peut les classer d'après leur nom, le type d'offrandes qui leurs sont faites, et d'après leurs rapports aux vivants. Un tableau rapide montre ici leur variété et la complexité de leur relation au monde.

En haut de la hiérarchie se trouve d'abord le dieu soleil-lune, *duad ler vuan*; à la surface du sol, il y a les hommes, puis au-dessous d'eux, la terre-mère qui les nourrit, *bum* (de l'indonésien *bumi*, qui vient du sanskrit *bhūmi*). Intermédiaires entre le dieu et les hommes se trouvent alors une multitude d'êtres surnaturels.

A côté du dieu, il y a d'abord les *bidar* et les *melikat*; les premiers, au nombre symbolique de sept, représentent les esprits des enfants morts-nés ou morts deux ou trois jours après leur naissance; les seconds (dont le nom d'origine arabe signifie «ange» comme dans l'Islam), au nombre de cinq, sont les esprits des foetus disparus lors des fausses-couches. Près du dieu encore sont les *nabi*, «prophètes» (encore l'influence de l'Islam) dont les principaux sont Adam et Hawa (Eve), respectivement gardiens des tortues dans la mer et des porcs sur terre; l'expression *duad-nabi* les associe directement au dieu comme une seule catégorie d'êtres surnaturels supérieurs. Cités ensemble et associés au dieu, les *melikat-bidar* ne jouent pas un grand rôle; ils viennent parfois ennuyer les vivants en leur reprochant de les avoir laissé mourir et disent à leurs parents: «quelle faute as-tu donc faite pour que j'aie été tué?» (la mort n'est en effet jamais naturelle mais est toujours la conséquence d'une faute). Les *melikat-bidar*, associés symboliquement au sept et au cinq, évoquent l'ordre du monde: on emploie ces deux nombres pour signifier abstraitement la coutume et les règles dans l'expression *adat i fit i lim* ou *aturan i fit i lim*, «les sept et cinq lois» de la coutume; on dit aussi *binakit i fit i lim*, «les sept et cinq maladies», désignant ainsi les moyens utilisés par le dieu pour punir les vivants. «Sept et cinq» est une abstraction exprimant l'ensemble des us et coutumes de la société en rapport avec le monde surnaturel.

Après ces êtres particuliers vient la catégorie générale des *mitu*, les «esprits», intermédiaires réels entre le dieu et les hommes, que l'on considère comme les bras ou les «armes» du dieu, *duad ni neran*, dont ils exécutent les volontés. Parmi eux, les plus importants sont Adat, Hukum (et Wilin) et Aturan, esprits gardiens de tout le village, déjà mentionnés. L'une de leur fonction est de punir les «âmes» sanctionnées par le dieu, et de les cacher en punition de leurs fautes: «quand on a fait une faute, on n'a plus d'âme, le dieu l'a prise» peut-on entendre dire. Et les âmes sont alors cachées dans toutes sortes de récipients de la vie courante, à l'exception des *ub* (les jarres), des *ngus* (autre type de jarre importé de Java), des *vóv* et des *bis*; le *vóv* est un pot grossier en terre cuite pour cuire la nourriture, mais aussi le lieu où l'on dépose le foetus d'une fausse-couche pour le porter en forêt; le *bis* est une vannerie en forme de sac où l'on conserve le millet non décortiqué. On a noté au début de cet ouvrage l'étroite association des *ub* avec les ancêtres, comme contenants sociologiques et symboliques; un *ngus* au nom particulier est utilisé dans la maison du millet pour conserver des monnaies sacrées; le *vóv* reçoit en dépôt le foetus ou *melikat* être proche du dieu; les *bis* de même que

Contenants en vannerie (*bis*) et en poterie (*ub*), où l'on conserve le millet du grenier communautaire. Dans les autres contenants (paniers et pots), les bras du dieu, c'est-à-dire les esprits Adat et Hukum, cachent les «âmes fautives» des hommes et des femmes.

les *ub* contiennent le millet, et l'un d'entre eux, dans la maison du millet, contient de la monnaie sacrée. Il est significatif que les âmes «chassées» n'aillent pas se cacher dans des récipients qui sont en étroite association avec les ancêtres, les esprits, la monnaie et le millet.

Parmi les *mitu* les plus importants, rappelons l'existence des trois qui sont attachés chacun à l'une des grandes places du village, Labul, Limwad et Larmedan; d'après les mythes, les deux premiers sont d'origine extérieure à l'île, le troisième est autochtone; leur culte est directement lié au rituel de la culture du millet. A ces trois, il faut ajouter Lev, le *mitu* du «nombril de l'île», à la fois esprit et ancêtre (comme Adat). Ces quatre esprits ne sont pas chargés de l'application des sanctions mais sont plutôt les gardiens de l'organisation interne du village (les trois places, les trois *yam*) et de la culture de millet.

Chaque maison du village est protégée par un esprit *mitu*, qui porte un nom et possède une histoire particulière; ils reçoivent des offrandes de nourriture et de monnaie, tandis que les autres reçoivent des sacrifices de porcs; chaque fois qu'un porc – même domestique et en dehors du rituel du millet – est tué, une partie en est offerte au *mitu* de la place à laquelle appartient la maison du propriétaire du porc.

Gardiens des *ub*, on a déjà rencontré les *wadar*, parfois appelés *ub-wadar* ou *wadar-mitu*, demeurant dans neuf maisons; ce sont les paires d'ancêtres mythiques homme–femme, fondateurs présumés des *ub*. Leur culte est spécifique.

En descendant encore dans la hiérarchie des êtres surnaturels, vient alors toute la série des morts-ancêtres des généalogies; d'une manière générale, ce sont les *nit*; ce mot désigne d'abord le cadavre, mais aussi les morts auxquels on offre des prestations après les funérailles. Les plus importants sont les *duad-nit*, les morts des alliés donneurs de femmes, puis les *nit ulun*, au nombre de trois, dont le culte se transmet de père en fils, mais sur lesquels nous avons peu d'informations; enfin, les *nit* qui sont les morts des maisons et du village; on les appelle *duad-kabav*, les «dieux d'en-bas» (de même aussi que les anciens des maisons), c'est-à-dire ceux qui nous gouvernent ici-bas, par opposition à *duad-karatat*, «le dieu d'en-haut», le dieu soleil-lune. Les *nit* reçoivent toutes sortes d'offrandes, de porcs, de nourriture, de monnaies et de bétel, et doivent toujours être prévenus au moment du départ de l'île et au retour.

Inclassables dans cette hiérarchie, mais partie du monde surnaturel, sont les *foar*, les «disparus», esprits d'ancêtres lointains qui, souvent après une dispute, sont partis en forêt pour ne plus jamais revenir; ils peuplent la forêt et sont nourris d'offrandes; il faut citer aussi les *mav*, les «étrangers», esprits venus d'ailleurs, résidant dans l'île, qui semblent être les représentants d'un monde différent, celui des sociétés extérieures à celle du village; pendant le rituel du millet, «disparus» et «étrangers» reçoivent des offrandes dans la forêt sous forme de simulacres de nourritures (épluchures, cosses, etc.)

En résumé, et pour ordonner cette multiplicité en suivant l'ordre hiérarchique proposé, on trouve: l'instance suprême qui régit le monde, le dieu unique, principe de toutes choses et référence dernière, à la fois masculin et féminin (soleil et lune), associé au principe féminin de la terre, autre épouse du soleil: la société *haratut* est considérée comme les «enfants», *yanan*, du dieu; puis les esprits, intermédiaires et protecteurs du village et des maisons: la société *lór* est considérée comme les «neveux», *yanan duan*, de Hukum; enfin, les ancêtres, que l'on peut diviser en deux catégories, les ancêtres mythiques créateurs de l'ordre de la société en neuf *ub*, puis les morts-ancêtres, plus proches, ceux des généalogies qui contrôlent l'organisation quotidienne de la vie des vivants. Le dieu se situe au-dessus de tous et l'esprit Adat est le grand exécuteur, mais ceux que l'on redoute le plus sont les *duad-nit* et plus généralement les *nit*, les morts ancêtres davantage concernés par la vie des hommes dans les maisons.

Dans tout cela, il est parfois difficile de distinguer rigoureusement entre esprit et ancêtre; le plus grand esprit, Adat, venu de l'extérieur, à qui selon le mythe l'esprit Larmedan confia le contrôle et la garde de l'île, est tantôt appelé *mitu* «esprit», tantôt *ub nus*, le «grand-père arrière-grand-père»; il est à la fois esprit et ancêtre, et reçoit les prestations qui caractérisent l'une et l'autre catégorie; l'esprit Lev est aussi à la jonction des deux catégories, par son histoire. Tous les *mitu* invoqués dans les formules rituelles sont appelés *ubun*, «grand-père», de même les *wadar*. Le dieu lui-même est parfois appelé «le plus grand des anciens» et dans la société voisine de l'archipel de Tanimbar (qui connaît aussi le dieu soleil-lune), il est désigné sous le nom de *ub hila'a,* «le grand grand-père» ou «le grand ancêtre». Seule une étude poussée des rituels permettra dans la suite de nuancer ce classement.

On peut cependant déjà remarquer l'essentiel: les *mitu* sont à la fois les «armes» du dieu et les représentants d'une loi venue avec eux du dehors, loi qui s'applique à l'ensemble culturel formé par l'archipel, la loi associée à *lór*; par contre les *wadar* et les *nit* sont les représentants de la loi interne de la société, de ses règles et de l'organisation qui assure sa continuité, les maisons; Adat est à la limite des deux, car, venu de l'extérieur, il a reçu explicitement les pouvoirs de veiller au respect des lois de la montagne Masbaït, lois positives qui organisent la société *haratut* de Tanebar-Evav. A ce niveau, on peut donc faire une distinction entre d'un côté les êtres surnaturels, *wadar* et *nit,* associés aux maisons, aux *ub,* aux relations entre maisons, à la structure interne de l'organisation sociale, et de l'autre, certains *mitu,* Adat et Hukum notamment, qui se réfèrent à un monde plus vaste, à une loi plus fondamentale et universelle qui réglemente l'inceste et le meurtre, et aussi à l'ensemble politique organisant l'archipel en districts sous l'autorité des *raja* (nommément la division *lórsi* et *lórlim*).

Prestations aux morts-ancêtres

Les *duad-nit* sont des morts dangereux dont on parle souvent; d'eux dépend la survie de la maison des preneurs de femmes. Si on oublie de les «nourrir» lors du mariage, la femme n'aura pas d'enfants, ou bien elle tombera malade une fois enceinte et sa descendance ne sera pas assurée. Lors d'une maladie, on se pose toujours la question de savoir si l'on n'a pas mécontenté les *duad-nit*; on apporte alors à ses donneurs de femmes une offrande de nourriture, de bétel et de tabac, un peu de monnaie, qu'ils déposeront soit au cimetière, soit dans la maison au-dessus de la porte d'entrée, lieu de passage des morts. Mais la sanction des *duad-nit* risque de se faire très durement sentir si l'on n'a pas réalisé un mariage avec ses donneurs depuis longtemps; quelqu'un tombe malade, on dit que le *duad-nit* «le rend fou», il a la tête qui lui tourne; c'est ainsi que l'on se sent obligé de procéder à un mariage selon l'alliance traditionnelle.

Les autres morts sont moins dangereux mais il ne faut pas les oublier. Au moment du mariage, les maisons de l'homme et de la femme font chacune de leur côté une prestation à l'un des trois *nit ulun*; ce mot signifie littéralement «la tête des morts» et désigne un ancêtre qui s'est distingué des autres au temps des origines[2]; ils reçoivent à chaque mariage des prestations composées de petits bijoux, de poisson fumé et de nourriture frite, que l'on pose dans un plat sur le lieu de culte au milieu de la forêt; cette offrande est nécessaire pour que les futurs enfants ne tombent pas malades. Nous ne connaissons pas d'autres occasions où les *nit ulun* soient honorés.

Les morts en général, les *nit* des maisons, reçoivent très souvent de petites offrandes; au moment de la naissance, lors des maladies, lorsque l'on quitte l'île ou que l'on revient; cela s'appelle *tul nit*, «informer les morts». Au nom de toute la population du village, ils reçoivent des offrandes de porc et de nourriture pendant le rituel du millet, au même titre que les esprits.

Il y a les bons morts, ceux auxquels on rend un culte, et les mauvais morts, ceux qui ont succombé à de mauvaises maladies; ceux-là sont enterrés en dehors du village et ne reçoivent pas d'offrandes. Tous les morts, encore sous forme de cadavres, ont des pouvoirs doubles: leur impureté est redoutée des *mitu*, de leurs officiants, et aussi de leurs interprètes, les personnes par l'intermédiaire desquelles les esprits s'adressent aux hommes; tous ceux-là ne peuvent manger les nourritures offertes lors des funérailles et doivent se purifier après la mise en terre. D'autre part, les morts ont le pouvoir de rompre certains interdits: si une mort survient lorsqu'un interdit est posé dans le village, il est levé automatiquement; on dit que le mort «refroidit» l'interdit; si l'on est en train de construire une maison, on doit arrêter les travaux pendant quelque temps; le mort peut aussi être chargé des choses mauvaises, comme les maladies, et les porter hors du village. Ainsi, non seulement les morts sont différents des esprits, mais ils sont craints moins par les vivants que par les esprits, qui doivent se protéger de leur souillure.

2. Il y en a trois, mais ce ne sont pas les descendants des trois premiers hommes, fondateurs présumés des trois *yam*; chaque maison honore l'un d'entre eux, et des maisons de deux *yam* différents peuvent honorer le même; aussi ne savons-nous pas encore à quoi ils correspondent exactement.

Prestations aux wadar

Les *wadar* demeurent dans neuf maisons; l'aîné de la maison est l'officiant du culte. Il n'officie pas régulièrement mais selon les occasions de pêche et la situation de l'une ou l'autre des maisons du *ub*. Chaque maison peut faire des offrandes lorsqu'elle le désire par l'intermédiaire de l'officiant. Si on oublie le *wadar* pendant longtemps, les gens tombent malades; si l'héritier d'une maison réside pendant des années chez son épouse parce qu'il n'a pas fini de donner la compensation matrimoniale, les ancêtres sont mécontents car la maison reste vide de ses occupants légitimes; les enfants meurent de maladies incompréhensibles. L'homme décide alors de satisfaire le *wadar*, revient habiter chez lui après avoir réglé sa dette, puis fait une offrande aux *wadar*; ceux-ci sont explicitement les gardiens des maisons et des *ub*.

On les nourrit surtout de tortue, mais aussi de dauphin et de vache de mer. Lorsqu'une tortue est pêchée au harpon en pleine mer, on la destine au *wadar* – si on l'avait capturée alors qu'elle était sur le rivage, une partie serait offerte à l'esprit Hukum, qui a des droits sur les épaves. Lors de l'offrande, on fait deux parts, l'une pour la fille, l'autre pour le garçon qui forment la paire du *wadar*. Chaque part est composée de neuf morceaux, choisis dans certaines parties de la tortue (ce sont ces mêmes parties, mais de porc, qui sont offertes aux esprits *mitu*). Les neuf morceaux symbolisent les neuf *wadar* qui sont ainsi tous honorés en même temps par l'intermédiaire de l'un d'entre eux. Puis, le côté droit du ventre de la tortue est destiné aux hommes, le côté gauche aux femmes, et ils seront cuits dans le village; le reste de la chair de la tortue est cuit à l'extérieur de l'enceinte. Une fois cuites, les parts sont déposées dans la maison, celles de la femme à l'arrière, sur la planche qui sert de grenier, celles de l'homme au-dessus de la porte d'entrée, à l'avant de la maison, comme pour les morts. On joint à ces nourritures un simulacre d'offrande de bétel et d'arec; au lieu de bétel, on offre certaines feuilles appelées *ina'an nit*, « le bétel des morts», et à la place de la noix d'arec on donne un tesson de poterie.

Ainsi, en préparant chaque fois dix-huit parts, correspondant au nombre total des ancêtres mythiques, on fait une offrande à tous les *wadar* en même temps; c'est dire que les *wadar* représentent un tout indissociable, l'ensemble des neuf *ub*; on sait qu'ils ne portent pas de nom, et rien ne permet de les distinguer les uns des autres; ils n'ont de sens que par référence à la totalité. Le culte des *wadar* est non seulement un rappel de la cohésion interne du *ub* par les relations entre ses maisons, mais encore une réaffirmation de la cohésion du village formé de la totalité indivisible de ses neuf *ub*.

Mais il y a là une ambiguïté; car si les *wadar* sont les gardiens des maisons, fondées sur un principe de filiation patrilinéaire, le culte s'adresse bien à une paire homme–femme fondatrice du *ub* et à huit autres paires équivalentes, par lesquelles la totalité de la société est représentée. Il y a là un caractère indifférencié qui fait contraste avec l'idéologie patrilinéaire des maisons et des relations entre maisons à l'intérieur des *ub*. Il fait contraste aussi avec le fait que les morts les plus craints sont les morts des donneurs de femmes, soulignant par là l'importance de l'alliance. Au niveau des cultes, on se trouve confronté à deux aspects de la société qui semblent s'opposer, la présence de traits indifférenciés mêlés à l'idéologie de l'alliance.

Enfin, il y a un dernier aspect qu'il ne faut pas oublier: s'ils sont bien du côté de l'organisation interne de la société, d'un principe lié à *haratut*, les *wadar* présentent aussi une autre face, celle du rapport à la mer, à l'extérieur; l'histoire raconte que les dix-huit ancêtres ont disparu en mer, et c'est d'offrandes de tortue et d'animaux marins qu'ils sont nourris (tandis que les esprits, venus de l'extérieur, sont nourris de porc); les tortues sont gardées par le *nabi* ou prophète masculin Adam, et les porcs par le *nabi* féminin Hawa. Il n'y a pas un dualisme catégorique qui partagerait la société en deux conceptions; chaque aspect est marqué par des éléments qui s'opposent et se complètent mais à des niveaux différents de la structure; le constant balancement de l'un à l'autre de ces éléments donne cohérence à la société et permet le passage entre les niveaux. Cela est très frappant dans le cas des *wadar* mais nous l'avons déjà remarqué en bien d'autres points.

Prestations aux esprits: lór et les épaves

Nous n'abordons pas le culte des *mitu* en général qui est étroitement lié au rituel de la culture du millet pour la plupart d'entre eux. Seuls nous intéressent ici les esprits Hukum et Adat, en ce qu'ils sont plus particulièrement les gardiens de la loi venue de l'extérieur et par là, protègent et sanctionnent à la fois la société.

L'esprit Hukum est toujours associé à l'esprit Wilin, arrivé en même temps que lui par l'arrière du village. Le mot *wilin* n'est pas indonésien, il signifie le «gouvernail». Ces esprits sont comme les deux aspects d'une même réalité; on dit que Wilin s'occupe de *lór roa*, «la société de la mer», tandis que Hukum s'occupe de *lór nangan*, «la société de la terre, de l'intérieur». On se souvient que tout ce qui vient du dehors échouer sur le rivage, toutes les épaves, appartient de droit à Hukum et doit lui être offert d'abord; on dit *lór ni*, «cela appartient à *lór*». Nulle chose, nul être ne peut pénétrer dans l'île sans recevoir un «accueil» ou subir un traitement particulier; en d'autres termes, on dit *yaf*, qui signifie à la fois le «feu» et «accueillir»; les hôtes ou les étrangers sont accueillis selon un certain cérémonial, de même les épaves. «L'accueil» est ambigu: c'est une façon d'honorer ce qui vient du dehors, mais aussi de s'en protéger, de le contrôler et de réduire les effets néfastes que quelque chose venue de l'extérieur ne manquerait pas d'entraîner.

Plusieurs catégories d'épaves doivent être offertes à Hukum, réellement ou symboliquement, ou remplacées par des compensations; la première est d'abord la baleine, qui, on l'a vu, s'appelle *lór*; puis les autres animaux marins, comme la tortue, la tortue-lyre, la vache de mer, le dauphin, lorsqu'ils s'échouent. Tous ces animaux entrent dans la catégorie de *lór tomat*, *lór* «humain ou homme» (on dit *tomat* ou *umat*, «l'homme»). Il y a ensuite la catégorie *lór mas*, *lór* «bijoux et or»: ce sont toutes les épaves qui conservent une forme reconnaissable, comme des pirogues, des bouteilles, des tambours, des hommes. Ce premier ensemble d'épaves s'appelle *lór mas tomat*, synonyme de *wad*, «nourriture carnée», et représente ce qui est comestible. Par opposition il existe la catégorie non comestible *lór balanun*, *lór* «poison»; ce sont tous les objets non identifiables, les déchets, les ordures, les morceaux de bois, les pièces diverses; ces choses qui n'ont plus de forme sont du «poison». Les cadavres humains échoués entrent dans la première catégorie; on se souvient de l'assimilation de l'homme à un «gibier humain».

Pour tout ce qu'on ramasse sur le rivage, on doit une offrande à Hukum, *lór ni wang*, «la part de *lór*». Une partie spéciale des animaux, prélevée sur la nuque, est offerte à Hukum; pour les autres objets, on fait une offrande de bétel, et de *mas*, parfois de tissu blanc – plus que tout autre *mitu*, Hukum ne doit pas être atteint par la souillure; ses offrandes sont apportées sur un plat blanc; le blanc, dit-on, symbolise la propreté, la pureté.

Si on oublie de faire l'offrande, de petits animaux nuisibles, pucerons, moucherons, chenilles, scarabées, souris etc., attaqueront les jardins et détruiront les récoltes; on dit qu'ils «appartiennent à *lór*», mais à *lór nangan*, «de l'intérieur». Pour réparer la faute, il faut payer, *vear lór relan*; *relan*, c'est le «cou», mais appliqué aux objets du rituel, ce mot désigne le principe interne d'une chose, ce que l'on pourrait traduire par le «coeur» ou «l'âme».

La réparation consiste à «faire sortir» symboliquement de la maison les choses qui y sont entrées par l'intermédiaire de l'épave introduite sans compensation. On offre à Hukum un petit porc et du millet, qui comptent pour une mesure de dix *ref*; de l'intérieur de la maison, on soulève une des rames de feuilles qui constituent la couverture du toit, et on y fait passer le porc et le sac de millet qui roulent sur la pente du toit jusqu'en bas; le porc est ensuite sacrifié devant la maison de Hukum, sur une pierre sacrée, puis consommé.

Si pendant une longue période, beaucoup d'objets se sont échoués sur le rivage – généralement après la mousson d'ouest, dont les grands vents et les courants entraînent les épaves – on effectue une cérémonie spéciale dont le but est en quelque sorte de «purifier» tout le village en une seule fois; on dit *tiva lór*, «battre le tambour pour *lór*». Toute la population se rassemble pendant une nuit entière dans la maison de Hukum et chante en s'accompagnant de tambours; ces chants, lents et répétitifs, prennent l'allure d'incantations à la nuit. Les premiers célèbrent la mémoire de la baleine, reprenant les mythes; puis on chante les guerres, les histoires du village; tout le répertoire semble s'épuiser, du coucher au lever du soleil. La cérémonie est très belle, et exténuante; elle commence avec fougue et entrain, les tambours résonnent loin; au milieu de la nuit, les voix se dispersent, les corps étendus sur les galeries des maisons voisines peuplent la nuit d'une présence invisible, on n'entend plus que les voix des vieillards reprenant à tour de rôle; il plane comme un mystère autour de ces chants au langage impénétrable à la plupart. Le lune tombe enfin, disparaît derrière les maisons, et au point du jour, la communauté revient à elle, retrouve ses forces rénovées par l'annonce du soleil après cette longue nuit d'efforts expiatoires; les derniers accents des chants éclatent avec le soleil, reprenant pour terminer la célébration de la baleine.

Ainsi, le premier rôle de l'esprit Hukum, en tant que représentant de *lór*, est d'établir une sorte de barrière autour de l'île, une protection rituelle qui permet au village de former un monde intérieur, séparé; comme toute frontière, c'est en même temps ce qui sépare en un monde clos et ce qui relie au monde extérieur. Mais *lór* traite aussi de l'organisation interne, dans ce qui relève des valeurs les plus fondamentales et universelles.

Transgression et sanctions

Sans entrer dans les détails, nous évoquerons les principales règles concernant l'inceste, l'adultère et le meurtre, et dont Adat et surtout Hukum sont les garants.

Les cas d'inceste prévus sont variés et les châtiments sont précis. Le plus grave est l'inceste avec la mère ou entre frère et soeur. Plus ou moins graves sont les incestes avec le père, le grand-père, les tantes, les belles-soeurs (dont le plus important est l'inceste avec la soeur de l'épouse). Toutes ces fautes sont considérées comme des ruptures, des bris; on dit: *dos nbib tal vaha wān, ndit tal telvunan*, «la faute (comme l'eau) s'infiltre dans la cale du voilier, dégoutte du faîte du toit» (voilà à nouveau la comparaison avec le voilier et la maison, ici endommagés par la faute). Toutes ces fautes sont définies par l'ordre de grandeur du paiement qu'implique leur sanction. Ce paiement est mesurable. Pour ce faire, on utilise la mesure de longueur, la brasse, *ref*; mesurer se dit *sukat*. La plus grande peine équivaut à la mesure appelée *ref sinukat* et vaut «quarante-quatre». Les incestes avec les demi-frères ou soeurs, ou avec la soeur du père, sont moins graves et pourtant la valeur de leur sanction égale «quatre-vingt-huit»; c'est un ordre de grandeur symbolique. D'autres valent vingt-sept, vingt-cinq, dix-sept, quinze, dans un ordre de gravité décroissant; on vient de citer une compensation valant dix *ref*. Nous n'avons pas encore étudié le système de cette numération et ne pouvons donc pas l'interpréter; nous savons seulement que ces chiffres permettent de mesurer et d'évaluer les différentes fautes. Les types de conduite relevant de l'inceste sont très complexes et très précisément définis; par exemple, la personne qui servirait d'intermédiaire entre deux futurs incestueux encourt la sanction de Hukum et doit payer pour sa faute.

Autrefois, les sanctions pour inceste avec la mère ou entre frère et soeur étaient les plus graves. Les deux coupables étaient emmenés en voilier en haute mer; on leur attachait une pierre au cou et on les jetait par-dessus bord; de plus, il fallait donner un canon, un gong, des bijoux de différentes valeurs, une somme d'argent, soit en tout une valeur en brasses de «quarante-quatre». Le paiement, remis aux officiants de Hukum, était destiné à payer ce meurtre rituel, le canon «remplaçant» (*holok*) le corps des victimes. De nos jours, la scène est moins tragique; on emmène les coupables en haute mer à bord d'un voilier, et sur un autre voilier qui prendra une direction différente, on place un gong ainsi que de l'or et des bijoux. Les deux voiliers se rejoignent en mer bord à bord, on transfère les coupables d'un voilier sur l'autre et on jette à la mer les monnaies. Par ce stratagème – faire passer les coupables d'un voilier sur l'autre, on arrive à faire croire aux esprits que les coupables ont été noyés, puisque leur voilier revient vide. La monnaie, ici encore, est mise à la place de l'homme (ou de la femme) dont elle est l'équivalent symbolique.

Après un inceste grave, le village doit être purifié par la cérémonie appelée *sob lór*, « la prière pour *lór* ». Au lever du jour, les hommes de toutes les maisons parcourent le village en tout sens, détruisant tout sur leur passage, aussi bien les animaux que les plantes, ou les êtres humains qui oseraient se risquer dehors; puis des offrandes sont faites à Hukum.

Les réparations dues pour adultère sont elles aussi nombreuses et détaillées. Il y a le mari qui trompe sa femme, ou l'inverse, avec une personne mariée ou non, la fille peut ou non se trouver enceinte, demander le divorce du mari adultérin ou ne pas le demander, accepter ou refuser d'être la seconde épouse, etc. Les problèmes posés sont compliqués, il faut parfois rendre en partie ou totalement la compensation matrimoniale; de nombreux cas sont prévus et la valeur des sanctions dépend de la gravité de la faute; de toute manière, une compensation est due à Hukum et une partie en est versée à Adat; cette dernière prestation est appelée *tul Adat*, «prévenir Adat»; pour Hukum et Adat, ce sont des offrandes de bétel et d'arec, de monnaies (plus ou moins importantes suivant la gravité de la faute), parfois de nourritures. Les problèmes sont plus difficiles à résoudre s'il s'agit d'initiés; en cas de fautes répétées ou d'adultères confirmés non résolus par un mariage, l'initié doit parfois être soumis à une seconde initiation; en cas de mauvaise conduite notoire, il peut être rejeté du groupe des initiés, c'est-à-dire destitué de ses fonctions et remplacé par l'un de ses descendants.

Les enlèvements par des hommes du village ou par des étrangers sont appelés *lutur varaha* «le mur d'enceinte est détruit», faisant allusion au mur qui entoure et protège les habitants du village, comme plus haut une transgression était assimilée à un dommage causé à la maison ou au voilier. Les ruptures de fiançailles dans le cas de mariages arrangés depuis l'enfance occasionnent des compensations données à la fois à Hukum et aux parents de la jeune fille. Enfin, il existe des sanctions pour les cas déjà évoqués de mariage entre personnes appartenant à des ordres différents; la sanction la plus grave était la noyade, comme pour l'inceste frère–soeur; dans les autres cas, il faut surtout payer le «prix du *mel*», prix qui correspond à la perte du rang.

Il semble que les monnaies offertes en paiement de fautes à Hukum et à Adat ne puissent plus rentrer dans le circuit ordinaire des échanges; le fait est vérifié pour d'autres paiements rituels, effectués pendant la culture du millet; les monnaies sont déposées dans la maison du millet et n'en sortent plus. On dit *mas na mam* ou *mas na mat*, «l'or disparaît» ou «l'or meurt»; les monnaies une fois données ou jetées à l'eau, le corps peut retrouver la santé. Le don définitif de monnaie permet de reconstruire ce qui est détruit et remplace le corps humain souillé.

Il en est de même dans la sanction des meurtres. La prestation offerte pour meurtre à la famille du mort et à Hukum s'appelle *tuv* (on se souvient d'un autre sens de *tuv*, dans l'expression *tuv har*, exprimant la distance généalogique entre deux générations); elle est destinée à «remplacer le corps», *holok itumun*, et se compose d'un canon pour le tronc (du corps), d'un gong pour la tête, de bijoux et d'argent pour les membres; un bijou en «or rouge» est donné à Hukum, pour le coeur et le foie. Pour le meurtre d'un esclave, seul le prix des membres, la somme d'argent et les bijoux, est donné en compensation; ceci réduit la valeur de l'esclave à celle de ses bras et de ses jambes.

La prestation *tuv* exprime aussi l'idée du remplacement des victimes animales. Ainsi, dans un rituel de la culture du millet, après avoir commencé les premiers défrichements, on «nourrit» les monnaies de trois maisons lors d'un rituel appelé *fa'an mas*, «nourrir l'or»; par là, c'est le serpent de la porte d'entrée du village que l'on nourrit; mais cette prestation est destinée à remplacer toutes les victimes du défrichement, les serpents, les lézards, les souris etc. qui ont pu être tués au cours de l'abattage des arbres. Le rituel est destiné à les remplacer afin qu'ils ne se vengent pas par la suite en détruisant les récoltes.

Dans certains cas, le meurtre d'un homme n'est pas payé mais vengé par le meurtre d'un membre de la famille du meurtrier; mais la prestation à Hukum pour le coeur et le foie est due par les deux familles. Il existe un cas de vengeance collective: un homme devint sorcier, il jetait des sorts à tout le monde, il était complètement fou, dit-on. Après avoir essayé plusieurs fois de le calmer et de le maîtriser, la société *haratut* se réunit pour une sorte de procès sur la place Vurfen et prit la décision de le mettre à mort. On le sortit un jour de chez lui, et après lui avoir passé une corde autour du cou, on le tua en le rouant de coups; on alla jeter son corps devant sa maison en criant à sa famille: *mu wad met ntub*, «voici (le résultat de) la pêche» (le poisson); sa famille n'en voulut point et les meurtriers l'enterrèrent. Aucune compensation n'était due pour le meurtre sauf le *lar ni wang*, «la part du sang», en remplacement du coeur et du foie pour Hukum. Cependant, beaucoup oublièrent de payer et, pendant longtemps, ils furent malades, ils eurent des abcès et des blessures autour du cou, leurs enfants moururent, jusqu'à ce qu'ils aient offert la prestation à Hukum. Ainsi, la décision commune de toute la société avait suffi pour tuer un homme sans que la famille ait lieu de protester ou de demander une compensation; mais la sanction de la loi, celle de Hukum, demeurait.

3. Conclusion

De tout ce qui vient d'être dit, il faut d'abord tirer une conséquence: ce que nous avons appelé «monnaie» est bien réellement
une mesure, d'abord des échanges entre maisons, c'est-à-dire de
la force de la *relation*, des échanges entre villages, des sanctions
concernant toutes les transgressions d'une certaine loi qui permet
précisément d'organiser cette relation; il ne s'agit pas d'un troc,
une femme contre quelques biens doués de qualités particulières,
mais d'une référence à un système de valeurs où un équivalent
général permet de mesurer les actes essentiels de la vie (mariages,
adoptions, sanctions, meurtres, etc.). Le canon «remplace» toujours un corps humain et il est intéressant que par une ironie du
sort, un instrument de mort, le canon, soit devenu un instrument
du passage à la vie, à la naissance, ou à la renaissance après une
faute. La monnaie, le mythe le dit, est une référence à l'origine;
mais l'origine de la société n'est autre que ce petit nombre d'*itin kān*
donnant des femmes aux étrangers pour assurer ensemble cette
vie paisible du voilier avec lequel se confond la société. L'échange
de monnaies prolonge celui des femmes; c'est un autre aspect de
la relation qui fonde la structure de cette société en maisons.

On voit bien que ces deux aspects de l'origine sont indissoluble-
ment liés: l'échange de femmes montre une circulation orientée
des monnaies, des preneurs vers les donneurs et ces monnaies sont
alors les plus valorisées; aucune monnaie «faible» ne circule
lorsqu'il s'agit de «payer» les fautes; seuls, les canons, les gongs,
«l'or», *mas*, et jamais les plats et les tissus; la relation à l'autorité
passe par les monnaies «fortes» à l'exclusion des autres; c'est bien
que leur signification dépasse celle d'une simple «contre-
prestation» en échange d'un bien reçu; elles sont le symbole de
la relation fondamentale dans le monde des vivants, la relation
d'alliance, et de la relation inévitable au monde surnaturel,
gardien et support des croyances. Dans cette optique, il n'est pas
indifférent que la société *haratut* soit, dans son rapport au dieu,
conçue comme les «enfants» du dieu, tandis que la société *lór* est
conçue comme les «neveux»; bien sûr, il n'est pas précisé s'il s'agit
de neveux d'oncles paternels ou d'oncles maternels; mais on s'est
bien rendu compte que la relation d'autorité ne passe pas par le
père, et si l'on peut imaginer qu'elle passe en partie par les *yaman*

a'an, les «pères aînés», frères aînés du père et aussi l'ensemble du patrilignage, il n'en est pas moins vrai que sa manifestation la plus forte est l'oncle maternel, les *duad-nit*, c'est-à-dire à la fois des «donneurs de femmes», indispensables à la continuité des maisons, et des «morts-ancêtres» particulièrement craints. La relation à l'oncle maternel est le lieu sociologique où s'opère le passage des valeurs «sociales» aux valeurs du monde surnaturel et par là peut être conçue comme un pivot de l'organisation sociale. Que fait-on alors de la relation aîné–cadet? C'est l'autre articulation indispensable qui structure ces unités sociales entre lesquelles il y a une relation. Et l'alliance elle-même est subordonnée à cette conception, puisque les donneurs sont qualifiés d'«aînés» tandis que les preneurs sont des «cadets».

La réalité des maisons, qu'on a déjà fortement soulignée, prend ici tout son sens. Si les maisons sont les pôles de la circulation continue des prestations, celles-ci ne sont pas seulement matérielles comme à l'occasion des mariages, des deuils et des diverses actions d'entraide, mais aussi des prestations rituelles et symboliques qui honorent la coutume locale en même temps que la loi la plus générale. N'est-il pas frappant que les instances surnaturelles – *duad-nit, wadar, mitu* – n'aient de culte que centré sur une maison. Ainsi les relations avec le vaste monde surnaturel sont-elles toujours nouées entre des maisons. Aller d'une maison à une autre, c'est non seulement maintenir un lien social, mais aussi presque toujours honorer un ancêtre ou un esprit. C'est un peu comme si le panthéon se trouvait réparti dans chacune des maisons du village. Cette vision à la fois sociologique et cosmologique du village ne pouvait apparaître qu'après l'étude des prestations où se paient les dettes ordinaires, les compensations et les manquements à la loi locale comme à la loi universelle, *lór* et *haratut*. On aimerait ici suggérer que le village de Tanebar-Evav, à la fois société et représentation cosmologique d'un ordre immuable, est avec ses maisons comme un seul et vaste temple, celui-là même que semblaient avoir au fond des yeux les vieux du village lorsqu'ils évoquaient la légende selon laquelle cette société tenait sa loi de la lointaine île de Bali.

9 | Conclusion

Au terme de cette étude, il nous faut préciser quelques points concernant à la fois le type d'approche que nous avons choisi et l'arrière-plan théorique où elle se situe; puis nous évoquerons certains des résultats de l'analyse afin de donner une vue d'ensemble qui permette de définir les principales perspectives.

Comme l'a souligné l'avant-propos, nous avons volontairement limité ce livre à l'étude intensive d'un seul village de la société de Kei, et nos conclusions pourront être nuancées ultérieurement par l'analyse comparative [1]. Par ailleurs, l'étude détaillée du rituel du millet, du système des fonctions, de la mythologie et de la vie cérémonielle viendra compléter ce premier travail, notamment en ce qui concerne l'analyse du système politique et la question du pouvoir[2].

Au regard de l'anthropologie sociale, la petite société de Tanebar-Evav se présente à nous avec des caractères souvent contradictoires. Elle pose un certain nombre de questions fondamentales, car elle est située dans un région où les structures sociales semblent se mêler. En effet, Tanebar-Evav est placée à la périphérie de trois ensembles de sociétés qui pratiquent des systèmes aux apparences contrastées. A l'ouest dominent des structures nettement modelées par l'alliance asymétrique de mariage, à l'est au contraire les structures sont beaucoup plus mystérieuses et comme flottantes dans l'enchaînement répété des

---

1. Ainsi, la question des alliances inter-villages, celle des différences de rangs à l'intérieur des ordres dans les autres parties de l'archipel, etc. pourront apporter des compléments utiles.
2. On sait déjà que l'autorité des initiés repose d'abord sur la permanence des interdits et a pour base le rituel du millet. On a vu aussi comment la guerre entre villages et la culture du millet sont deux activités étroitement liées.

247

échanges cérémoniels, au sud enfin, l'Australie présente des systèmes bilatéraux à classes matrimoniales unies par «l'échange restreint».

Entre structures élémentaires et systèmes complexes, entre théorie de la filiation et théorie de l'alliance, Tanebar-Evav nous offre d'abord ses maisons, prises dans l'organisation rituelle et spatiale du village. Nous avons affaire ici à une société qui tend à montrer par tous les moyens à travers son langage – filiation, alliance, etc. – l'espace qu'elle occupe, l'organisation de ses croyances, qu'une seule chose est importante, la maison et sa pérennité. Pénétrer dans le village, c'est se laisser prendre par un ordre immuable et supérieur où chaque maison est distincte, permanente, et en même temps prise dans un ensemble rituel. Tout semble subordonné à cette permanence, c'est-à-dire à ce système de valeurs représenté en premier lieu par la maison. Dans la constitution de ces maisons qui ont leur place depuis des générations, la filiation unilinéaire semble accessoire; quant à l'alliance qui se conforme au modèle du mariage asymétrique, elle paraît dominer au plan idéologique alors que nombre de traits, telle l'absence d'homogénéité entre la terminologie de parenté et la forme de mariage, s'écartent du modèle.

Comment se maintiennent ces maisons? Peut-être précisément grâce au fait qu'elles ne procèdent pas d'un seul principe prépondérant. A la question traditionnelle de savoir quel est le principe de recrutement, il convient de substituer celle-ci: comment perpétuer les maisons les unes en face des autres, et les maintenir face au monde des sociétés voisines. La question n'est pas de trouver ici la règle qui engendre le système mais plutôt, en admettant l'arbitraire du donné, quel faisceau de règles le système choisit comme moyens pour demeurer tel. Le système des maisons ne serait-il pas une forme d'organisation sociale s'inscrivant dans une conception du monde qui prévaut dans toute une partie de l'ensemble malayo-polynésien? A Tanebar-Evav, la maison représente en bien des points la société elle-même en réduction, une sorte de microcosme, d'image concrète de la fusion des concepts et des symboles. La maison est corps humain – corps qui réunirait les deux sexes –, mais aussi société complète, d'aînés et de cadets d'abord, de frères et de sœurs mythiquement mêlés et solidaires. Elle est également sur terre l'analogue du voilier sur la mer avec son capitaine et ses matelots tous unis et solidaires de la quille mère; elle est marquée par le seul vecteur d'un ordre des naissances s'appliquant aux hommes et aux femmes. Tout cela, réuni et maintenu vivant dans les maisons, leur donne la force de se constituer en société.

Comment cela est-il obtenu? Revenons à l'analyse sociologique et rappelons quelques points essentiels, concernant les rapports aîné–cadet et frère–soeur, la place de l'alliance, les relations oncle-neveu et l'articulation des deux concepts de société. L'analyse de la terminologie de parenté a clairement dégagé deux relations fondamentales: aîné–cadet de même sexe et frère–soeur. L'opposition aîné/cadet donne d'abord un sens, à partir de la parenté, à l'unité sociologique formée par la maison. Elle se traduit par la complémentarité des côtés droit et gauche de la maison (*rin mel–rin balit*), l'aîné du côté droit étant le chef de la maison, l'officiant des rituels aux ancêtres, aux morts et aux esprits de la maison. L'absence d'une ascendance commune aux deux côtés dans plusieurs cas montre bien que ce n'est pas un principe de filiation qui les unit mais l'opposition hiérarchique complémentaire entre un aîné et des cadets; l'existence de deux côtés et de deux seulement, est l'expression minimale de cette opposition mais on peut imaginer, et des sociétés voisines comme celle de Aru le montrent, qu'il existe plusieurs «côtés» cadets; à Tanebar-Evav même, deux maisons très proches l'une de l'autre se conçoivent dans certains contextes comme «trois *rin*, mais une seule maison».

Cette opposition se reproduit à propos des maisons rassemblées à un niveau supérieur dans l'un, des neuf *ub*, groupement de maisons fondé autour du culte de l'une des neuf paires d'ancêtres mythiques, les *wadar*; à l'intérieur des *ub*, qui font référence au village comme totalité, l'une des maisons est l'aînée, sans dire que les autres sont les cadettes, et le chef de la maison aînée officie pour les autres dans le culte des ancêtres. La composition du *ub* est fondée sur la relation aîné–cadet, et pourtant sa référence mythique est la relation homme–femme (frère–soeur ou mari–femme); l'articulation entre ces deux relations semble offrir un modèle de la structure: l'opposition aîné/cadet comme principe de structuration interne des groupes, la relation homme–femme comme principe totalisant, renvoyant à l'ensemble de la société par l'intermédiaire des neuf paires. Il en est ainsi pour les maisons, fondées sur l'opposition aîné/cadet et faisant référence à la totalité à travers le système d'alliance qui oblige à marier les soeurs à l'extérieur de la maison et à faire entrer dans la maison les épouses venues du dehors.

Dans le village, la relation entre les maisons est d'abord une relation d'alliance qui s'exprime en premier lieu par la règle du mariage asymétrique des aînés. Mais les relations créées par l'intermariage sont elles-mêmes ramenées à l'opposition aîné/cadet, puisqu'on dit du donneur de femmes, *mang oho* «gens du village», qu'il est l'aîné, tandis que le preneur de femmes, *yan ur* «enfants soeurs», est considéré comme le cadet. On a vu cependant que cette différence disparaît lorsque tous les enfants de frères et de soeurs sont confondus en un seul terme, *yanan duan*, les «neveux», tous classés par rapport à l'ordre de naissance relatif de leurs parents, qu'ils soient homme ou femme.

C'est un peu comme si le système voulait réduire tout ce qu'il contient de filiation unilinéaire et d'alliance – l'appartenance à la maison, la distinction entre les preneurs et les donneurs de femmes –, pour ne conserver qu'un modèle construit à partir des relations de consanguinité, où la maison et les relations d'alliance entre maisons disparaissent dans les relations de parentèle ordonnées d'après la distinction de générations et l'opposition aîné/cadet; c'est la conclusion qu'impose l'existence du terme *yanan duan*, terme de parenté qui franchit la frontière des maisons et dépasse la hiérarchie créée par l'alliance. La particularité de cette société est précisément cette coexistence de principes opposés et complémentaires qui donne une certaine souplesse au système tout en maintenant d'abord l'existence d'un nombre fixe de maisons.

Il y a là une articulation entre ce que l'on peut appeler le faciès de l'alliance asymétrique et le faciès océanien. Il n'y a pas de doute en effet que l'idéologie de l'alliance asymétrique est dominante sur le plan des relations d'échange entre les maisons; nous savons que la théorie de l'alliance asymétrique s'accommode d'une filiation régulière avec son découpage en lignages séparés, mais il faut reconnaître qu'ici l'alliance peut avoir pour acteurs des personnes morales structurées sur deux niveaux: le premier est celui du «côté de maison», *rin*, à vocation unilinéaire, le second celui de la maison, solidaire, exogame et composite dans ses deux côtés réunis. Si en théorie l'alliance unit des *rin*, en fait elle repose sur l'assise des maisons entièrement marquée par la relation aîné–cadet. Pourtant, et pour tenir compte de toutes les relations, si «l'échange généralisé» entre maisons a pour modèle l'alliance, d'autres relations et le système terminologique viennent contrebalancer l'alliance ou transformer en rapports égalitaires les rapports hiérarchiques duels qu'elle crée entre deux maisons. Ce sont encore là les maisons qui se constituent en parties prenantes et donnantes de cet échange généralisé et totalisant. En effet, il semble qu'une fois posée l'alliance comme principe de la relation entre les maisons, des liens d'un autre ordre viennent atténuer l'aspect d'alliance pour ne maintenir que l'aspect de relation entre unités: ainsi des relations fondées sur la parenté, frère–soeur, frère–frère, soeur–soeur et leurs descendants *yanan duan*, les «neveux», des relations plus formalisées entre maisons «jumelles» *baran ya'an war*, entre maisons dépendantes l'une de l'autre *ko-maduan*, entre maisons alliées qui s'assurent du retour des femmes données en mariage *sivelek*, des relations de solidarité entre maisons de même *ub*, dites «une touffe de dix bambous» *temar vut*. La relation fondamentale est celle d'alliance (on s'en rend bien compte à chaque mariage, seule occasion où toute la société est divisée en deux ensembles de partenaires qui se font face), mais l'ensemble des autres relations qui lient une maison à plusieurs autres a un effet totalisant qui par-delà l'alliance assure la permanence de l'idée de relation entre maisons.

Pour en revenir à l'opposition aîné/cadet, on voit qu'elle apparaît aussi pour exprimer le lien existant entre les deux ordres supérieurs, nobles et gens du commun, *mel* et *ren*. Cette distinction est intéressante par rapport à l'opposition entre nobles et esclaves, qui, elle, s'exprime par la relation entre oncle et neveu, *yaman a'an–yanan duan*.

Cette expression de parenté qui, par rapport à «aîné–cadet», introduit une différence de générations, marque le passage à une relation de dépendance et d'autorité. Ici, il ne s'agit plus d'une opposition hiérarchique complémentaire mais d'une relation de subordination. On a vu ces termes exprimer les relations entre générations à l'intérieur d'une même maison – et leurs implications à ce niveau –, mais aussi organiser les maisons en paires à l'intérieur du *ub* – c'est-à-dire dans un usage hors parenté. Dans ce dernier cas, il ne s'agit plus d'une relation au *ub* comme un tout autour du culte du *wadar* – relation que nous avons vue exprimée en termes aîné–cadet au paragraphe précédent –, mais d'une relation de dépendance liant deux maisons du *ub*. On voit très clairement ici la nuance entre d'une part la relation d'une maison cadette à la maison aînée du *ub* en référence à la totalité – et ceci relève de la constitution du *ub* –, et la relation à l'intérieur du *ub* entre deux maisons dont l'une est dépendante de l'autre – et ceci relève du fonctionnement interne du *ub*. Ici encore, le modèle du *ub* renvoie à celui de la maison, structurée par la relation aîné–cadet mais marquée quant à son « fonctionnement » par la relation entre générations, oncle–neveu.

Sur ce même modèle de la relation entre générations, une autre relation entre un oncle et un neveu semble révéler un lien à une autorité plus fondamentale, c'est la relation à l'oncle maternel. Elle semble plus fondamentale car elle fait référence au monde surnaturel par l'intermédiaire des morts des donneurs de femmes, les *duad-nit*. La relation aux *duad-nit* renvoie à toutes les alliances du passé et unit le passé au présent, en se fondant sur la sanction imposée par ces morts particuliers. Elle s'inscrit dans la conception générale du monde, où les ancêtres sont à l'avant tandis que les hommes sont à l'arrière; on dit en effet que l'oncle maternel *nvav u*, « porte en avant », « montre le chemin » à ses neveux utérins qui sont en arrière.

Les mêmes expressions se retrouvent lorsque l'on parle des fonctions des initiés *dir u ham wang*, qui sont à l'avant de la société considérée comme «neveux» *yanan duan*, «tout petits-enfants» *kako*, «à l'arrière» *famur*. (Ici encore, il s'agit d'un usage hors parenté du terme *yanan duan*, qui exprime à la fois la différence de générations et la subordination aux chefs du village.) Cette position à l'avant, *na'a u*, est celle du capitaine du voilier, de la vigie à la proue, par rapport au reste de l'équipage à la poupe – la société –, à l'arrière, *na'a mur*. On voit dans tous ces cas qu'il s'agit d'une autorité plus fondamentale, celle de la loi, de la sanction, de l'ordre surnaturel. Ainsi la relation à l'oncle maternel peut-elle s'opposer à la relation à l'oncle paternel; ce sont deux relations de dépendance et d'autorité, mais l'une est plus fondamentale que l'autre par l'intermédiaire des morts.

Si l'on en vient au niveau des valeurs plus générales encore, il faut rappeler l'articulation hiérarchique entre *lór* et *haratut*, les deux concepts qui fondent l'idée de société. *Lór* représente les valeurs supérieures, qui semblent universelles et sont conçues comme venues de l'extérieur, tandis que *haratut* représente l'ensemble des valeurs constitutives de la société, les lois qui organisent l'agencement interne, associées à l'origine en relation à la montagne sacrée à l'intérieur du village. Ces deux concepts fondent la société de Tanebar-Evav, avec ses maisons, ses *ub*, ses *yam* (les trois groupes de niveau supérieur au *ub*), l'organisation des initiés en liaison avec le monde plus vaste que constitue la culture de l'archipel, lui-même formé de districts sous l'autorité des *raja*, soumis à une seule loi *lar vul nga bal* conçue comme venant de l'Ouest indonésien et comme portant en elle les valeurs universelles. On a vu dans le détail comment cette opposition hiérarchique globale entre *lór* et *haratut* prenait des aspects divers à des niveaux différents, comment les valeurs se complétaient et parfois s'inversaient; on peut citer en exemple le cas des preneurs de femmes des origines qui, venus de l'extérieur, sont nobles et porteurs de valeurs supérieures; mais une fois intégrés dans le système des maisons du village par le jeu de l'alliance, et dans ce cadre plus restreint, en tant que preneurs de femmes, ils sont devenus inférieurs aux gens originaires du village, donneurs de femmes.

D'une manière générale, l'idée de *lór* fait référence à l'autorité et à la sanction, la société *lór* est conçue comme les « neveux » *yanan duan* de l'esprit Hukum; l'idée de *haratut* fait référence à l'origine, et pourrait-on dire à l'engendrement, et ceci s'exprime dans la relation au dieu, *haratut* étant considérée comme les «enfants» *yanan* du dieu; c'est le principe premier, de l'origine.

L'opposition *lór/haratut* exprime généralement la relation entre l'extérieur et l'intérieur, parfois sous l'aspect de la relation entre la mer et la terre, ou entre la forêt et le village. On se souvient des fonctions de capitaines, « capitaine sur mer » et «capitaine sur terre», cette dernière fonction avec deux titulaires. Le capitaine sur mer dont le rôle est peu visible, est pourtant le premier, le porte-parole, celui qui «porte en avant»; il est le premier parmi tous ceux qui sont en avant, les initiés. L'articulation des fonctions de capitaine est très clairement marquée si l'on se réfère à la maison. Le côté droit, aîné, de la maison Teli (n° 1) détient la charge de capitaine sur mer, le côté gauche, cadet, détient l'une des charges de capitaine sur terre ou Tuan Tan. Ici, l'opposition aîné/cadet vient à l'appui de l'opposition extérieur/intérieur, mer/terre. Pourtant, à un certain niveau, les charges de Tuan Tan sont les plus décisives et les plus lourdes, comme en témoignent les rituels de la culture du millet. Si l'on fait le parallèle avec *lór* et *haratut*, on peut dire aussi que les valeurs associées à *lór* sont plus fondamentales, mais l'organisation concrète et le fonctionnement de la société autour des initiés passent par les valeurs de *haratut*.

A ce point, on peut rejoindre certaines des analyses de Louis Berthe. C'est à lui en effet que revient le mérite d'avoir montré le premier en 1965 la spécificité de la relation aîné–cadet par rapport au système d'alliance et au système politique. Ses conclusions, tirées d'une société de Java, ouvrent des perspectives pour l'analyse de nombreuses sociétés de l'Indonésie ; l'interprétation de la position d'aîné comme détenteur d'une autorité fondamentale par opposition à celle du cadet détenteur du pouvoir concret s'accorde avec la situation des capitaines sur mer et sur terre à Tanebar-Evav.

Mais qu'en est-il si l'on quitte le niveau des représentations les plus générales pour en revenir à la maison *stricto sensu*? Ce modèle particulier d'interprétation de la relation aîné/cadet ne semble pas rendre compte de ce qui se passe à l'intérieur d'une maison composée de ses deux côtés aîné et cadet. Si l'on considère en effet la maison en soi et non plus par rapport à l'ensemble des fonctions du village, la maison comme unité permanente a besoin d'un sujet humain concret pour la représenter et, chaque fois qu'elle est présente dans son unité, c'est par l'intermédiaire du côté aîné. Ainsi, le côté aîné détient à la fois le pouvoir et l'autorité, il officie pour les cultes des *wadar* ou des morts, il arbitre les conflits, il garantit par son intermédiaire l'existence des relations. Dans la maison prise comme un tout, le cadet n'a pas de rôle et l'aîné en est le représentant absolu.

Mais considérant à nouveau la maison comme partie d'un tout, on peut dire que la position d'aîné n'est pas absolue; dans la relation créée par le mariage, il devient un cadet preneur de femmes par rapport à un aîné, à savoir la maison qui lui donne des femmes. S'il détient le pouvoir à l'intérieur de sa propre maison, il est soumis à l'autorité d'une autre maison, celle des donneurs de femmes et de leurs morts, les *duad-nit*, considérés comme les aînés; s'il est l'aîné par rapport aux vivants, il est cadet par rapport aux morts.

Ainsi, non seulement l'opposition aîné/cadet n'est pas absolue, mais, selon les niveaux auxquels elle se manifeste, elle peut s'inverser, ou parfois se réduire au point que l'un des termes paraît dominer l'autre complètement. Mais précisément, à travers ces inversions et ces réductions, on se rend compte que cette opposition hiérarchique fait figure d'englobant de la structure. Plus particulièrement, lorsqu'au niveau de la maison l'un des termes semble englober l'autre, et que les autres aspects de la relation restent sous-jacents, on comprend comment cette opposition structure la maison et constitue celle-ci tout au long de l'analyse de cette société, à la fois comme unité et comme partie d'un tout dont elle est en quelque sort le modèle.

Glossaire

a'an: germain, cousin aîné de même sexe 128–34, 135 n.4, 145

a'an baran: conjoint de *a'an* 128, 134, 135 n.4

a'an vat: conjointe de *a'an* 128, 134, 145

a'an–warin: aîné–cadet 177

Adam: prophète, gardien des tortues de mer 231, 238

Adat: esprit *mitu*, lieu de culte *oho mirin* 47, 61, 80–1, 83, 111–12, 115, 116, 144 et n.5, 231, 233–5, 239, 241, 243

adat i fit i lim: l'ensemble des coutumes lié à Vu'ar Masbaït, litt.: les coutumes sept et cinq, ou encore *aturan i fit i lim* 231

ankod: capitaine, nom honorifique donné au «maître de la terre» Tuan Tan; vient de l'indonésien *nakoda* 75, 165; cf. *malin ankod*

Aturan: esprit *mitu* de la maison Teli, lié à la culture du millet 46, 231

aturan i fit i lim: l'ensemble des coutumes, litt.: les règles sept et cinq 231; cf. *adat i fit i lim*

avan: soeur du père, épouse du frère de la mère 130, 136–8, 142–3

bab: terme d'adresse pour père 140

bal: île de Bali 120

balanun: poison, choses non comestibles 64 n.2, 239

balit: la gauche 89; cf. *rin balit*

bangsa: terme indonésien: peuple, race, groupe social 119

baran: garçon, homme 128, 133–4, 145, 147, 177

baran ya'an war: nom donné à la relation d'entraide; litt.: frère aîné–cadet 150, 177–80, 185, 189, 195, 224–5, 227, 251

barean: ou *rean*: prix de la fatigue 214

beb: placenta, restes, os 128

beb lar: généalogie; litt.: les os et le sang 128

belan: pirogue de guerre 77

bhūmi: terme sanskrit, terre 230; cf. *bumi*

bib vav, wear bina: nom de la prestation offerte dans la relation de dépendance *ko-mardu*; litt.: chèvre, porc, eau, nourriture végétale 222

bidar: esprits des enfants morts-nés; associés aux *melikat* 72, 230–1

binakit i fit i lim: l'ensemble des maladies; litt.: les maladies sept et cinq 231

bingan: plats et assiettes, entrant dans la catégorie des monnaies 207

bingan sibo: nom de la prestation offerte par les donneurs de femmes; litt.: plats et tissus 215, 220–2, 228–9

bis: vannerie tressée, à partir du pandanus; contient les réserves de millet, les bijoux 231

botan: le millet 49

bu: diminutif de *ubun*, grand-père 141

bum: la terre 230

bumi: terme indonésien, la terre 230

dada: gong, entrant dans la catégorie des monnaies 207

dadek: jumeau 178

dek: diminutif de *dadek* 178; cf. *rahan dek af war*

dir u: se tenir devant, debout, vigie 79, 165

dir u ham wang: titre des chefs initiés; litt.: celui qui se tient debout à l'avant (du voilier), qui partage et répartit 66, 75, 79, 82, 83

dirtalik: nom de l'une des prestations de la compensation matrimoniale faite par les preneurs de femmes; litt.: la césure 219

dos nbib tal vaha wān, ndit tal telvunan:
expression qualifiant l'inceste; litt.: la
faute s'infiltre dans la cale (du
voilier), dégoutte du faîte du toit (de
la maison) 241

duad: le dieu 164 n.2, 180

duad kabav: l'ensemble des morts, litt.: les
dieux d'en-bas 233

duad karatat: le dieu d'en-haut 233

duad ler vuan: dieu Soleil-Lune 164 n.2, 230

duad-nabi: le dieu et les prophètes 231

duad ni neran: les «armes du dieu»,
c'est-à-dire les maladies 231

duad-nit: les morts ancêtres des donneurs
de femmes, litt.: les morts-dieu 164 et
n.2, 166–7, 184, 218, 220, 229,
233–5, 246, 252, 254

duan: maître, propriétaire, gardien 130,
140, 145, 180; cf. aussi *maduan*

duang: mon dieu, première personne du
singulier 164 n.2

dun: angles, désigne les points cardinaux
50

durat: le sud, litt.: côté du haut 51

duvav: le nord, litt.: côté du bas 51

E Wahan: nom de l'une des trois divisions
du village, en bordure, et de l'un des
trois *yam* 48, 73, 85, 96, 101, 104,
114, 115, 157

Eler: nom du lignage des maisons Sulka
et Solan et nom du *ub* 96, 101,
115–16

en ru: deux 84

en si ou *i si*: neuf 67

en tel ou *i tel*: trois 71

enan: prix, coût, résultat 213

Fa'an: nom d'un lignage de la maison
Fitung 96, 101, 114

Fa'an-E Wahan: nom de trois *ub* 96

fa'an fnolok: nom de la prestation des
donneurs de femmes; litt.: nourrir
vêtir 220, 222, 224, 228

fa'an mas: nom d'un rituel préparatoire
pour la culture du millet; litt.:
nourrir l'or 244

faha: acheter 213

Fakil: nom de l'ancêtre fondateur du
lignage Fakil'ubun 96, 110

Fakil'ubun: nom d'un lignage de la
maison Marud 96, 111

Falav: nom de maison (n° 17) 114

fam: désigne le lignage patrilinéaire; vient
du hollandais *familie* 89 et n.2, 90,
93, 107

fam lór: groupement de maisons 107, 118,
126; cf. *fam umum*

fam umum: groupement de maisons, litt.:
famille générale 87, 89, 107, 109,
110–12, 113–18, 126, 162–3, 171,
181, 189–90, 192, 194, 199–200, 203,
227

famur: après, plus tard, plus jeune, à
l'arrière 52, 54, 252

Farfar: 49, 139; cf. *yamang-memeng*

Faruan: nom de l'une des trois divisions
du village, celle du centre; litt.:
milieu 46, 115

Fator-Sirwod: noms de maisons (n°s 9 et
10) 97, 98, 112

fdu: se dit de l'homme qui n'a pas encore
versé la compensation matrimoniale
et vit chez ses beaux-parents; du
partenaire *ko* de la relation de
dépendance *ko-mardu*; litt.: se mettre
sous la protection de 213; cf. *nafdu*

fed: vendre 213

fed-havel: échanger 213

Fenkor: nom de maison (n° 6) 110

fetar: pieu d'une clôture de bois; payer en
réparation d'une faute 212

fiang: donner 213

fid: porte 38

Fitung: nom de maison (n° 21) 70, 101,
114, 157

flurut duad-nit: nom de la prestation des
preneurs de femmes; litt.: donner à
manger aux morts-dieu 220, 228

foar: esprits des disparus, êtres invisibles
234

gobang: pièce de bronze hollandaise,
désigne la mesure d'une brasse, en
langage cérémoniel 210

Habad: nom de maison (n° 19) 115

ham: partager, diviser 79

har: reptile, catégorie de morts, première
prise de chasse ou de pêche, mettre
fin à un interdit 63

har u, har mur: morts anciens, morts
récents 63, 64

haratut: société, communauté de village
comprise d'un certain point de vue;
complémentaire de *lór* 60–6, 70, 72,
74, 82, 85, 101, 103, 109, 113, 118,
126, 144 n.5, 181, 185, 203–4, 211,
222–3, 234–5, 238, 244–6, 253–4

haratut lór: la société du village 62

haratut ni: cela appartient à *haratut*,
s'oppose à *lór ni* 61

hare'en: ascendant et descendant de la 5ᵉ génération 132

havel: échanger 213

Hawa: prophète, gardien des porcs 231, 238

Hedmar: nom de maison (n° 18) 114

helek na'a ni yafar: don de terre par un père à sa fille lors de son mariage; litt.: jeter dans sa hotte 220

Hernar: nom de maison (n° 14) 91, 97, 113, 162

hibo: le voilier 219

hibo ni leat vehe: l'une des prestations de la compensation matrimoniale faite par les preneurs de femmes; litt.: les perches et les rames du voilier 219

hir: pronom de la troisième personne du singulier 67

hir ru ya'an war: ce sont deux frères 177

hoan: époux, épouse 132, 134-5, 145, 147

holan: nom de deux groupes de maisons, *holan* Mitu et *holan* Helean 85, 104

holok: remplacer 189, 199, 215, 218, 242; cf. *ndok holok*

holok itumum: remplacer le corps, dans le prix de l'homme et la compensation matrimoniale 243

Hukum: esprit *mitu*, gardien de la loi, lieu de culte Tamo 46, 47 n.2, 48, 61-2, 66, 70, 82-3, 110, 115-16, 125, 144 n.5, 231, 234-5, 239-44, 253

Hukum larvul ngabal: loi, ensemble de règles et de sanctions en vigueur dans l'archipel de Kei 120

ifar: conjoint de germain croisé et germain croisé du conjoint 127, 132, 134-5, 135 n.4, 136, 145, 147, 168

il: suffixe indiquant le retour 229 n.1

ina'an nit: feuilles remplaçant le bétel dans les offrandes aux *wadar* 237

ipar: terme indonésien, beau-frère, belle-soeur 134 n.3; cf. *ifar*

iri-ri: l'un des trois ordres, les dépendants ou esclaves 119-22

itaten: les ancêtres, les anciens 83, 153

itaten-kako: expression qualifiant la relation *ko-mardu*; litt.: les anciens–les enfants 183

ite: terme marquant le féminin 128; cf. *te*

iten: femme, féminin, mère 47

itin: le pied d'un arbre, le fondement, la base 55, 155

itin kān: nom donné au donneur de femmes à l'origine; litt.: tige de millet

vide de ses grains 154-61, 163-6, 168-70, 172, 184, 227, 229, 245

itin kān–vu'un: 168, 176, 184; cf. *mang oho*

kabav: au-dessous, en bas 52, 54 n.5

Kadom: nom de maison (n° 12) 97, 111, 112-13, 116

kako: petit-enfant 153, 180, 252

kān: tige de millet vide 154; cf. *itin kān*

karamat: les biens sacrés 210

karat: au-dessus, en haut 52, 54 n.5

Kartut: nom de l'une des trois places *wama* du village 48, 80, 114

kasber: canon, entrant dans la catégorie des monnaies 207

Kat'ubun: nom de deux lignages des maisons Marud et Korbib 110

kekan: ascendant et descendant de la 4ᵉ génération 130

Kepala Soa: chef de village en second, élu 82 n.9, 83, 89 n.2

kepeng: sapèque chinoise, désigne l'argent en général 210

ko: diminutif de *kako* 180-4, 213, 222-3, 228; cf. *ko-mardu*

ko-maduan: nom donné à la relation de dépendance; litt.: le petit–le maître 180-3, 185, 222, 228, 251

ko-mardu: 150, 180; cf. *ko-maduan*

kobang: petite pièce chinoise, désigne l'argent en général 207

Kor: nom du cap nord-ouest de l'île de Tanebar-Evav 55

Korbib: nom de maison (n° 13) 97, 101-2, 113, 162

kot: le village fortifié, vient de *kota* 38

kota: terme indonésien, ville fortifiée, ville, vient du sanskrit 38

Kubalama: nom de maison (n° 8, 8 bis) 111-12, 114

kubang: l'argent en général, vient de *kobang* 207, 210

kubang mas: nom de la prestation offerte par les preneurs de femmes, litt.: l'argent et les bijoux 206, 210, 215, 218, 220-2, 228

kubni: le gouvernement 81, 83

Labul: esprit *mitu*, lié au rituel du millet, lieu de culte place Tamo 46, 52, 80, 91, 111, 233

lalin: remplacer, changer 173, 189, 201, 215

lan u: conduire en avant 52, 54

la'oan: qualifie les trois divisions du village: *la'oan vovan-ratan, la'oan faruan, la'oan e wahan*; litt.: dessous-dessus, milieu, en bordure 44, 48, 73, 101

lar: le sang, la voile 120, 128

lar ni wang: part du sang, partie de la prestation en compensation du meurtre 244

Larmedan: esprit *mitu*, lieu de culte place Vurfen, lié à la montagne sacrée 46, 80–1, 91, 111–13, 115, 233

larvul ngabal: litt.: le sang rouge et la lance de Bali 120, 253; cf. *Hukum larvul ngabal*

leb: titre de l'officiant du dieu, vient du malais *lebai* 82, 102, 110

lebai: terme malais, imam musulman 82

Lev: esprit *mitu*, lié au nombril de l'île, *nuhu fuhar* 46, 72, 80, 110–11, 233

Levmanut: nom de *fam umum* des maisons Marud, Fenkor, Reng 110

lim: ou *en lim*, cinq 62

lima: terme indonésien, cinq 62

Limwad: esprit *mitu*, lieu de culte place Kartut 48, 80, 114–15, 233

lin: être calme, vent faible, vient de *nablin* 75

lór: baleine, représentation symbolique de l'esprit Hukum, société, communauté du village comprise d'un certain point de vue, de l'extérieur; complémentaire de *haratut* 60–2, 64–6, 74, 85, 118, 120, 126, 144 n.5, 195, 203–4, 234–5, 238–41, 245–6, 252–4

lór balanun: épaves assimilées à du poison, non comestibles 239

lór-haratut: la société du village 60, 65

lór la ba: la société du milieu, ou libre, avant l'arrivée de la loi de Hukum 62

lór mas: catégorie d'épaves appartenant à Hukum; litt.: *lór* or, bijoux 239

lór mas tomat: ensemble des épaves appartenant à Hukum 239

lór nangan: la société de l'intérieur, de la terre, et les insectes et animaux destructeurs des récoltes, appartenant à Hukum; s'oppose à *lór roa* 239–40

lór ni: cela appartient à *lór*, c'est-à-dire à Hukum, ou encore *lór ni wang*, la part de *lór*; s'oppose à *haratut ni* 61, 239–40

lór roa: la société de l'extérieur, de la mer, les poissons et animaux marins

appartenant à Hukum; s'oppose à *lór nangan* 239

lór tomat: catégories d'épaves appartenant à Hukum; litt.: *lór* homme 239

lórlim: l'une des deux divisions de l'archipel de Kei soumis à la loi de Hukum; encore appelé *urlim*; litt.: *lór* cinq 62, 235; cf. *lórsi* ou *ursi*

lórsi: l'une des deux divisions de l'archipel de Kei, soumis à la loi de Hukum, encore appelé *ursi*; litt.: *lór* neuf, s'oppose à *lórlim* ou *urlim* 62, 235

lutur: mur de pierre en général, *lutur ngil rov oho*, mur du port, *lutur balamwod*, mur d'enceinte du village 32, 35

lutur varaha: nom donné à l'enlèvement d'une fille du village par quelqu'un de l'extérieur; litt.: le mur est détruit 243

ma: verbe indiquant le mouvement 75

Madmar: le nord, appelé aussi *duvav, kidin toran* 51

maduan: le maître 180, 182–4, 213, 222–3, 228; cf. *ko-maduan*

malin: être calme, rendre calme 75

malin ankod: titre de trois chefs initiés, qui ont les rôles les plus importants dans la culture du millet 66, 75; cf. Tuan Tan

malin ankod nangan: litt.: capitaine sur terre, titre des deux Tuan Tan 75

malin ankod roa: litt.: capitaine sur mer 75, 76

mam: terme d'adresse pour le père et les hommes de la classe d'âge du père 140

maneran tabak: prestation de bétel, noix d'arec et tabac, offerte à celui que l'on honore, un maître, un visiteur 222, 223

mang: les gens 152

mang oho: désigne les donneurs de femmes; litt.: les gens du village 150, 152–5, 158, 161–2, 173, 179, 227, 250

mang oho itin kān: les donneurs de femmes privilégiés, de l'origine 154–6, 159; cf. *tu'ar tom*

mang oho itin kān-vu'un: relation entre le donneur de femmes de l'origine et le preneur de femmes 154; cf. *itin kān*

Mantean'ubun: nom du lignage de la maison Hernar 113

manut: coq, poule, oiseau en général 110

mardu ou *maduan*: le maître 150; cf. relation *ko-mardu*

maren: travail d'entraide collective, non rétribué 214

Marud: nom de maison (n° 5) 101, 110–12, 123

mas: or et bijoux, entrant dans la catégorie des monnaies 174, 207, 210, 212, 239, 245

mas na mam: litt.: l'or a disparu; qualifie la monnaie donnée en paiement d'une faute et qui n'est pas réutilisée dans les circuits d'échange 243

mas na mat: litt.: l'or est mort 243; cf. *mas na mam*

mas tom: litt.: l'or jaune; monnaie de l'origine 211, 216

mas u: litt.: l'or en avant; petite prestation offerte avant de demander quelque chose à quelqu'un 181

Masbaït: prénom féminin; nom de la montagne sacrée 49, 139, 157, 235; cf. aussi *renang-avang*, *Vu'ar Masbaït*

Maslodar: nom de maison (n° 20) 115

mat: dette, mourrir 197; cf. *vear mat*

mav: étranger; esprits de l'extérieur, des étrangers 27, 234

Meka: nom de maison (n° 2) 102, 109, 112

mel: croître, grandir; la droite, la grandeur, la noblesse; qualifie aussi les maladies infligées par le dieu 83, 119–25, 243, 251; cf. *mel-mel*

mel-mel: l'un des trois ordres, les nobles 119

mel nuhu duan: litt.: les maîtres de l'île; les premiers occupants 66, 83

melikat: esprits des foetus rejetés lors des fausses-couches, associés aux *bidar* 72, 230, 231

memen: frère de la mère, mari de la soeur du père 130, 136–9, 142–3, 154, 168

met: la marée basse, le rivage à marée basse; la pêche 63; cf. *wad-met*

minang larang: les descendants; litt.: mon gras–mon sang 128

mirin: le dos, l'arrière, l'extérieur; la forêt par rapport au village; la mer par rapport à l'île 52–3

mitu: catégorie d'êtres surnaturels, que l'on peut définir comme des esprits; les principaux sont Adat, Aturan, Hukum, Wilin, Lev, Labul, Larmedan, Limwad 46 et n.2, 48, 63, 69, 80–1, 190, 231, 233–8, 240, 246

mitu duan: officiant du *mitu*, gardien 80

mu wad met ntub: litt.: voici le poisson; désigne une victime tuée ou assassinée 244

mur: arrière, derrière, après, le futur, l'intérieur (la forêt) 52–3, 57, 63

na'a mur: après, à l'arrière 252

na'a u: devant, à l'avant, au début 252

nabi: catégorie d'êtres surnaturels, les prophètes (Adam et Hawa) 231, 238

nablin: être calme, paisible (pour le vent, la mer) 75

nafdu maduan: se mettre sous la protection du maître 181; cf. *fdu*

naga: serpent mythique, associé à la montagne sacrée 46

nakoda: terme indonésien, capitaine 75; cf. *ankod*

nangan: la forêt, l'intérieur 52

ndir u: se tenir debout à l'avant, être par devant, vigie 76; cf. *dir u ham wang*

ndok holok: remplacer, se dit de l'adoption; ou encore *ndok lalin* 189

nen: terme d'adresse pour les femmes, mères et grands-mères 140

ni enan felbe: quel est le prix? 213

Nif: serpent, nom du cap sud de l'île 55

nifar: les dents 110

nisin: arrière-grand-parent, arrière-petit-enfant 69, 130

nit: cadavre, mort, les morts 35, 47, 164 n.2, 233–6; cf. aussi *duad-nit*

nit ulun: morts, ancêtres de certains lignages 233, 236

nit vokan: litt.: la part du mort; prestation des preneurs de femmes lors des funérailles du donneur 220

nla'a lór enmav: exprime la relation de mariage *sivelek*; litt.: rampe comme les citrouilles et les patates douces 173

nuhu: île, village, terre 27

nuhu duan: les habitants de l'île 84, 180

nuhu fuhar: le nombril de l'île; lieu d'apparition des premiers occupants de l'île 46, 72, 80, 101

nur: noix de coco 49

nus: diminutif de *nisin* 69

nvar u: porter en avant ou *nvav u*; se dit des initiés, de l'oncle maternel 76, 252; cf. *vav u*

nga ou *nga-nga*: la lance 120

ngaban: l'épaule; nom de l'une des planches du voilier 218

149, 151–3, 157, 165, 173–9, 181,
186, 189–90, 201–2, 217, 249–50

rin balit: côté gauche de la maison, cadet 89, 249

rin mel: côté droit de la maison, aîné 89, 249

roa: la mer, s'oppose à *nangan* 52

ru ou *enru*: deux 84

Rumwadan: nom de l'un des lignages de la maison Reng 110

ruvun: mille 63

sarit: histoire, légende, s'oppose à *tom*, mythe 155

Sarmav: nom des lignages des maisons Meka et Kadom 109, 112

sasad: canon, entrant dans la catégorie des monnaies 207; cf. *kasber*

Sat'ubun: nom de lignage de la maison Falav 114

seng: terme général désignant la monnaie, traditionnelle ou moderne 210; cf. *kepeng, kubang*

si ou *en si*: neuf 62, 67

sibo: les tissus; dans les prestations, associés à *bingan* 207

Singer'ubun: nom d'un lignage de la maison Teli 109

sir: les poutres sur lesquelles repose le toit 84

sir yararu: expression qualifiant l'ensemble de la société du village; litt.: les deux côtés du toit 66, 84–5, 104

Sirwod: nom de maison (n° 10) 97–8, 112

sisidak: nom d'une partie de la compensation matrimoniale offerte par les preneurs de femmes; litt.: le départ 219, 221, 226

sivelek: nom du type de mariage par échange mutuel; litt.: échanger 173–80, 185, 189, 196, 201, 213–14, 224, 251

siwa: terme indonésien, nombre neuf 62; cf. *si*

slalin: échanger, synonyme de *sivelek*; s'oppose à *lalin*, remplacer 173, 189, 201, 214–15

soa: terme utilisé dans les Moluques pour désigner un groupe territorial ou de descendance; n'est pas utilisé dans l'archipel de Kei 89 n.2; cf. Kepala Soa

Soar-Taver: nom du *ub* comprenant les maisons 9 à 12: 95, 98, 113

Soar'ubun: nom du lignage de la maison Fator et du *fam umum* comprenant les maisons Fator et Maskim 112

sob lór: rituel de purification du village après un inceste; litt.: officier pour *lór* 62, 242

Sokdit: nom de maison (n° 15) 97, 114, 162–3

Sok'ubun: nom d'un lignage de la maison Solan 115

Solan: nom de maison (n° 23) 115–16

sukat: mesurer 241

Sulka: nom de maison (n° 22) 115–16, 197–8, 204

ta piar il: litt.: nous nourrissons en retour; honorer les morts et les ancêtres 229 n.1

Tabal'ubun: nom d'un lignage de la maison Teli; nom de *fam umum* des maisons 17, 18, 19, 20, 21: 109 114–15

tabob: tortue-lyre, ou tortue-luth, ou tortue-cuir, animal associé aux mythes d'origine et à l'esprit Adat 68–9

tahat: l'eau de mer; le village du bas par opposition au village traditionnel en haut; les lieux d'aisance 28

tal mirin: de l'extérieur, du dehors 53

Tamo: l'une des trois places du village 46–7, 49, 61, 80, 110–11

Tanifan'ubun: nom du lignage de la maison Fenkor 110

Taranan: le sud, ou encore *durat, kidin votón* 51

tav: l'arrière, le dos d'une maison 57

Tavat: nom d'un ancêtre de la maison Kadom 111

Taver: nom d'un ancêtre de la maison Kadom 111

Taver'ubun: nom de *fam umum* de la maison Kadom 113

tavun: le pied, la base, désigne le côté nord des îles dans l'archipel de Kei 55, 57

Tayor: nom d'un ancêtre de la maison Kadom 111

Tayor'ubun: nom d'un lignage de la maison Kadom 112

te: vient de *ite* féminin, femelle; déterminant honorifique pour une femme 128, 130 n.1, 138, 140, 145, 147

teabel: relation d'entraide entre deux ou plusieurs villages de l'archipel 69, 182 n.4; cf. *pela tel* ou *en tel*: trois 71

Teli: nom de maison (n° 1) 46, 70, 76, 91, 97, 102–3, 109–10, 114, 253

temar: l'arc; jeune bambou 100

temar vut: litt.: les dix pousses de bambou; qualifie la solidarité à l'intérieur d'un *ub* ou d'un *yam* 100, 103, 251

ten ya'an ndir u: titre de l'un des chefs du village, appelé aussi *malin ankod roa*; litt.: l'aîné des anciens qui se tient à l'avant 76

tenan: le bas, le dessous, au-dessous, s'oppose à *ratan*; la quille du voilier 54, 57, 218

tiva lór: cérémonie durant laquelle on chante et bat les tambours toute une nuit pour purifier le village après l'arrivée d'épaves et en l'honneur de l'esprit Hukum 62, 240

Toknil: prénom féminin 49, 139; cf. *renang-avang*

Tokyar: nom de maison (n° 16) 97, 114, 162–3

tom: mythe, couleur jaune, l'or 155, 211, 216

tomat ou *umat*: homme, être humain 239

tomat ohoi ratut: expression employée dans la langue de Kei Kecil pour qualifier la société d'un village; litt.: les cent hommes du village 64 n.3

tomat ohoi ruvun: expression employée dans la langue de Kei Kecil pour qualifier la société d'un district comprenant plusieurs villages sous l'autorité d'un *raja*; litt.: les mille hommes du village 64 n.3

totoma: poutre centrale du plancher de la maison associée à la quille du voilier; reçoit des offrandes 56, 59

Tuan Tan: de l'indonésien Tuan Tanah; le maître de la terre, gardien des terres et des rituels de culture 9, 75–8, 81, 84, 109, 254; cf. *malin ankod*

tu'ar: manche d'un couteau, pied d'un arbre 155

tu'ar tom: litt.: la base du mythe; associé à *mang oho*, désigne le donneur de femmes à l'origine; synonyme de *mang oho itin kān* 155, 211

tuat wad: partie de la prestation du *ko* à son *maduan*; litt.: le vin de palme et la nourriture carnée 222, 223

tul: dire, raconter 164, 174, 236, 243

tul Adat: prévenir l'esprit Adat et payer une faute 243

tul den: montrer le chemin; se dit du rôle de l'oncle maternel 164

tul mas: litt.: dire l'or; prestation de l'un des partenaires de la relation *sivelek*, pour demander de l'aide 174, 224

tul nit: prévenir les morts; les honorer d'offrandes 236

Tumur: l'est 50

turan: déterminant honorifique pour les hommes 130 n.1, 138, 140–1, 145, 147

Turan Mitu Duan: titre de l'officiant de l'esprit Adat 80, 115

tutu: la tête, le haut, d'un arbre, le côté sud d'une île 55

tuv: prix du meurtre 243–4; cf. *lar ni wang*

tuv har: gens d'une même génération 63

tuv har u: génération des aînés, à l'avant 63

tuv har mur: génération des cadets, à l'arrière 63

u: le devant, l'avant, avant, en premier; s'oppose à *mur* 55, 57, 63

u ba, u ba il: je vais, je reviens 229 n.1

u tul mas: je dis l'or, cf. *tul mas* 224

ub: diminutif de *ubun*, grand-père; jarre en terre cuite contenant l'eau ou le millet; poisson volant; terme d'adresse pour la tortue-lyre *tabob*; groupe de maisons formant une unité sociale 66, 67–71, 72–4, 87, 91, 94–101, 102–15, 117–18, 125–6, 138, 162–3, 171–2, 176, 178–80, 182, 184–6, 188–92, 195, 199, 200–3, 214–16, 227, 231, 233–5, 237–8, 249–53

ub hila'a: nom donné au dieu soleil-lune dans l'archipel de Tanimbar 235

ub hir: les ancêtres en général 67

ub i si: les neuf *ub* ou groupes de maisons composant la société du village; encore appelés *wadar en si* 66, 67, 69, 74, 94

ub te: 128; cf. *ubun te*, et *ren ub te*

ub-wadar: 233; cf. *ub i si*

ubnus: autre nom donné à l'esprit Adat; litt.: le grand-père–arrière-grand-père 69, 81, 234

ubrān: nom métaphorique donné à la monnaie, litt.: l'intérieur, le contenu du *ub* 215

ubun: grand-parent, petit-enfant 67, 95, 130, 140–1, 234

ubun te: grand-mère 128, 130, 140, 145

ya'an: aîné 177; cf. *a'an*

ya'an war: frères ou soeurs aînés–cadets 177; cf. *baran ya'an war*

yaf: le feu; accueillir; c'est-à-dire faire une offrande à quelqu'un qui arrive de l'extérieur 239

Yahawadan: nom des lignages des maisons Welob et Yelmas, et nom du *fam umum* 110

yam: diminutif de *yaman*, père; groupe de maisons formant une unité sociale, englobant les *ub* 66, 71–4, 85–6, 87, 91, 95–6, 101–18, 125–6, 157, 163–4, 169, 171, 179–82, 188, 190, 192, 194, 199, 201, 203, 214, 227, 236, 253

yam i tel: les trois *yam* composant la société du village 66, 71–4, 101

yaman: père 71, 130, 136–9, 141–3, 154, 170

yaman a'an: père aîné; oncle; désigne d'une manière générale les ascendants masculins du patrilignage; qualifie les maisons aînées des *ub* 97, 130, 136, 138, 142, 172, 245–6

yaman a'an–yanan duan: relation oncle-neveu 97, 251

yaman turan: beau-père 130, 145

yaman-ubun turan: pères et grands-pères 72

yaman warin: père cadet, oncle 142

yamang-memeng Welav-Farfar: litt.: mes pères et mes oncles Welav-Farfar, ensemble des gens du village, vivants ou morts; associé à *renang-avang* 49, 139

Yamko: nom d'un lignage de la maison Reng 110

yan: diminutif de *yanan* 128

yan te: la famille étendue; vient de *yanan-ite*; litt.: les enfants et les mères 128

yan ur: désigne les preneurs de femmes; vient de *yanan uran*, enfants-soeurs 150, 152–4, 164, 173, 179, 220, 222, 229

yan ur–mang oho: désigne la relation de mariage entre deux maisons 150, 152–3, 176, 183–4, 218; cf. aussi *itin kān*

yan ur–mang oho sivelek: relation de mariage par échange mutuel de femmes 173; cf. *sivelek*

yanan: les enfants; qualifie la société face au dieu 61, 128, 130, 139–40, 144, 234, 253

yanan duan: neveu; qualifie aussi les dépendants par rapport aux nobles, le *ko* par rapport au *maduan*, la société par rapport à Hukum 61, 66, 84, 97, 130, 139–40, 142–5, 164–5, 172, 180, 182 n.5, 230, 234, 250–3

yanan te: belle-fille 130, 140

yanan turan: gendre 130, 140, 145

yanan uran: enfants et soeurs 152; cf. *yan ur*

yarar: côté du toit 84; cf. *sir yararu*

Yelmas: nom de maison (n° 4) 97, 110, 115

Index

Bibliographie

Abréviations

Bijd.: *Bijdragen tot de Taal-, Land- en Volkenkunde van Nederlandsch-Indie.* Koninklijk Instituut, Amsterdam-'s-Gravenhage.

TITLV: *Tijdschrift voor Indische Taal-, Land- en Volkenkunde, Bataviaasch Genootschap van Kunsten en Wetenschappen.* Batavia-'s-Hage.

VBGKW: *Verhandelingen van het Bataviaasch Genootschap van Kunsten en Wetenschappen.* Batavia-'s-Gravenhage.

Ouvrages

Pour certains ouvrages, les pages entre parenthèses concernent plus particulièrement les Moluques du Sud-Est.

Adams, M. J. 1969. *System and Meaning in East Sumba Textile Design: A Study in Traditional Indonesian Art,* Cultural Series, n° 16. New Haven: Yale University Southeast Asia Studies.

Barnes, R. H. 1974. *Kedang. A Study of the Collective Thought of an Eastern Indonesian People.* Oxford: Clarendon Press.

Berthe, L. 1961. Le mariage par achat et la captation des gendres dans une société semi-féodale: les Buna' de Timor Central, *L'Homme,* vol. 1, n° 3, pp. 5–32.

— 1965. Aînés et cadets: l'alliance et la hiérarchie chez les Baduj (Java Occidental), *L'Homme,* vol. 5, n° 3–4, pp. 189–223.

Bik, A. J. 1828. *Dagverhaal eener Reis in het Jaar 1824, tot nadere Verkenning der Eilanden Kefing, Goram, Groot en Klein Kei en de Aroe-Eilanden.* S.I. (pp. 98–116.)

Bosscher, C. 1855. Bijdrage tot de Kennis van de Keij Eilanden, *TITLV,* vol. 4, pp. 23–34.

Burger, Fr. 1914. *Land und Leute auf den südöstlichen Molukken, dem Bismarck-Archipel und den Salomo-Inseln.* Berlin: Koloniale Abhandlungen. (pp. 16–32.)

Coppet, D. de. 1968. Pour une étude des échanges cérémoniels en Mélanésie, *L'Homme,* vol. 8, n° 4, pp. 45–57.

— 1970a. 1, 4, 8; 9, 7. La monnaie: présence des morts et mesure du temps, *L'Homme,* vol. 10, n° 1, pp. 17–39.

— 1970b. Cycles de meurtres et cycles funéraires. Esquisse de deux structures d'échange, pp. 759–81 in *Echanges et communications. Mélanges offerts à Claude Lévi-Strauss.* The Hague, Paris: Mouton.

— 1973. Premier troc, double illusion, *L'Homme,* vol. 13, n° 1–2, pp. 10–22.

1976. Jardins de vie, jardins de mort en Mélanésie, *Traverses*, n° 5–6, pp. 166–77.

1977. Des porcs et des hommes, *Traverses*, n° 8, pp. 60–70.

Cunningham, C. E. 1964. Order in the Atoni House, *Bijd.*, vol. 120, pp. 34–68.

Doren, J. B. J. van. 1863. De Keij-Eilanden ten N.W. van de Aroe-Eilanden, *Bijd.*, vol. 10, pp. 238–59.

Drabbe, P. 1940. *Het Leven van den Tanémbarees. Ethnografische Studie over het Tanémbareesche Volk.* Leiden: Brill.

Dumont, L. 1957. *Une sous-caste de l'Inde du Sud. Organisation sociale et religion des Pramalai Kallar.* Paris, La Haye: Mouton.

1967a. *Homo hierarchicus. Essai sur le système des castes.* Paris: Gallimard.

1967b. Caste: A Phenomenon of Social Structure or an Aspect of Indian Culture? pp. 28–38 in A. De Reuck and J. Knight (eds.), *Caste and Race: Comparative Approaches*, A Ciba Foundation Volume. London: J. and A. Churchill.

1971. *Introduction à deux théories d'anthropologie sociale. Groupes de filiation et alliance de mariage.* Paris, La Haye: Mouton.

1975. *Dravidien et Kariera. L'alliance de mariage dans l'Inde du Sud, et en Australie.* Paris, La Haye: Mouton.

Eijbergen, H. C. van. 1864. Korte Woordenlijst van de Taal der Aroe- en Keij-Eilanden, *TITLV*, vol. 14, pp. 557–68.

1866. Verslag eener Reis naar de Aroe- en Keij-Eilanden en 1862, *TITLV*, vol. 15, pp. 250–72.

Elmberg, J. E. 1965. The Popot Feast Cycle, *Ethnos*, supplement to vol. 30.

1968. *Balance and Circulation. Aspects of Tradition and Change among the Mejprat of Irian Barat*, The Ethnographical Museum, Monograph Series, n° 12. Stockholm.

Fox, J. J. 1973. On Bad Death and the Left Hand: A Study of Rotinese Symbolic Inversions, pp. 342–68 in R. Needham (ed.), *Right and Left*. Chicago, London: University of Chicago Press.

Freeman, D. 1970. *Report on the Iban*, London School of Economics, Monographs on Social Anthropology, n° 41. New York: The Athlone Press.

Geurtjens, P. H. 1910. Le cérémonial des voyages aux îles Kei, *Anthropos*, vol. 5, pp. 334–58.

1921a. *Uit een Vreemde Wereld.* 'sHertogenbosch: Teulings' Uitgevers-Maatschappij.

1921b. Woordenlijst der Keieesche Taal, *VBGKW*, vol. 63, partie 3.

1924. Keieesche Legenden, *VBGKW*, vol. 65.

Hicks, D. 1976. *Tetum Ghosts and Kin*, Explorations in World Ethnology. Palo Alto, California: Mayfield Publishing Company.

Hinloopen-Labberton, D. van. 1934. *Dictionnaire des termes de droit coutumier indonésien.* La Haye.

Hocart, A. M. 1936. *Kings and Councillors: An Essay in the Comparative Anatomy of Human Society.* Cairo: Printing Office Paul Barbey. 2nd ed. R. Needham (ed.). Chicago: University of Chicago Press, 1970.

1938. *Les castes*, Annales du Musée Guimet. Paris: Paul Geuthner.

1952. *The Life-Giving Myth and Other Essays.* London: Methuen.

Hoevell, G. W. W. C. van. 1890. De Kei-Eilanden, *TITLV*, vol. 33, pp. 102–59.

Juynboll, H. H. 1930. *Katalog des Ethnographischen Reichsmuseums*, vol. 21–22, *Molukken.* Leiden: Brill.

Kennedy, R. 1962. *Bibliography of Indonesian Peoples and Cultures*, Yale University Southeast Asia Studies, 2nd edition. New Haven: Human Relations Area Files Press.

Koentjaraningrat (ed.). 1964. *Masjarakat Desa di Indonesia Masa Ini.* Djakarta: Universitas Indonesia, Fakultas Ekonomi. Edition anglaise: *Villages in Indonesia.* Ithaca: Cornell University Press, 1967.

1975. *Anthropology in Indonesia. A Bibliographical Review,* Bibliographical Series, n° 8. 's-Gravenhage: M. Nijhoff.

Labetubun, O. 1965. Studi tentang sistem feodal di Kepulauan Kei. Skripsi Sardjana-Muda Ilmu Pendidikan. Institut Keguruan dan Ilmu Pendidikan, Djakarta Tjabang Ambon. Dactylogr.

Langen, G. 1888. The Key or Ke Islands, *Proceedings of the Royal Geographical Society,* vol. 10, pp. 764–79.

1902. *Die Key- oder Kii-Inseln.* Wien.

Leach, E. R. 1954. *Political Systems of Highland Burma: A Study of Kachin Social Structure.* London: G. Bell and Sons. Reprint 1964.

1966. *Rethinking Anthropology,* Monographs on Social Anthropology, n° 22. London: The Athlone Press.

1967. Caste, Class and Slavery: The Taxonomic Problem, pp. 5–16 in A. de Reuck and J. Knight (eds.), *Caste and Race: Comparative Approaches,* A Ciba Foundation Volume. London: J. and A. Churchill.

Lebar, F. M. (ed.). 1972. *Ethnic Groups of Insular South-East Asia,* vol. 1, *Indonesia, Andaman Islands, Madagascar.* New Haven: Human Relations Area Files Press.

Lévi-Strauss, Cl. 1958. *Anthropologie structurale.* Paris: Plon.

1968. *Les structures élémentaires de la parenté,* 2e éd. Paris, La Haye: Mouton. 1re édition 1949.

Mauss, M. 1968–69. *Oeuvres.* Paris: Editions de Minuit. 3 vol.

Needham, R. 1957. Circulating Connubium in Eastern Sumba: A Literary Analysis, *Bijd.,* n° 113, pp. 168–78.

1958. A Structural Analysis of Purum Society, *American Anthropologist,* n° 60, pp. 75–101.

1961. Notes on the Analysis of Asymmetric Alliance, *Bijd.,* n° 117, pp. 93–117.

1962. *Structure and Sentiment: A Test Case in Social Anthropology.* Chicago, London: The University of Chicago Press.

Nooteboom, C. 1947. The study of Primitive Sea-Going Craft as an Ethnological Problem, *Internationales Archiv für Ethnographie,* vol. 45, p. 216.

1952. *Trois problèmes d'ethnologie maritime.* Rotterdam: Museum voor Land- en Volkenkunde en het Maritiem Museum «Prins Hendrik».

Nutz, W. 1959. *Eine Kulturanalyse von Kei,* Beiheft zur Ethnologica, n° 2. Düsseldorf: Michael Triltsch Verlag.

Planten, H. O. W. 1893a. Voir Planten et Wertheim 1893.

1893b. De Ewaf of Key Eilanden, pp. 1–38 in Planten et Wertheim 1893.

1893c. Mijn Verblijf op de Key Eilanden, hunne Beschriving en hunne Bewoners, *Verslagen Marine Vereeniging,* 1893–94, pp. 21–105.

Planten, H. O. W. et C. J. M. Wertheim, 1893. *Verslagen van de Wetenschappelijke Opnemingen en Onderzoekingen op de Key-Eilanden (opdracht van het Koninklijk Nederlandsch Aardrijkskundig Genootschap).* Leiden: Brill.

Pleyte, C. M. 1893a. Systematische Beschrijving van de door de heeren Planten en Wertheim verzamelde ethnographica, Tijdens hun Verblijf op de Zuidwester- en de Zuidooster-Eilanden, pp. 157–248 in Planten et Wertheim 1893.

1893b. Ethnographische Beschrijving der Kei-Eilanden, pp. 277–346 in Planten et Wertheim 1893.

1893c. Ethnographische Atlas van de Zuidwester- en Zuidooster-Eilanden meer bepaaldelijk der Eilanden Wetar, Leti, Babar en Dama, alsmede der Tanimber-, Timorlaut- en Kei-Eilanden, in Planten et Wertheim 1893.

Rassers, W. H. 1959. *Pañji, the Culture Hero: A Structural Study of Religion in Java*, Koninklijk Instituut voor Land-, Taal- en Volkenkunde, Translations Series, 3. The Hague: M. Nijhoff.

Riedel, J. G. F. 1886. *De Sluik en Kroesharige Rassen tussen Selebes en Papua.* 's-Gravenhage. (Pp. 215–43.)

Rosenberg, H. von. 1878. *Der Malayische Archipel.* Leipzig. (pp. 345–55.)

1879. Les îles Kei; notes ethnographiques, *Annales d'Extrême-Orient*, vol. 2, pp. 231–35.

Ruinen, W. 1928. *Overzicht van de Literatuur betreffende de Molukken*, vol. 1 *(1550–1921)*. Amsterdam: Molukken Instituut.

Shrieke, B. 1955. *Indonesian Sociological Studies: Selected Writings.* The Hague, Bandung: W. van Hoeve. 2 vols.

Stokes, A. 1839. *Discoveries in Australia.* London: T. and W. Boon. 2 vols.

Tutein Nolthenius, A. B. 1935. *Overzicht van de Literatuur betreffende de Molukken (exclusief New Guinea)*, vol. 2 *(1922–1933)*. Amsterdam: Molukken Instituut.

Valeri, V. 1972. Le fonctionnement du système des rangs à Hawaï, *L'Homme*, vol. 12, n° 1, pp. 29–66.

1975–76. Alliances et échanges matrimoniaux à Seram Central (Moluques), *L'Homme*, vol. 15, n° 3–4, pp. 83–107; vol. 16, n° 1, pp. 125–40.

A paraître. Descendants de frères et descendants de soeurs en Océanie, *Bijd*.

Verbeek, R. D. M. 1908. *Rapport sur les Moluques. Reconnaissances géologiques dans la partie orientale de l'Archipel des Indes Orientales néerlandaises*, vol. 46, *Batavia*. Edition française du *Jaarboek van het Mijnwezen in Nederlandsch-Oost-Indië*, t.37, 1908.

Vroklage, B. A. G. 1936a. *Die sozialen Verhältnisse Indonesiens. Eine kulturge-schichtliche Untersuchung*, vol. 1, *Borneo, Celebes und Molukken*, in *Anthropos*, Collection internationale de monographies ethnologiques, vol. 4, fasc. 1. Münster: Verlag der Aschendorffschen Verlagsbuchhandlung.

1936b. Das Schiff in den megalithenkulturen Südostasiens und der Südsee, *Anthropos*, vol. 31, pp. 712–29.

Wallace, A. R. 1869. *The Malay Archipelago.* London: Macmillan and Company.

Webster, H. C. 1898. *Through New Guinea and Other Cannibal Countries.* London. (pp. 175–97, 231–9.)

Wertheim, C. J. M. 1893. Verslag van mijne Reis naar de Kei-Eilanden, pp. 39–155 in Planten et Wertheim 1893.

Wouden, F. A. E. van. 1935. *Sociale Structuurentypen in de Groote Oost.* Leiden. Edition anglaise: *Types of Social Structure in Eastern Indonesia*, tr. R. Needham. The Hague: M. Nijhoff, 1968.

Yamaguchi, M. 1977. Le serpent dans la cosmologie Lio (Flores), *Asahi*, n° 1.

Zeemansgids voor den Oost-Indischen Archipel. 1914. Vol. 5, n° 3, pp. 40–95. 's-Gravenhage.

Cartes consultées

South-East Asia, 1:5,800,000. Bartholomew's World Series. Edinburgh.

Eastern Archipelago, KAI ISLANDS. From Netherlands Government Surveys between 1927 and 1930. Netherlands chart N° 162. U.S. Hydrographic Office Publications. Washington D.C. New Publication: 2nd ed. Mar. 1938. N° 3026. 1:200,000.

Kaokanao, Indonesia. 1:1,000,000. Stock N° 1301XSB53****04. Sheet SB 53, Army Map Service, Washington D.C.

Table des photographies

Table des figures

Table des matières